古代歷史文化研究輯刊

十一編

王明蓀 主編

第20冊

楊守敬書法思想研究

楊立新 著

國家圖書館出版品預行編目資料

楊守敬書法思想研究／楊立新 著 — 初版 — 新北市：花木蘭
文化出版社，2014〔民 103〕
目 2+230 面；19×26 公分
（古代歷史文化研究輯刊 十一編；第 20 冊）
SBN：978-986-322-582-9（精裝）
1. 楊守敬 2. 學術思想 3. 書法
618   103000962

ISBN-978-986-322-582-9

9 789863 225829

古代歷史文化研究輯刊
十一編 第二十冊   ISBN：978-986-322-582-9

楊守敬書法思想研究

作　者　楊立新
主　編　王明蓀
總 編 輯　杜潔祥
副總編輯　楊嘉樂
編　輯　許郁翎
出　版　花木蘭文化出版社
社　長　高小娟
聯絡地址　235 新北市中和區中安街七二號十三樓
　　　　　電話：02-2923-1455／傳真：02-2923-1452
網　址　http://www.huamulan.tw 信箱 hml 810518@gmail.com
印　刷　普羅文化出版廣告事業
初　版　2014 年 3 月
定　價　十一編 24 冊（精裝）新台幣 46,000 元

楊守敬書法思想研究

楊立新　著

作者簡介

楊立新，男，安徽省宿州市人，1968 年 9 月 9 日出生於江蘇鹽城。雙博士，2005 年獲得中國人民大學新聞學博士學位，2009 年獲得首都師範大學書法博士學位，先後師從於方漢奇先生、歐陽中石和劉守安先生。現爲人民日報社總編室一讀室主任，主任編輯；並兼任文化部中國詩酒文化協會天恒詩書畫院顧問、遼寧省當代文學研究會《文苑春秋》雜誌社顧問等。主要從事中國文化、中國書法和新聞學的研究以及書畫創作、書畫文物鑒定等。發表並出版各類學術論文及專著近百篇（部）。

提　　要

　　楊守敬（1839 ～ 1915 年），清末民初集輿地、金石、書法、藏書、目錄諸學於一身的著名學者。在他眾多的學術成就中，書法雖不居顯位，但絲毫也不影響他在中國書法史上的地位。

　　楊守敬是中國書法史上的一位傑出書法家和書法理論家。他的書法融北碑南帖爲一體，楷、行、隸、篆諸體俱長，並著有《評碑記》、《評帖記》、《學書邇言》、《楷法溯源》等金石書法著作 37 種。他的書法思想和書法藝術對清末民初的中國書壇和日本書壇都產生了深遠影響。

　　楊守敬的書法思想建立起了比較完備的體系，他在書法理論、書法史和書法實踐方面，均有獨到的見解和創見。尤其是在清代碑學和帖學的興衰中，他能夠站在歷史的高峰上觀察時變，客觀、全面地對待碑、帖，提出「碑帖並重」的思想，主張「合之兩美，離之兩傷」，並最終促使晚清碑、帖兩大流派的合流，爲清末民初的書法發展起到重要的糾偏導正作用。同時，他還在前人的基礎上提出了「學書五要」，將「品高學富」作爲書家的「字內功」來要求，這對中國書法的發展具有重大的啓示意義和引導作用。

　　楊守敬的書法思想還遠播日本，他以中國的北碑書風和自己的精湛書藝在日本書壇刮起了強勁的「楊守敬旋風」，被譽爲「日本書道近代化之父」、「近代日本書道之祖」。至今，日本書道界一直尊奉其爲書道之宗。

目

次

楊守敬（1839〜1915 年）

宜都楊守敬故居

楊守敬墓

緒　論

　　楊守敬（1839～1915 年），清末民初傑出的歷史地理學家、金石學家、版本目錄學家和近代大藏書家，同時也是一位重要的書法藝術家和書學理論家。由於取得了多方面的學術成就，楊守敬的書名往往被其學術成就所掩。其實，在晚清和民初的書壇上，楊守敬是一位重量級的人物，他與吳昌碩、康有爲、沈曾植等共同稱雄書壇，研究他的書法思想，對於研究清末民初書法史，具有重要意義。

一、楊守敬書法思想研究現狀

　　楊守敬書法思想研究屬於楊守敬學術研究的重要組成部分。自 20 世紀 80 年代以來，楊守敬學術研究逐漸成爲一門顯學，其研究可謂方興未艾、成果累累。在楊守敬去世後的近百年時間裏，從王國維、梁啓超、胡適、魯迅、郭沫若、程千帆，到日本學者日下部鳴鶴、杉村邦彥等，都分別對楊守敬各方面的學術成果進行研究論述。甚至毛澤東也曾關注過楊守敬編繪的《歷代輿地沿革圖》，1954 年冬特囑咐著名歷史學家吳晗將其整理出版。

　　關於楊守敬的生平事蹟，在其自訂的《鄰蘇老人年譜》〔註 1〕及楊氏後裔編撰的《和州楊氏三修家譜》〔註 2〕中記述頗詳。目前關於楊守敬的傳記文章有數十篇之多，其中主要有：陳衍《楊守敬傳》（《虞初近志》卷七）、陳三立《宜都楊先生墓誌銘》（《散原精舍文集》卷十一）、袁同禮《楊惺吾先生

〔註 1〕　《鄰蘇老人年譜》是楊守敬在 73 歲時親自編定的，餘下的 4 年，由其弟子熊
　　　　　會貞續補而成，是記載楊守敬生平事蹟最重要的一部文獻。
〔註 2〕　《和州楊氏三修家譜》，民國二十五年（1936 年）宜都徐氏刊本，共 15 冊。

（1839～1915）小傳》（《圖書館學季刊》第 1 卷第 4 期，1926 年）、容肇祖《史地學家楊守敬》（《禹貢》半月刊第 3 卷第 1 期，1935 年）、汪辟疆《楊守敬熊會貞傳》（《國史館館刊》第 1 卷第 1 期，1947 年）、吳天任《楊惺吾先生年譜》（臺北藝文印書館，1974 年）、王重民《楊惺吾先生著述考》、郗志群《八十年來楊守敬研究述評》（《中國史研究動態》，1997 年第 2 期）等。

楊守敬學術研究史上重要的里程碑是皇皇巨著《楊守敬集》的出版。1982 年，國務院古籍整理出版規劃小組負責人李一氓建議重新整理出版《楊守敬集》，1984 年 5 月 5 日，由北京師範學院（現首都師範大學）歷史系教授謝承仁為首的整理小組正式成立。1988 年 4 月起，收錄了包括《水經注疏》在內的楊守敬 40 餘部重要著作的《楊守敬集》陸續由湖北人民出版社出版發行，至 1995 年出完。1997 年，多達 1700 萬字的鴻篇巨製《楊守敬集》13 冊，由湖北人民出版社、湖北教育出版社聯合出版。

以《楊守敬集》的整理出版為標誌，楊守敬學術研究進入一個新階段。1987 年，「楊守敬紀念館」在楊守敬的家鄉湖北省宜都市開館。同年，「湖北省楊守敬研究會」成立，不定期舉辦楊守敬學術研究會，出版學術期刊，關於其生平及學術研究的論著不斷發表。楊守敬學術研究呈現欣欣向榮之勢。

在楊守敬的學術研究中，對其書法思想的研究顯得比較薄弱。目前國內對楊守敬的書法思想，還沒有進行系統的整理和全面的闡述，一些論文和著述大都側重於對楊守敬的主要書法、金石學著作進行專題性研究，或對其書法思想進行階段性研究，沒有關注其書法思想的系統性及其書法思想的發展演進過程。有的在基本問題的認識上還存在較大分歧（如關於楊守敬是北碑派還是碑帖並重派）。目前，主要研究論文和著述有：

陳上岷的《楊守敬選刻〈景蘇園帖〉採用的原帖目錄及述評》（《文物》第 1 期，1983 年）、《楊守敬手稿〈學書邇言〉與中日書法藝術交流》（《文物》第 11 期，1979 年）、《關於楊守敬遺著〈評碑、評帖記〉及其書法》（1986 年湖北省首次書學討論會論文）。陳上岷先生是湖北省博物館文史研究員，曾任湖北楊守敬研究會會長，他利用館藏第一手材料對楊守敬的書學論著進行研究，並整理出版了楊守敬的《學書邇言》和《評碑記》、《評帖記》。

王學仲的《楊守敬是日本前衛派之祖》、《日本現代書法的祖師楊守敬》（見《王學仲書法論集》，百花文藝出版社，1994 年 5 月出版），王學仲先生通過研究認為，日本前衛派書法的始祖是中國的楊守敬。

　　姜一涵的《典型的創造與完成——楊守敬在書史上的地位之重估》(《美育》雜誌第 87 期，1997 年)，姜一涵對楊守敬書法地位的評價是：楊守敬並未創造出一代書法大師的典範。

　　葉碧苓的《楊守敬對日本書法的影響》，該文側重研究了楊守敬與日本書壇之間的互動。

　　李卓文的《楊守敬的書論及其在日本書壇的地位和影響》(《三峽大學學報(人文社會科學版)》，2002 年第 1 期)，該文論述了楊守敬對日本書法的影響。

　　臺灣學者劉瑩的《楊守敬〈評碑記〉〈評帖記〉中之書學審美理念初探》(《臺中師院學報》第十四期，2000 年)、《醇厚與縱逸——論楊守敬的書法藝術》、《論楊守敬之金石學》、《楊守敬在清代書法史上的地位評議》等文，對楊守敬的書學與書藝及其影響有一個較全面的觀照。

　　目前國內有關楊守敬學術研究的博士論文有兩篇。一篇爲首都師範大學郗志群的《楊守敬學術研究》(2001 年)，另一篇是華中師範大學鄒華清的同名博士論文《楊守敬學術研究》(2001 年)。這兩篇博士論文對楊守敬的學術活動和思想進行了全面論述，對其書法活動和書法思想也有所涉及。

　　除本書外，目前國內對楊守敬的書法思想進行專題研究的博士論文尚無，碩士論文目前僅有兩篇，一篇爲華南師範大學張繁文的《楊守敬書學思想研究》(2005 年)，主要論述了楊守敬的碑帖並重書法思想；另一篇爲吉林大學王亮的《楊守敬〈學書邇言〉研究》(2007 年)，重點研究分析了楊守敬的重要書論著作《學書邇言》。

　　然而，與臨國日本相比，我國對楊守敬書法思想的研究，無論從研究隊伍和研究成果上來講都存在很大差距。楊守敬扭轉了日本書法界千年以來的行草格局，開創了一個以北碑爲主流的古拙雄渾風格的新時代，被稱作「近代日本書道之祖」。目前在日本，僅研究楊守敬書法藝術的學者就多達 6000多人，故形成了一個爲數甚眾的研究群體。〔註 3〕至今，楊守敬的書論著作仍被日本奉爲經典。據日本書法史家宇野雪村說，楊守敬的《評碑記》、《評帖記》和《學書邇言》，「成爲日本學書者不離手的常用指南，比在中國應用得還多。」〔註 4〕楊守敬的書法思想也極大地影響了日本近代書論的發展，《學

〔註 3〕　見《湖北日報》《曠世奇才遺清韻》一文，2002 年 3 月 14 日。

〔註 4〕　《中國書法史》，(日)眞田但馬、宇野雪村著，陳振濂譯，人民美術出版社，1998 年，第 214 頁。

書邇言》和《評碑記》、《評帖記》之重資料、重評彙、重微言大義、重史料甄別考訂的研究方法，至今在日本書法理論中仍占統轄地位。1990 年，日本書論研究會的《書論》雜誌（第 26 號），還專門出版了《楊守敬專號》，對其書法藝術和書法思想進行研討和總結。

本書力圖通過對楊守敬的書法、金石學著作及金石題跋進行文本分析，綜合借鑒諸家觀點及日本學者的研究成果，結合當時的時代環境、書壇狀況以及楊守敬的生平、教育、學術背景，從楊守敬的主要書法思想如「碑帖並重」觀、「品高學富」論，其對書法性質功能的認識、古代書法發展狀況的認識、學習書法的認識，以及楊守敬的書法批評論、書法風格論等方面，構建楊守敬書法思想的完整體系，並發掘楊守敬書法思想的意義和價值。

爲了更好地理解和研究楊守敬的書法思想，我們有必要回顧介紹楊守敬的學術研究成果，分析其學術背景和知識結構。

二、楊守敬學術成就概述

楊守敬是近代學術研究成果極其豐碩的學者，他集歷史地理學家、金石文字學家、版本目錄學家、書法藝術家、藏書家五大家於一身，著述宏富，各種著作多達 83 種〔註 5〕，馳名中外。謝承仁教授在《楊守敬集》總序中說：「以『淹博宏通』著稱的楊守敬，是一位在學術上有多方面成就，產生重大影響而受到國內外人士極大尊敬的著名學者。」〔註 6〕《清史稿・文苑》稱其「爲鄂學靈光者垂二十年」。最近，在國學網評選的「我心目中的國學大師」〔註 7〕50 位候選人中，楊守敬名列第三（以卒年先後爲序），足見他在今天的影響力。

下面，就對楊守敬的主要學術成就作一「盤點」：

楊守敬最重要的學術成就當屬歷史地理學。他是舉世公認的傑出歷史地理學家，自從他二十歲時見到清人六嚴的《輿地圖》後，便手繪兩部，決心從此獻身於地圖地理學。其歷史地理學著述就多達 20 多部，主要代表作有：

〔註 5〕另據首都師範大學謝承仁先生擔任主編的《楊守敬集》整理小組調查統計，楊守敬生平著述共有 91 種。

〔註 6〕《鄰蘇老人年譜》，《楊守敬集》第一冊，湖北人民出版社、湖北教育出版社，1997 年版，第 1 頁。

〔註 7〕「國學大師」評選條件是：1900 年 1 月 1 日～1999 年 12 月 31 日期間辭世的學人；有深厚的國學功底，在學術領域取得重大成就，有專著傳世；有獨特的思想價值觀，對中國文化發展進程產生過重要影響。

《水經注疏》、《隋書地理志考證》等，並編繪有中國最全的歷史地圖集《歷代輿地沿革圖》（唐以前地圖皆楊守敬手繪）和軍事用的《歷代輿地沿革險要圖》以及《水經注圖》。其中《水經注疏》集酈學研究之大成，並終於確立了酈學研究史上的地理學派。

楊守敬窮其畢生精力，運用金石考古等多種方法研究《水經》、《水經注》，於 1904 年完成《水經注疏》初稿，集我國幾百年《水經》研究之大成，以後又不斷增補改訂。歷代專家學者對《水經注疏》評價極高，清朝著名學者羅振玉推其糾正全（祖望）、戴（震）、趙（一清）三家之失，創獲眞諦，將楊守敬的地理學與王念孫、段玉裁的小學（語言文字學）和李善蘭的算學並譽爲清代「三絕學」。清代學者陳三立稱其在輿地學方面的成就爲「巍然爲東南大師」。1982 年，在楊守敬《歷代輿地沿革圖》基礎上改繪的《中國歷史地圖集》出版，成爲當時學術界的盛事。

楊守敬第二個成就是金石文字學。早在青年時期，楊守敬就廣泛搜求古印、古幣及碑刻拓片；1863 年他入京會試期間結識恩師潘孺初，得其指點開始金石學研究，並節衣縮食訪碑問帖，數十年之後「儲藏之富，當世罕匹」。在與日本友人松田雪柯的筆談中，楊守敬說：「我好金石，以漢碑六朝爲最，唐碑次之，古印次之，古錢次之，古銅器又次之。」又言：「不敢言盡有中土之所藏，然中土之金石家，抑或未有占我先者。」

楊守敬不僅收藏之富當世罕匹，而且博學多通，通過不間斷地研究，於金石學頗有建樹，著有《望堂金石》、《寰宇貞石圖》、《三續寰宇訪碑錄》、《湖北金石志》（一說爲繆荃孫著）、《日本金石志》、《古泉藪》等 10 多部金石學著作。他尤注重金石文字在治學中的作用，將自己的研究成果用於地理志考證，校正和補訂前人著作幾十卷，其《隋書經籍志補證》一書就糾正前人重大錯訛 27 處，糾正《水經》、《水經注》的錯訛更是不勝枚舉。〔註8〕

第三個成就是目錄版本學。楊守敬的目錄版本學始於他 1880 年在日本「訪書」期間。其在目錄學、版本學上的成就，一是給後世留下了《日本訪書志》、《留眞譜》、《古逸叢書》（與駐日公使黎庶昌合著）等十數部著作，許多是劃時代的傑作，大大豐富了版本學、目錄學的書庫；二是善於鑒別；三

〔註 8〕　《鄰蘇老人年譜》，《楊守敬集》第一冊，湖北人民出版社、湖北教育出版社，1997 年版，第 22 頁。

是將國外的善本書影技術〔註9〕首次引進到中國。

第四個成就是書法和書學理論。楊守敬是享譽中外的書法家、書法理論家，其書法、書論影響都非常大。由於楊守敬一生著述頗豐，在多個領域廣有建樹，所以其學術聲望掩蓋了他的書名，故《清代學案》一書只對其輿地學進行評述。雖然書法在楊守敬的眾多成就中並不居顯位，但這絲毫不影響他在中國書法史上的地位，誠如著名書法家、史學家虞逸夫先生的評價：「亦足睥睨一世，高居上座」。其在書法上的成就主要表現在兩個方面：

其一，鴻篇巨製、彪炳千秋的書法論著。1867 年，年僅 29 歲的楊守敬即著有《激素飛清閣評碑記》二卷，次年又完成《激素飛清閣評帖記》二卷，反映了他在書學上的不凡功力。之後，又著有《楷法溯源》十八卷、續十八卷，《集帖目錄》四十卷，《鄰蘇老人手書題跋》四卷，《手書墓誌銘》四卷，《學書邇言》一卷等著作。

其二，熔漢鑄唐、獨拔藝林的書法藝術。楊守敬因在日本倡導北碑書法而被譽為「近代日本書道之祖」，他於楷、行、隸、篆、草諸體皆擅，書法初學歐陽詢，後致力於顏真卿、蘇軾書風的研習，並於北碑廣採博收，自成一家，其書法淳雅樸厚中有書卷氣。關於楊守敬的書法成就，《清史稿》稱其「能書，摹鍾鼎至精」〔註10〕。其門人熊會貞贊曰：「傳世書法古茂，直逼漢、魏，天下無雙。」〔註11〕曾與楊守敬一同在駐日使館共事的晚清大詩人黃遵憲贊其書法「公書妙天下」。書法評論家馬宗霍（1897～1976 年）評其行書「固當視覃溪稍勝，小真書則尚不及」〔註12〕，認為楊守敬的行書超過「清中期四大書家」之一的翁方綱（號覃溪）。當代學者陳上岷先生也有佳評：「熔漢鑄唐，兼有分隸行楷之長，在清代末期，真可以說是繼往開來，獨拔藝林。」〔註13〕

楊守敬一生留下大批作品存世，其傳世書法形神兼備，光彩照人。他的

〔註9〕善本書影就是從比較珍貴的版本中選取最能代表版本特徵的書頁摹仿刊刻，然後編成書目。這是版本鑒定的一種工具，也是版本目錄學研究不可缺少的資料。

〔註10〕《清史稿》（下冊），趙爾巽等著，中州古籍出版社，1998 年版，第 604 頁。

〔註11〕《鄰蘇老人年譜》，《楊守敬集》第一冊，湖北人民出版社、湖北教育出版社，1997 年版，第 28 頁。

〔註12〕見馬宗霍《書林藻鑒》卷第四十二，文物出版社，1984 年版，第 244 頁。

〔註13〕陳上岷《楊守敬研究稿編》序言，見《楊守敬研究稿編》，鄭務本主編，湖北宜都楊守敬學術研究會、湖北枝城楊守敬紀念館（內部發行），第 4、5 頁。

墨蹟，因「日本聞人亦欽仰至極」〔註14〕，故在日本存留不少。國內收藏情況爲：湖北省博物館藏 208 件，故宮博物院 8 件，其他則散見於湖北省文史館、楊守敬紀念館、首都博物館、重慶博物館、荊州博物館、瀘州博物館以及臺灣、香港等地。另外，在廬山、山海關、歸元寺、琴臺、東坡赤壁等名勝古跡，均保存有其親筆書丹的碑刻，被列爲重點文物單位加以保護。近年在湖北漢川發現的由楊守敬書丹的《何遠慶墓誌銘》，被定爲國家二級文物。

　　第五個成就是藏書。楊守敬堪稱近代大藏書家，他幾乎傾其畢生精力與微薄資金致力於藏書。1863 年正月，25 歲的楊守敬第一次進京會試時，就在京城書肆買了滿滿一車書籍。據《鄰蘇老人年譜》記載，會試結束後，楊守敬「雇一三套車，老馬瘦驟，本不堪長途，又加以久雨濘泥，沿途雇馬、驟、牛幫駕。中途又買一驟，未至（湖北）樊城，驟復斃。每日半夜未能抵站，辛苦萬狀，幸出都時尚有百金，至樊城已罄盡，假貸同行者，由襄河輾轉至沙市而歸」〔註15〕。爲了一車書，從北京至宜都，千里之遙，弄得借路費回家，可見其嗜書成癖。楊氏所言「余藏書數十萬卷，海內孤本亦逾萬卷」〔註16〕絕非虛語，在他搜藏的 40 多萬冊藏書中，僅海內外孤本就達數萬卷，宋版藏書亦有數千冊。這些珍貴的文化古籍，是他多年「節衣嗇食」購買，或「以有易無」換來，或是以書會友求得，尤其是在他駐日使館工作期間，大量購回中文古籍，得書數萬卷，「遂盈筐篋」運回祖國。其中有十分珍貴的六朝及唐代抄本，也有世所罕見的宋元版古籍，爲搜集和保存祖國優秀文化遺產作出巨大貢獻。

　　楊守敬一生愛書如命，書隨人走，在宜都有「飛清閣」藏書樓，在黃岡有「鄰蘇園」藏書樓，在武昌有「觀海堂」藏書樓。辛亥革命時期，國內形勢不定，楊氏惟恐其萬卷藏書被毀，曾向當局尋求保護，涕零求告道：「天鑒艱難，當不使同絳雲〔註17〕一炬！若長此不靖，典籍散失，則非獨吾之不幸，

〔註14〕　《鄰蘇老人年譜》，《楊守敬集》第一冊，湖北人民出版社、湖北教育出版社，1997 年版，第 28 頁。

〔註15〕　《鄰蘇老人年譜》，《楊守敬集》第一冊，湖北人民出版社、湖北教育出版社，1997 年版，第 13 頁。

〔註16〕　《鄰蘇老人年譜》，《楊守敬集》第一冊，湖北人民出版社、湖北教育出版社，1997 年版，第 26 頁。

〔註17〕　絳雲樓：明末清初著名學者錢謙益的藏書樓。其藏書豐富，名冠東南，幾可比擬內府。有大書櫃 73 個，宋刻孤本多貯其中。後來失火，所積圖書毀滅殆盡。

亦天下後世之不幸也。」〔註 18〕他去世後，按照其遺囑，楊氏後人將其圖書捐給了國民政府，最後藏入故宮博物院（現大多藏於臺北故宮博物院）和北京松坡圖書館〔註 19〕。

關於楊守敬上述這些學術成就，他在給友人的信中曾經提到：「守敬年二十即好輿地之學，壬戌計偕入都，始嗜金石文字；庚辰至日本，又致力目錄。此三端者，皆自信不隨人作計，而於輿地尤始終不倦。」〔註 20〕由此，我們就可以知道楊守敬學術生涯的概況：

楊守敬學術活動簡表

時　　間	年　　齡	事　　　　由	學　　科
1858 年	20 歲	繪六嚴《輿地圖》	輿地學
1863 年	25 歲	經恩師潘孺初指點「訪碑」	金石學
1867 年	29 歲	在京城書肆購書	藏　書
1867 年	29 歲	著《激素飛清閣評碑記》	書　學
1882 年	42 歲	日本「訪書」	目錄學

三、楊守敬書法活動的時代分期

研究楊守敬的書法思想，首先要界定楊守敬所屬的時代，從而可以使我們在一定的歷史大背景下對其加以研究。但是，學術界關於楊守敬所屬時代的界定，卻出現了程度不同的混亂現象，有清代說、民國說和清末民初說三種。三種不同的界定方法會對楊守敬的書法思想研究產生很大影響，因此有必要加以釐清。

界定書法家所屬的時代，應當符合歷史科學的研究標準，一要根據其生卒年月，二要注重其藝術成就形成的具體時期，兩者缺一不可。楊守敬生於清道光十九年，即 1839 年 6 月 2 日，卒於民國四年，即 1915 年 1 月 9 日。正是由於楊守敬跨越清朝和民國兩個朝代，所以給他的所屬時代界定帶來了混亂。

中國社會科學院近代史研究所自 1978 年開始編寫出版多集的《民國人物

〔註 18〕 《鄰蘇老人年譜》，《楊守敬集》第一冊，湖北人民出版社、湖北教育出版社，1997 年版，第 27 頁。

〔註 19〕 位於北京西城區小石虎胡同，爲紀念蔡鍔（字松坡）而建立的圖書館。現爲西城區文物保護單位。

〔註 20〕 見楊先梅輯《楊守敬題跋書信遺稿》，巴蜀出版社，1996 年，第 225 頁。

傳》，在所附「選錄草案」中劃定的民國時限是：「自 1905 年同盟會創立起，至 1949 年南京國民黨反動政府滅亡。」不過，通常是以民國元年（1912 年）到中華人民共和國成立（1949 年）確定民國年限，民國時期爲 38 年。但在《民國書法》（河南美術出版社，1989 年出版）、《中華民國美術史》（四川美術出版社，1992 年出版）、《民國篆刻》（江蘇美術出版社，1994 年出版）中，卻存在對民國書法家的時代界定混亂不清的現象，甚至任意延長時間的上下限，以多多益善地收入書法家爲重視民國書法史的研究，這其實是一種違背歷史科學的做法。

　　同樣，《民國書法》將楊守敬收入民國書法家之列。該書在具有代前言性質的《尚勢出新的民國書法》（作者王朝賓）中，把民國書法家大體上分成前後兩代：「第一代」大多出生在清道光、咸豐年間，入民國後已人書俱老，自成面目；「第二代」大多出生在光緒年間，其主要藝術活動和成就在民國，他們有較深的傳統功力，又具有很大的創新精神，他們是民國期間成長起來的書家，對民國書法的發展作出了巨大貢獻。從嚴格意義上講，這後一代書家才是民國書法的眞正代表。該書列出的第一代書法家有：楊守敬、王闓運、陸潤庠、吳昌碩等；第二代書法家有：于右任、葉恭綽、蕭蛻庵、羅振玉、丁佛言、李叔同、沈尹默等。這種分前後兩代進行分析、并肯定第二代是「眞正代表」的方法，比較符合民國書法史的實際。《民國書法》收入的第二代書家的出生時間，都未進入民國，較晚的如豐子愷（1898 年生）、沙孟海（1900 年生）、方巖（1901 年生），最晚的白蕉出生於 1907 年，這與中國社科院近代史研究所《民國人物傳》的界定標準基本相同。然而，就第一代書家來說，《民國書法》所收入的楊守敬、王闓運、陸潤庠等人，都是進入民國後三、四年內去世的，準確地說他們應是清代書家，不宜劃入民國書家之列。

　　《中華民國美術史》的重點是述評歷史發展、介紹主要作者和作品，分爲民國前期、中期、後期三個階段依次論述。這和《民國書法》把民國書家分成一、二兩代的情況大體相近。被舉爲「民初四大書家」的吳昌碩、沈曾植、李瑞清、曾熙，均是 1920 年以後去世。這樣的民國書法家上限的界定，比較符合這幾位書家的藝術生涯、晚年成就的實際。這要比《民國書法》收入楊守敬、王闓運等人的上限過寬，更合乎歷史事實，也更具嚴密的科學性。

　　歷史上，對跨越兩個朝代的書畫家的時代界定，也有可資借鑒的先例。如趙孟頫（1254～1322 年）生於南宋寶祐二年，進入元朝時已 26 歲，但因其

藝術成就和影響產生於中年之後，還有他在元朝的政治地位，所以後來的研究者都稱他爲「元代傑出的藝術家」〔註21〕。再如周亮工（1612～1672 年）生於明萬曆四十年，明亡時已 32 歲，在清代生活了 28 年，但因其《印人傳》、《賴古堂藏印》等著述爲晚年所作，所以歷來界定他爲清代印人。而吳昌碩是個比較特殊的例子，在方去疾編著的《明清篆刻流派印譜》（上海書畫出版社，1980 年出版）中，把吳昌碩列爲清代篆刻家，而《民國書法》、《中華民國美術史》、《民國篆刻》等書又把他列入民國書法篆刻家，而在書畫界通常稱他是清末民初的書畫家，這是由他晚年的藝術成就和社會影響（擔任西泠印社首任社長）所決定的。

依據書畫史上這些先例，再看楊守敬所屬的時代界定。楊守敬的主要書法活動在清代，其主要的書學和金石學著作，均完成於清代（見下表），加之楊守敬是民國四年去世，所以準確地說他應是清代書家，不宜歸入民國書家之列。但是，由於考慮到他對民國書法史有藝術影響和承繼關係，所以仍稱他爲清末民初的書法家較爲合適。

楊守敬主要書學、金石學著作

29 歲	1867 年	著《激素飛清閣評碑記》
30 歲	1868 年	著《激素飛清閣評帖記》
34 歲	1872 年	刻《望堂金石》
39 歲	1877 年	輯《楷法溯源》，編《元押》
42 歲	1880 年	《集帖目錄》十六卷完成
44 歲	1882 年	在日本縮印《寰宇貞石圖》
54 歲	1892 年	初刻《鄰蘇園帖》
55 歲	1893 年	續刻《鄰蘇園帖》，摹刻《景蘇園帖》
65 歲	1903 年	撰《壬癸金石跋》
66 歲	1904 年	《古泉藪》十六冊集成，《飛清閣錢譜》稿成
71 歲	1909 年	石印續輯《寰宇貞石圖》刻成
72 歲	1910 年	《望堂金石二集》刻成，《三續寰宇訪碑錄》十六卷成
73 歲	1911 年	《學書邇言》原稿寫成

〔註21〕 見《趙孟頫印學問題之考述》，《書法研究》，1995 年第 4 期。

第一章　楊守敬書法活動及其著述

　　楊守敬（1839～1915 年），湖北宜都陸城人。譜名開科，榜名愷，後更名為守敬，字雲朋、鵬雲，號惺吾、星吾、心物、行一，晚年因在黃州東坡雪堂旁築藏書樓「鄰蘇園」，故又別署鄰蘇老人，室名三不惑齋、悔明軒、飛清閣、望古堂、觀海堂等。

　　楊守敬當時所生活的湖北地區，在中國近代史上正處在一段不平凡的歷史時期。近代湖北位於較開化的東南與較守舊的西北之中間地帶，借用氣象學術語，這裡恰是濕而暖的東南風與乾而冷的西北風交匯的「鋒面」——乍暖乍寒，忽晴忽雨。如果說，整個近代中國都捲入「古今一大變革之會」〔註 1〕，那麼湖北地區正處在風雲際會之處，也處於中西文化交匯的鋒面。從地理位置上看，地處長江之濱相對偏僻封閉的宜都，客觀上有利於舊學的保存；而隨著清末民初大批外資及外來人員湧入湖北，又帶來了新思想和新觀念。誠如清末鄂籍留日學生所言，近代湖北是「吾國最重最要之地，必為競爭最劇最烈之場」，而「競爭最劇最烈之場，將為文明最盛最著之地」〔註2〕。

　　正是在這種時代風雲際會、中西文化交匯的情況下，才孕育出了湖北地區開放創新、融鑄古今、會通中西的文化心態與局面。被張之洞稱為「湖北人望」的楊守敬正是在這樣的歷史文化背景下誕生的。

〔註 1〕　清代學者王夫之評春秋戰國時代的社會變動語。見王夫之《讀通鑒論・敘論四》。

〔註 2〕　見《湖北學生界》第一期，東京湖北學生界社出版，尹援一〔發行人〕，1903年。

第一節　楊守敬生平及書法活動

　　瞭解楊守敬的生平和書法活動，對於我們探究楊守敬的書法思想具有重要意義。楊守敬的生平及翰墨生涯大致可分爲五個階段：

一、發憤學書（1839 年 6 月～1863 年 1 月）

　　1839 年 6 月 2 日，楊守敬出生在宜都陸城一個商人家庭。

　　宜都地處三峽咽喉之地，長江、清江、漁洋河三大客水〔註3〕流過，東漢建安十五年（210 年）劉備分南郡立宜都郡，南朝陳天嘉元年（560 年）置宜都縣。楊守敬先祖因助明朝開國有功故爲武略將軍，封千戶侯由和州出使枝江，後遷入宜都。

　　在宜都，楊家開設幾個店鋪，由祖父和父親經營。楊守敬 4 歲時，父親因操勞過度去世，家業遂由祖父掌管。因此，楊守敬的青少年時期主要是在其祖父和母親的教養下度過。

　　由於家庭緣故，楊守敬從小就受到一些商業薰陶，5 歲常跟祖父數錢，並「於數錢時摘古錢而弄之」〔註4〕，表現出對古代器物的喜好，後來楊守敬認爲這是「蓋天性然也」。

　　11 歲時，由於祖父年近古稀，店鋪無人經營，楊守敬不得不輟學從商，跟著祖父和孫姑爺學做生意。但他讀書經商兩不誤，「每日雖專心生意，夜間仍誦書學文不輟」〔註5〕。這段亦學亦商的經歷使他從小就具有了商品經濟意識，在他以後的生活、學術和書法活動中產生了不小影響。

　　爲了讓楊守敬走科舉正途，14 歲時家人又讓其入館讀書，師從「時文名手」朱鳳池先生。這一年縣考，楊守敬初試即得第十三名。

　　1856 年 8 月，18 歲的楊守敬赴府院試。然而，三場考試皆不中，而中者水準皆不出其右。何以屢次不中？原來楊守敬的書法比較草率，而主考官恰恰工於小楷，重字學，故而見摒。

　　此事對楊守敬震動很大，從此便開始發憤學習書法。時有名師朱景雲〔註6〕

〔註3〕　客水：指從本地區以外的來水，其特點是不按汛期暴漲。

〔註4〕　《鄰蘇老人年譜》，《楊守敬集》第一冊，湖北人民出版社、湖北教育出版社，1997 年，第 7 頁。

〔註5〕　《鄰蘇老人年譜》，《楊守敬集》第一冊，湖北人民出版社、湖北教育出版社，1997 年，第 8 頁。

〔註6〕　朱景雲（1822～1891 年），字槐卿，湖北江陵人。歲貢生。弱冠即有書名，嘗以

先生工書，楊守敬便從其附讀。朱先生悉心指導楊守敬臨習正楷和王羲之的《蘭亭序》，楊守敬在其門下受業 7 載有餘，從此開始在書法藝術的道路上跋涉。爲了練好書法，楊守敬雞鳴即起，在一張苦楝紙上先淡紅、後深紅，繼而淡墨、濃墨，正面寫 4 遍，然後在反面依次寫 4 遍。不幾天便寫完千張紙。他還常以古墓磚練字，或以家門前的石板爲紙、井水當墨，即乾即書。

　　朱景雲先生是楊守敬的書法啓蒙老師。據《鄰蘇老人年譜》記載：「朱先生精力絕人，每夜必雞鳴始就寢，守敬素弱，不勝其苦。且每當就枕時，必出一題，口占半篇始眠。故每當考試，他人未脫稿，守敬已交卷，蓋素習慣也。」〔註7〕三十多年後的 1891 年，朱先生去世，楊守敬感念於先生的悉心教誨，私諡朱先生爲「文敬」，並懷著無比崇敬的心情，以工楷撰寫了《清故歲貢生文敬朱先生墓誌銘》〔註8〕，銘中有「經師易得兮，人師難逢」，贊頌朱先生的師道和學養。

《清故歲貢生文敬朱先生墓誌銘》

筆潤自立，維持生計。咸豐七年，攜家遷居宜都，遂在此設館教學，弟子頗眾。

〔註7〕　《鄰蘇老人年譜》，《楊守敬集》第一冊，湖北人民出版社、湖北教育出版社，1997 年，第 9 頁。

〔註8〕　《清故歲貢生文敬朱先生墓誌銘》，寫於光緒辛卯（1891 年）之冬，楊守敬是年 53 歲。全篇 65 行，共 951 字。

　　由於勤學苦練，楊守敬的書法大進。19 歲那年再次參加府試，五場皆第一，1857 年農曆十月又順利通過院試入學，終於得中秀才。

　　這一年，由於一些機緣，楊守敬「得聞國朝諸儒之學」。與朱景雲過從甚密的譚力臣是考據學家，楊守敬從二人的談論中開始接觸到考據學方面的知識。1858 年，由於太平天國運動造成時局動亂，長江下游一帶的一些學者名人紛紛逃難避居宜都，當時租賃楊家房屋居住的，就有餘杭人鄭譜香〔註9〕和吳中人顧文彬〔註10〕。鄭譜香是藏書家，一次曬書，楊守敬得見清人六嚴縮摹的《輿地圖》一冊，便將此圖借來，影繪二部，鄭譜香見後大加激賞。這是楊守敬涉足地理學之始。之後，楊守敬又與陳一山〔註11〕相識，二人金石同道，志趣相符，遂成莫逆。

　　隨著學問的增長，從 20 歲起，楊守敬又多次赴考鄉試，終於在 1862 年獲中第八十名舉人，此時他年僅 24 歲。

二、訪碑問帖（1863 年 1 月～1880 年 4 月）

　　然而，楊守敬在隨後的會試中卻運途多舛，屢遭頓挫，從 1863 年起，他先後七次赴京會試，均名落孫山。會試之路雖然艱辛，但每次入京赴考期間，楊守敬都結識了來自全國各地的文人學者，獲益良多；並乘機遍遊京師書肆，廣泛搜羅古書和碑版拓片，由此奠定了他在目錄版本學和金石考據學上的基礎。

　　1863 年，楊守敬第一次入都會試期間，經陳一山引薦，結識了對他一生產生重大影響的恩師潘孺初和同年鄧鐵香〔註12〕等人。在《鄰蘇老人年譜》中，楊守敬這樣評價二人：「孺初精詣卓識，罕有倫匹；鐵香卓犖不群，皆一代偉人。守敬得聞緒論，智識日開。」〔註13〕

〔註 9〕　鄭譜香，號蘭，道光二十年舉人，官至山東鹽運使。

〔註10〕　顧文彬（1811～1889 年），字蔚如，號子山，晚號艮盦、過雲樓主。道光二十一年進士，官至浙江寧紹道臺。嫻於詩詞，工於書法，富收藏，精鑒別，著有《過雲樓書畫》、《眉綠樓詞》等。

〔註11〕　陳一山（1835～1905 年），晚清書畫家，原名桂林，字一山。原籍遂溪縣，同治初年始遷居雷州府城。咸豐十一年拔貢，官戶部主事，廣東雷陽書院講習。

〔註12〕　鄧鐵香（1841～1892 年），廣東歸善人，名承修，字伯訥，號鐵香。舉人，任刑部御史、鴻臚寺卿。

〔註13〕　《鄰蘇老人年譜》，《楊守敬集》第一冊，湖北人民出版社、湖北教育出版社，1997 年，第 10 頁。

　　潘孺初（1818～1893 年），名存，字仲模，別字存之，號孺初，海南文昌
人。咸豐二年（1852 年）舉人，官至戶部主事。著有《克己集》、《論學十
則》、《楷法溯源》、《賞花有感》等。工詩詞、文辭，書法尤妙。博覽群書，
學識深廣，對於好學之士，雖為晚輩也盡心相待。

　　在潘孺初的指導下，楊守敬開始節衣縮食搜購碑刻拓本，每得一拓本，
都要請潘師「點其精要」。楊守敬每次入都，常住在好友鄧鐵香家，兩人金石
同好，常一起搜購碑帖。

　　1865 年，楊守敬第二次赴京會試，潘孺初授以古人用筆之法。這次雖然
未中，但考取了景山官學〔註 14〕教習。每天散學後，楊守敬便徒步到琉璃廠
法帖店物色碑版拓片。從住處到琉璃廠有三、四里路程，回來時已是深夜，
街上闃無行人，旁人都譏笑他，他也不以為意。這段經歷在其所著的《鄰蘇
老人年譜》和《三續寰宇訪碑錄序》中都有記載。

　　只要一有機會，楊守敬便訪碑問帖。1867 年，他由京城赴山西高平為官
宦子弟授課，途中看見廟前立有一碑，便急忙讓車先行，自己攜帶氈拓之具
前去拓碑。當時天氣乾燥，加之紙厚，不能施墨。自日暮至二更將盡，僅拓
得一紙，乘夜持歸，回到旅店同行者皆鼾聲四起，楊守敬猶挑燈伸紙，摩挲
不已。

　　這樣一年多下來，楊守敬囊金罄盡，但其所搜碑帖漸富。他「每有所
得，必為之考證」〔註 15〕，於 1867 年寫成《激素飛清閣評碑記》，評點了先
秦至唐代的碑刻 285 種；次年又寫成了《激素飛清閣評帖記》，評點了 96 種
法帖。

　　1868 年，楊守敬第三次會試不中，便住在鄧鐵香家中，與潘孺初常相往
還，「凡學問流別及作文、寫字，得其指授為多。」〔註 16〕在此期間，潘孺初
還指導他臨習北魏《鄭文公碑》。

　　1871 年農曆三月，楊守敬第四會試失敗，決意返程回家。此時他在京搜
求的漢魏六朝金石拓片已大體齊備，「而無後魏（應為西晉）盧無忌《修太公

〔註 14〕景山官學：康熙二十四年設，位於景山前門，是培養教育上三旗官員子弟的
　　　　學校，學生定額為 392 人，學習漢文和翻譯。
〔註 15〕《壬癸金石跋》序，《楊守敬集》第八冊，湖北人民出版社、湖北教育出版社，
　　　　1997 年，第 991 頁。
〔註 16〕《鄰蘇老人年譜》，《楊守敬集》第一冊，湖北人民出版社、湖北教育出版社，
　　　　1997 年，第 13 頁。

廟碑》（即《齊太公呂望表碑》）」〔註17〕。途中路過汲縣（今河南衛輝市），他發現路旁有座太公廟，該碑即矗立在廟前田中。車到站後，便獨自攜帶氈墨找到此碑。此時天色已晚，他便借著月光拓碑，回到旅店時，同行之人早已鼾聲如雷了。第二天大家知道了，「皆非笑之」。〔註18〕

　　1872 年，楊守敬在家鄉授讀期間，開始謀刻《望堂金石》，將所搜集到的漢魏六朝金石拓片採用雙鈎法摹刻成集。

　　1873 年，楊守敬第五次赴京會試，不中後在京城停留了一年多，與潘孺初、鄧鐵香、陳一山等師友「文酒往還，極一時之樂」〔註19〕。

　　1876 年，楊守敬回宜都老家，因家中米店逐年虧累，便創議開辦紙行，並自任經理，重操舊業一年多。但他經商不忘做學問，1877 年將《水經注疏‧江水》初稿寫成，同時他與潘孺初共同輯字的《楷法溯源》也編輯完成，同時還完成了《元押》一書。1878 年，楊守敬將《楷法溯源》刊刻問世，親攜書版赴武昌賣書。1879 年在武昌，楊守敬與古泉學專家饒登秩一起校勘、監刊了倪模的《古今錢略》三十四卷，該書以校刊精審著稱，世稱善本。

　　1880 年春，楊守敬第六次赴京會試，住在進士黃鸞雲的館中，得到了吳荷屋的《鏡帖》一書。該書對宋、元以來的集帖都有詳細記錄，可惜細目部分遺失了，楊守敬便與黃鸞雲天天在琉璃廠各帖店物色抄寫集帖目錄，並遍訪藏家以補其闕。

　　這年三月會試，榜發仍不中。據說閣中欲擬楊守敬為會元，但查檢三場策卷不得，因而沒有上榜。楊守敬知道後不禁歎息道：「豈非命也耶？」〔註20〕然而，一次意外的機緣降臨了，楊守敬開始了他四年的東瀛之旅。

三、訪書播藝（1880 年 4 月～1884 年 5 月）

　　1880 年 4 月，楊守敬應清駐日公使何如璋〔註21〕之招，赴日任使館隨

〔註17〕《鄰蘇老人年譜》，《楊守敬集》第一冊，湖北人民出版社、湖北教育出版社，1997 年，第 14 頁。

〔註18〕此段記述除載於《鄰蘇老人年譜》外，亦見於《三續寰宇訪碑錄》序，《楊守敬集》第八冊，湖北人民出版社、湖北教育出版社，1997 年，第 621 頁。

〔註19〕《鄰蘇老人年譜》，《楊守敬集》第一冊，湖北人民出版社、湖北教育出版社，1997 年，第 14 頁。

〔註20〕《鄰蘇老人年譜》，《楊守敬集》第一冊，湖北人民出版社、湖北教育出版社，1997 年，第 16 頁。

〔註21〕何如璋（1838～1891 年），字子峩，廣東大埔縣湖寮雙坑村人，我國早期傑出

員。由於他此時正在北京，所藏物品來不及送回宜都老家，便將隨身攜帶的漢魏、六朝、隋唐碑帖拓本 13000 餘冊，一齊帶到了日本。

　　初到日本之時，由於公使何如璋與副使張斯桂的矛盾，楊守敬的外交隨員身分一直未定，半年多後才授以「英語通譯」之職，而楊守敬並不通英語，顯然攤上了一個閒職。於是在日期間，他便根據自己的興趣和特長，自主選擇了從事與公職無關的中日文化交流活動——搜刻日藏漢籍、傳播金石書法。

　　當時的日本，正值明治維新之際，舉國學習西方，提倡新學，漢學日漸衰微，舉國士大夫棄古書如敝屣。楊守敬遍遊東京書肆，慧眼獨朗，發現了很多在國內絕版的漢文圖書和稀有善本。由於自己財力有限，楊守敬便將日人未見的漢魏、六朝碑版以及古錢、古印進行交換，大量購進國內散失的善本秘笈，「以有易無，遂盈筐篋。」〔註22〕他還廣交日本學界朋友，廣泛收集古籍信息，認識了日本醫生森立之〔註23〕，此人是一位藏書家，楊守敬從其處得到了一部他與別人合著的《經籍訪古志》抄本，書中詳列日藏漢籍善本的目錄、成書年代、收藏者信息等。楊守敬便按目訪書，「日遊市上，凡板已毀壞者皆購之，不一年遂有三萬餘卷」〔註24〕。由於楊守敬不計代價瘋狂購書，日人稱之爲「楊瘋子」〔註25〕。

　　一年後，黎庶昌〔註26〕接任何如璋爲駐日公使。因好友張裕釗〔註27〕的

　　　　　的外交家，中日兩國正式邦交的開創者。

〔註22〕　《鄰蘇老人年譜》，《楊守敬集》第一冊，湖北人民出版社、湖北教育出版社，1997 年，第 18 頁。

〔註23〕　森立之（1807～1885 年），號枳園居士，出生於日本七代世醫之家。是江戶後期日本傑出的醫學家、文獻學家與考據學家，日本考證醫學的泰斗級人物。在《清客筆話》一書中，記錄了楊守敬與其關於漢籍的搜尋、交易、抄錄、校勘和刻印的筆談。

〔註24〕　《日本訪書志》緣起，《楊守敬集》第八冊，湖北人民出版社、湖北教育出版社，1997 年，第 27 頁。

〔註25〕　見長澤規矩也《楊惺吾日本訪書考》，《長澤規矩也著作集》第 2 卷，汲古書院，1982 年版，第 236 頁。

〔註26〕　黎庶昌（1837～1896 年），字蒓齋，貴州遵義人，晚清著名外交家和散文家，光緒中曾兩度出任駐日使臣，「曾門四弟子」之一。

〔註27〕　張裕釗（1823～1894 年），字廉卿，號濂亭，湖北鄂州人。道光二十六年（1846 年）中舉，考授內閣中書。晚清散文家、書法家，其書法獨闢蹊徑，融北碑南帖於一爐，創造了影響晚清書壇百年之久的「張體」。後入曾國藩幕府，爲「曾門四弟子」之一。

推薦，楊守敬繼續留用。黎庶昌也是一位好古之士，他聽說楊守敬在日本訪書的事情後，很受感動，遂委託其將搜訪的古籍刻印爲《古逸叢書》。爲此，楊守敬白天要與刻工一起切磋，並接待日本文化界人士，夜晚則燈下校書，撰寫校勘札記，幾乎通宵達旦。日人稱之爲有「萬夫之稟」。就是在這種情況下，楊守敬還見縫插針，於 1882 年完成了石印本《寰宇貞石圖》初輯。1884年，《古逸叢書》刻成，收錄了當時國內失傳的二十六種逸書殘本，計二百卷。該書刻印極佳，「贈當時顯者，皆驚爲精絕」〔註28〕。

1884 年農曆五月，楊守敬滿載著在日搜集的珍貴典籍回國。在其帶回的大量典籍中，很可能有唐人墨蹟。1880 年底，他在給國內友人李蒓客（李慈銘）的信中稱，在日本，「隋唐以下金石文字亦美不勝收」〔註29〕。楊守敬感慨中土古寫佛經多毀於兵燹，存世墨本太少，透露了日本存有大量唐人墨蹟的事實：「余所見日本東大寺、高山寺、法隆寺所藏古經，黃麻堅紉，的爲唐人書者不下數千卷，可謂目不周玩、情不給賞者，而皆無書者姓名。（余所藏亦數十卷。）」〔註30〕從楊守敬藏有數十卷日本東大寺、高山寺和法隆寺的古經記錄看，他也應將這些唐人手跡帶回國內。另據日本漢學家岡千仞的《觀光紀遊》記載，楊守敬曾對其所獲的古寫經把玩不置，並與岡千仞論其筆法：「此猶晉時筆法，宋元以下無此眞致。」〔註31〕由於楊守敬在《日本訪書志》中沒有著錄這些零星的、不成書、不成卷的文書，加之楊氏藏書目前大多在臺北故宮博物院，我們還無法找到它們的流傳過程和蹤跡，這有待於以後的研究者進一步發掘。

如果說楊守敬在日搜刻佚書是有心栽花的話，那麼他向日本傳播北碑書風則屬無心插柳之舉。當時的日本書壇正處於衰退階段，日本書家深爲漢字書法與假名書法的日益平庸萎弱而深感煩惱，而楊守敬帶來的那 13000 餘冊碑版拓片多爲中國新近出土，爲日本書家未聞未見，其粗獷古拙、充滿山野氣息的北碑書風，對長期奉王羲之爲正統的日本行草書法而言，具有一種強

〔註28〕 《鄰蘇老人年譜》，《楊守敬集》第一冊，湖北人民出版社、湖北教育出版社，1997 年版，第 19 頁。

〔註29〕 見李慈銘《越縵堂日記》，光緒六年十二月二十日記，國家清史編纂委員會《文獻叢刊》，廣陵書社，2004 年。

〔註30〕 《壬癸金石跋》，《楊守敬集》第八冊，湖北人民出版社、湖北教育出版社，1997 年，第 1037 頁。

〔註31〕 見周作人《苦竹雜記》之《日本的衣食住》一文，河北教育出版社，2002年。

烈的衝擊力，日本書家感到了一種莫名的震撼和激動，從而看到了創作的曙光。楊守敬描述了當時有日本書壇祭酒之稱的日下部鳴鶴〔註32〕初見北魏《熒陽鄭氏碑》（即《鄭文公碑》等）時的情景：「鳴鶴瞥然一瞬，忽焉契合，稱斯妙製，永播芳徽，可謂神解獨運，捷於轉環矣。」〔註33〕日本書壇迅速掀起了一股崇尚北碑書法的浪潮，從而使日本書道迅速從傳統帖學轉向碑學，楊守敬也因這一無心插柳之舉，被譽爲「日本書壇廣大教化主」。

　　不僅如此，楊守敬還以自己的精湛書藝折服了許多日本書道名家。楊守敬初履東瀛時，剛過不惑之年，因年齒較輕，日本書家初尚輕之，但接談之後大爲服膺，對其推崇不已，大有相見恨晚之感。日下部鳴鶴讚歎說：「楊惺吾守敬博學宏才，研精金石碑帖，古今書法無所不通。」〔註34〕他們經常造訪楊守敬的寓所，熱誠地向他請教書法藝術，雖不能暢所欲言，但通過筆談〔註35〕的方式卻也能相互溝通，楊守敬毫無保留地向他們傳閱帶來的六朝、北魏碑版拓片，令他們大開眼界。這些人當中就有當時被認爲是日本書壇重鎮的松田雪柯〔註36〕、嚴谷一六〔註37〕、日下部鳴鶴，此外還有岡千仞〔註38〕、山本竟山、川田雍江、山中信天翁、矢土錦山及政界的犬養毅

〔註32〕 日下部鳴鶴（1838～1922年），本名東作，字子暘，別號鳴鶴、野鶴等，日本滋賀彥根人。日本明治時代著名書法家，鳴鶴流派的創始人，與中林梧竹、嚴谷一六並稱爲「明治三筆」。與楊守敬關係最密切，並與吳大澂、楊峴、俞樾交往，是吳昌碩的第一位日本詩友。西泠印社最早的外籍社員之一。

〔註33〕 《熒陽鄭氏碑》序，《楊守敬集》第十冊，湖北人民出版社，1997年，第11頁。

〔註34〕 見日下部鳴鶴《日本近代書道的先覺者山本竟山先生五十四忌追悼紀念展圖錄・作品集》。

〔註35〕 由於語言障礙，楊守敬和日本友人的交流是通過用筆書寫來進行的，這些筆談保存了許多富有價值的史料。

〔註36〕 松田雪柯（1819～1881年），名元修，字公靜，號雪柯，出生於日本三重縣伊勢市。曾任神宮之職。日本明治時代著名書法家，明治十二年至十四年，曾在東京主持「述筆法堂會」，召集日本書法名流研習書法。編著有《段氏述筆法》一書。

〔註37〕 嚴谷一六（1834～1905年），名修，字一六、誠卿，號古梅，家爲水口藩醫。明治時期著名書法家，工詩文，性通諸藝，書初學卷菱湖後轉趙孟頫。時稱鳴鶴以苦學得法而一六以天才大成。書碑極多，刻帖亦有多種。著有《一六遺稿》。

〔註38〕 岡千仞（1833～1914年），字天爵，又字振衣，號鹿門，出身武士家庭，日本宮城縣仙臺市人。日本著名漢學家、書法家。明治維新後，曾任修史館編修官、東京府書籍館幹事等職，後因對藩閥專制不滿而辭官辦塾，前後有「弟

等人。

楊守敬很快就在日本贏得了「書壇教父」的美譽，眾人無不仰其高名，有兩件事情足可說明其在日本書壇的地位。

楊守敬赴日一年後，1881 年 5 月 24 日，日本書法界在東京清華吟館集會，爲因健康原因將要告老還鄉的松田雪柯送別。楊守敬應邀與巖谷一六、日下部鳴鶴、川田甕江、山中信天翁、矢土錦山等日本著名書法家一起爲其餞別。在送別會上，大家都賦詩贈言，眾人齊推楊守敬題字書首。楊守敬便以「南浦贈言」四個大字題端，落款留注：「辛巳五月與東瀛諸友集清華吟館爲雪柯居士餞別。諸君各有贈言，囑守敬書首。」矢土錦山所題絕句中有「欽君海外遇知己，楊氏之先定子雲」〔註 39〕之句。這就是載入日本書壇史冊的「南浦贈言」序，與中國的「蘭亭雅集」一樣，作爲佳話在日本書道界廣爲傳頌。

1882 年，爲了紀念毛筆的改良者蒙恬，日本書道界決定爲蒙恬造像以供觀瞻，特請楊守敬撰文並用隸書書寫了《秦蒙將軍之像碑》。碑文曰：「於惟將軍，猛厲無前。威震匈奴，氣懾燕然。城塹萬里，絕地迥天。百世之利，何惜一捐。將軍典學，文翰翩翩。緬懷彤管，漆書未便。將軍先覺，思幽入玄。中山之毫，既柔且圓。束縛有加，濡染如椽。封之管城，百祀不遷。何以徵之，昌黎茂先。高木壽穎，七葉衍傳。企想先型，仰高鑽堅。求將軍像，幾四十年。屬爲撰記，大書深鐫。蓬萊之嶼，神山之顛。風雨不渝，古貌綿綿。」〔註 40〕《秦蒙將軍之像碑》現立於東京墨田區的三圍神社，被日本政府列爲國寶加以保護。1926 年，日本東京西東書房出版了楊守敬撰文並書丹的《秦蒙將軍之像碑》。

1884 年楊守敬盡載其在日本訪得之大量古籍回國，他在日雖然只有短短四年時間，不僅訪書，而且播藝，在中日文化交流史上留下了濃墨重彩的一頁。

子三千」，著述達三百餘卷。與駐日公使何如璋、黎庶昌及王韜等均有密切交往。1884 年來華，以上海爲中心漫遊南北各地近一年，著有《觀光紀遊》、《觀光續紀》、《觀光遊草》等。

〔註 39〕楊守敬在《殷商貞卜文字考》跋中有「余子雲後人也」的記載，子雲即西漢著名哲學家、文學家、語言學家揚雄。見《鄰蘇老人題跋》，《楊守敬集》第八冊，湖北人民出版社、湖北教育出版社，1997 年，第 1113 頁。

〔註 40〕王家葵《近代書林品藻錄》，山東畫報出版社，2009 年，第 503 頁。

《秦蒙將軍之像碑》

四、刻帖著述 （1884 年 5 月～1911 年 10 月）

1884 年 5 月，楊守敬在日本差滿回國後，即赴湖北黃岡就任教諭之職。1886 年陰曆二月，他第七次赴京會試，四月便鎩羽而歸。這時他已 48 歲，從此便「絕意科名，專心著述」〔註41〕，以名山事業為己任。

楊守敬絕意科名後，在黃岡十餘年間，他利用講學之餘，潛心整理古籍，使得許多因流失而分散的殘缺古籍趨於完整，同時全身心地投入到《水經注疏》的寫作中。

楊守敬立下宏願在前人的基礎上研究《水經注》，除大量收羅有關書籍資料外，還進行了艱難的長途實地考察。他與弟子熊會貞〔註42〕一道，從逐一

〔註41〕　《鄰蘇老人年譜》，《楊守敬集》第一冊，湖北人民出版社、湖北教育出版社，1997 年版，第 19 頁。
〔註42〕　熊會貞（1859～1936 年），又名崮芝，湖北枝江人，歷史地理學家和酈學地理學派創始人之一，楊守敬弟子。

檢出注語出處入手，「凡酈氏所引之典，皆標所出，批於書眉行間，凡八部皆滿」〔註43〕。然後比勘前哲得失，悉心考訂。著名學者顧頡剛在《當代中國史學》中評述清人地理學研究時說：「守敬實集清代三百年來《水經注》研究之大成，其專心致志真可驚也。」

由於潛心於《水經注疏》的著述，楊守敬於金石碑版的搜集和研究工作幾廢。他曾在《三續寰宇訪碑錄》序言中坦言：「歸後伏處黃州江濱，十年間絕無所得。」〔註44〕「同好者絕無其人，以是興致索然」，故「所有拓本俱庋閣，不復理。」〔註45〕

其實這段時間，楊守敬並沒有完全放棄自己酷愛的金石之學，其書法活動也沒有停止，且有兩部主要刻帖問世——

1885 年，楊守敬回故鄉宜都龍窩省親，得商爵一尊，上有銘文三字，他便將其編入《湖北金石志》中。〔註46〕

1890 年，楊守敬主持漢陽龜山古琴臺〔註47〕的修葺工作，他親自書丹，將《琴臺之銘並序》（汪中撰）、《伯牙事考》（汪中撰）、《重修漢陽琴臺記》（黃彭年撰）重新鐫立於琴臺碑廊之中，並親書「古琴臺」三字刻於大門門楣。

1892 年，楊守敬初刻《鄰蘇園帖》，第二年又續刻。

1893 年春，應黃岡知縣楊壽昌之請，楊守敬摹刻《景蘇園帖》。

……

1899 年，時年 61 歲的楊守敬受湖廣總督張之洞的邀聘，離開黃岡赴武昌出任兩湖書院教席，主講地理一門。1902 年，又擔任勤成學堂（後更名為存古學堂）總教長，加四品銜。

1909 年，楊守敬被舉為禮部顧問官，次年兼聘為湖北通志局纂修，參與《湖北通志》纂校。同年，石印續輯《寰宇貞石圖》完成。

〔註43〕 《鄰蘇老人年譜》，《楊守敬集》第一冊，湖北人民出版社、湖北教育出版社，1997 年版，第 23 頁。

〔註44〕 《三續寰宇訪碑錄》序，《楊守敬集》第八冊，湖北人民出版社、湖北教育出版社，1997 年，第 621 頁。

〔註45〕 《壬癸金石跋》序，《楊守敬集》第八冊，湖北人民出版社、湖北教育出版社，1997 年，第 991 頁。

〔註46〕 見《湖北金石志》，《楊守敬集》第五冊，湖北人民出版社、湖北教育出版社，1997 年，第 476 頁。

〔註47〕 又名伯牙臺，是為紀念俞伯牙彈琴遇知音鍾子期而建，始建於北宋。

五、賣字爲活 （1911 年 10 月～1915 年 1 月）

　　1911 年 10 月辛亥革命爆發，楊守敬結束了在武昌十二年的定居生活，避居上海。在上海，楊守敬經常爲校訂《水經注疏》「挑燈伏案」，通宵不寐，並替他人鑒定碑版古籍，題寫跋記。其間，因武昌、宜都等地的房租、田賦無法收取，楊守敬已斷絕了經濟來源，爲貼補家用，他只得「賣字爲活」。在《鄰蘇老人年譜》中，他感歎道：「今幸日本人知余在此，尚有求余書者，所得潤金亦略可補給，若余復死，則全家餓殍矣。」〔註 48〕就這樣，楊守敬便成了民初遺老群書家中的一員。

　　民初遺老群書家是伴隨著清王朝的覆亡而出現的一個特殊書家群體。他們對民國大都抱著牴觸態度，對於清廷和皇權充滿了忠心和迷戀。清朝的滅亡，使他們食君之祿不可得，爲了生存，只得訂潤賣字以自給。他們大都麇集在京津滬等地，其中又以上海這個著名的商埠最爲集中。當時在上海有一大批遺老書家，如鄭孝胥、康有爲、沈曾植、清道人（李瑞清）、趙叔孺等人，皆以賣字賣畫爲生，但獨有楊守敬門庭若市，一月賣字所得多達一千多銀元，其中多爲日本人慕名前來購買。

　　之所以將楊守敬列爲民初遺老書家群中的一員，是因爲他身上也有上述的遺老情結。這與他的一生經歷和文化教育背景有關。「中國近代思想文化的基本特徵是中西學的相互碰撞又相互滲透、交融，從而逐漸走向現代化的。」〔註 49〕由於長期接受科舉教育和中國傳統文化的影響，西學東漸對楊守敬的思想並無太大影響。楊氏早年輾轉於科場，會試七次皆不中，48 歲始絕意科名、專心著述，其所學也多爲輿地、金石、版本目錄之學，志趣全然在國學研究。即使這期間他曾以駐日欽使隨員的身份旅居日本四年多，但其注意力仍在訪求古逸書籍，結交者也多爲松田雪柯、巖谷一六、日下部鳴鶴、岡千仞等日本文士，話題無非大家都感興趣的金石碑帖與詩文書法，並未受到西學的很大影響。從這個意義上說，楊氏仍然是一個傳統意義上的中國文人學者：重道統，講氣節，明忠義。這種思想在他 1913 年寫的《自書〈桃花源記〉》跋中，得到了充分流露，他說：「自古忠臣義士，當易代之際，有託而逃，每欲絕跡人寰，夷齊黃綺，是其前規矣。」並認爲陶淵明的「願言躡

〔註48〕　《鄰蘇老人年譜》，《楊守敬集》第一冊，湖北人民出版社、湖北教育出版社，1997 年，第 27 頁。
〔註49〕　黎忻《康有爲書法理論的批評意義》，《書法研究》1997 年第 2 期。

輕風，高舉尋吾契」的詩句，「其不欲踐新朝之土，昭然若揭矣」。還言：「余老經亂離，避居滬上，每讀此記（指《桃花源記》），不覺神往。」〔註50〕後署癸丑二月，不用民國紀年。可見其內心鬱勃憤懣，以逸民自居了。1914 年他還提議編輯《正氣集》，「發明忠孝節義，使國人有所觀感」〔註51〕，頗有些衛道的意味。

　　然而，楊守敬並非鎖國禁錮下的封建知識分子，他與一般忠君事清、拒絕民國的遺老不同，最終還是採取了與民國政府合作的態度。這或許是由於辛亥革命後，他在武昌的藏書得到了湖北軍政府鄂軍都督黎元洪的明諭保護，而對民國政府頗有好感。1914 年，袁世凱為籠絡人心，欲聘楊守敬為民國政府顧問，楊守敬以「年老無意出山」為由辭聘，袁旋復函催他「請趁早扶杖北行，為京華光」，後又經黎元洪敦請，楊守敬「未便深拒」，於是扶杖北行。赴京後，袁對他優禮有加，復以參政院參政相屬，他又以「政治學非吾所長」為拒，但「力辭不獲」。〔註52〕後又被聘為清史館纂修。

　　1915 年 1 月 9 日，楊守敬在北京無疾而終，終年 77 歲。楊守敬逝世後，大總統策令表揚：「參政院參政楊守敬，學術湛深，著述宏富，碩德耆獻，海內知名。自簡任參政以來，協力贊襄，尤能恪盡厥職。」〔註53〕並給予治喪營葬費兩千元，追贈楊守敬「少卿」諡號，民國政府派專車護其靈柩回宜都，歸葬故鄉宜都龍窩〔註54〕。清史館為其立傳，名傳史冊。《清史稿》第四八五卷稱：

　　「楊守敬，字惺吾，宜都人。為文不足躋裕釗，而其學通博。精輿地，用力於《水經》尤勤。通訓詁，考證金石文字。能書，摹鍾鼎至精。工儷體，為箴銘之屬，古奧聳拔，文如其人。以舉人官黃岡教諭，加中書銜。嘗

〔註50〕《鄰蘇老人題跋》，《楊守敬集》第八冊，湖北人民出版社、湖北教育出版社，1997 年版，第 1145 頁。

〔註51〕《鄰蘇老人年譜》，《楊守敬集》第一冊，湖北人民出版社、湖北教育出版社，1997 年，第 28 頁。

〔註52〕以上引文見《鄰蘇老人年譜》，《楊守敬集》第一冊，湖北人民出版社、湖北教育出版社，1997 年，第 28 頁。

〔註53〕《鄰蘇老人年譜》，《楊守敬集》第一冊，湖北人民出版社、湖北教育出版社，1997 年，第 28 頁。

〔註54〕楊守敬墓位於宜都市陸城龍窩村三組，1915 年建。陵園用地 5400 平方米，建築用地 450 平方米，墓佔地 204 平方米，墓前立有五廂石碑一座，有楊守敬浮雕半身像並鐫有「楊守敬先生之墓」碑文。2006 年，楊守敬墓及其故居被國務院列入第六批全國重點文物保護單位名單。

遊日本，搜古籍，多得唐、宋善本，辛苦積資，藏書數十萬卷，爲鄂學靈光者垂二十年。卒，年七十有七。著有《水經注圖》、《水經注要刪》、《隋書地理志考證》、《日本訪書志》、《晦明軒稿》、《鄰蘇老人題跋》、《望堂金石集》等。」〔註55〕

第二節　楊守敬書學、金石學著述

　　楊守敬的書學、金石學著作共 37 種，約占他全部學術著作的三分之一。

一、書學著作

　　楊守敬的主要書學著作有：《激素飛清閣評碑記》、《激素飛清閣評帖記》（《評碑記》、《評帖記》合稱爲「二評」）、《學書邇言》、《楷法溯源》〔註56〕、《壬癸金石跋》、《鄰蘇老人題跋》、《三續寰宇訪碑錄》，以及在日期間與日本文學士日下部鳴鶴、嚴谷一六、松田雪柯等人的筆談等。

　　（一）「二評」（《評碑記》、《評帖記》）

　　「二評」即《激素飛清閣評碑記》和《激素飛清閣評帖記》〔註57〕，是楊守敬在 29 歲、30 歲的盛年寫下的研究書法碑帖的札記。《評碑記》寫於同治六年（1867 年），品評了先秦至唐代的碑刻 288 種；《評帖記》寫於同治七年（1868 年），評帖 96 種，「二評」共評碑帖 384 種。

　　關於《評碑記》、《評帖記》的寫作時間和經過，楊守敬在其《鄰蘇老人年譜》和《評碑記》、《評帖記》的序言裏均有交代。據《激素飛清閣碑目記》記載：「乙丑（1865 年）再入都，……時館於崇文城南之平樂園，距琉璃廠往返約十里。每薄暮，館事畢，步而往，漏三、四下，街衢之間，爝火盡息，闃無行人，余方挾數紙踽踽而歸。或燈爲風滅，則望影疾趨，不懼亦不倦。歸後猶復挑燈伸紙，摩挲數次乃寢。如是者年餘，囊金館穀，爲之罄盡，所謂極窮屯而不悔也。爰就年餘所見碑版，以著於篇。」〔註58〕在《激素飛清

〔註55〕　《清史稿》下冊，趙爾巽等著，中州古籍出版社，1998 年，第 604 頁。
〔註56〕　《楷法溯源》既是一部書學著作，又是一部金石學著作。
〔註57〕　「激素飛清閣」，是楊守敬在宜都的藏書樓名。「激素飛清」語本《水經注》卷三十七夷水篇：「淺處多五色石，冬夏激素飛清。」夷水即流經楊守敬家鄉宜都的清江。
〔註58〕　《激素飛清閣碑目記》，《楊守敬集》第八冊，湖北人民出版社、湖北教育出版社，1997 年，第 527 頁。

閣評碑記》自序中，楊守敬交代了寫作《評碑記》的動因：「宋元以來，書家林立，惟行草差可觀，而眞書云絕，無論篆隸。良由精於簡箚，略於碑版。故特著此篇，以矯其弊。」〔註59〕關於《評帖記》的寫作，楊守敬在《評帖記》序中稱：「余自傷譾陋，力尤不贍，羈滯京華，亦僅三載，金匱石室，未睹實多。然名篇劇蹟，於茲略具，振奇鑿空，良用心苦。旅病無聊，乃即所見者論次爲若干卷，以附《評碑記》之後。」〔註60〕

　　然而，「二評」在寫成後並未出版，1880年楊守敬將其帶到日本，並在給日本友人的傳閱中遺失。楊守敬在著作中一再提到「二評」遺失之事，惋惜之情溢於言表。1907年在《壬癸金石跋》序言中說：「余少好金石文字，每有所得，必爲之考證，積久成數百篇；又玩其書法，成《評碑帖記》四冊。庚辰（1880年）攜之東渡日本，竟並失之。」〔註61〕1911年在《學書邇言》自序中也記載：「余三十年前有《評碑記》二卷、《評帖記》二卷，庚辰東渡日本失之。」〔註62〕所幸的是，1915年，楊守敬的孫子楊先梅在家藏書籍中找到「二評」的手稿，而遺失在日本的稿本也幸被人拾獲，並將這兩本之一的《激素飛清閣評碑記》出版（未記出版年月），在日本廣爲流傳。1957年，日本三省堂再版了這本《激素飛清閣評碑記》。《評碑記》還流傳到臺灣，臺灣有位匿名爲「竹久」的先生據此本手抄，於1976年交付學海書局出版。1990年，由湖北省博物館文史研究員陳上岷先生編輯整理的《楊守敬評碑評帖記》由文物出版社出版。楊公如泉下有知，定當備感欣慰矣！

　　「二評」的手稿，現藏湖北省博物館。《評碑記》一冊，爲綠色雙邊框毛邊紙訂本，版心魚尾上下有「印章」、「芸祿堂」五篆字，計58頁。前17頁爲雜錄，後41頁爲《評碑記》的序言和正文，爲分卷，首頁序言題爲《激素飛清閣碑目記》。《評帖記》二冊，爲紅色扁方格紙訂本，每頁8行，每行20字。第一冊24頁，版心下方有「吳茂泰齋」四字。第二冊29頁，版心下方有「永齡齋」三字，正文首行「蘭亭」二字下，鈐有「飛清閣藏書印」白文

〔註59〕《激素飛清閣評碑記》自序，《楊守敬集》第八冊，湖北人民出版社、湖北教育出版社，1997年，第529頁。

〔註60〕《激素飛清閣評帖記》序，《楊守敬集》第八冊，湖北人民出版社、湖北教育出版社，1997年，第585頁。

〔註61〕《壬癸金石跋》序，《楊守敬集》第八冊，湖北人民出版社、湖北教育出版社，1997年，第991頁。

〔註62〕《學書邇言》自序，《楊守敬集》第八冊，湖北人民出版社、湖北教育出版社，1997年，第476頁。

印。日本刊印的《評碑記》分三卷，與稿本相較，均不完整：稿本缺周秦至後魏的 132 種碑評，而刊本缺卷首《碑目記》及唐開元十一年至大曆二年的 50 種碑評。日本刊印的《評帖記》，內容完全與稿本一致，未分卷，但稿本中也有脫稿後添補修改的句子，如刊印本敘言中的「與古爲仇」、「纖微畢載」，稿本中改爲「每與古違」、「所見畢載」。

楊守敬的「二評」與康有爲的《廣藝舟雙楫》、劉熙載的《藝概・書概》同爲近代重要的書學論著。「二評」雖不及康氏論著的影響大，但其對歷代碑帖考證、評論之公允嚴謹有過之。與以往的研究者不同的是，「二評」採用了簡潔的評論方式，「意在論書，不復攙入考證」〔註63〕，並從書法發展的變遷上研究碑帖，既有一定的廣度，也有一定的深度。

（二）《楷法溯源》

《楷法溯源》是潘孺初、楊守敬師生共同合作完成的一部具有書法字典性質的書法和金石學著作。全書共十四卷，另附古碑、集帖目錄一卷，1878年刊行。所集之字自漢磚文至五代楊凝式《韭花帖》，約計二萬字（不重單字3498 字），涉及碑帖共 700 多種（其中集碑 646 種，集帖 82 種），有名字碑大抵具在。

《楷法溯源》由潘孺初和楊守敬共同輯字，由潘孺初點出精要，楊守敬費時 10 年編成。該書集眾手之力，由楊守敬與師友以雙鈎之法分工鈎校。具體分工如下：分卷第一爲東湖饒敦秩（季音），第二爲東湖王鴻達（子上），第三爲宜都黃士翰（浩卿），第四爲宜都黃士琳（昆城），第五爲東湖王宏進（子石），第六爲枝江曹廷傑（彞卿），第七爲東湖饒敦秩，第八爲恩施尹壽衡（翰樓），第九爲東湖楊之閬（瑞卿），第十爲嘉善鄧承修（鐵香），第十一爲江陵鄧承渭（定臣），第十二爲大埔何如璋（子峨），第十三爲南海倫五常（夢臣），第十四爲遂溪陳喬森（一山），由宜都李宏讓鐫刻，陳一山核校，光緒三年（1877 年）七月《楷法溯源》刻本完成，並在荊州知府倪文蔚及鄉紳饒敦秩等的資助下得以付梓。

《楷法溯源》顧名思義，意在探尋楷書的源流，同時論述文字的變革、書法的創新，故《楷法溯源》又是一部以金石爲主的「小學」經書。在《楷法溯源》凡例中，楊守敬指出，由於楷書在漢代稱今隸，至《晉書・衛恒傳》

〔註63〕　《激素飛清閣評碑記》自序，《楊守敬集》第八冊，湖北人民出版社、湖北教育出版社，1997 年，第 529 頁。

始有「楷法」之稱，故《楷法溯源》初定名爲《今隸篇》。楊守敬以「漢、魏之少波磔者」，如《鄧太尉祠碑》、《爨寶子碑》、《中嶽靈廟碑》及兩晉磚文爲楷書的源頭，所收之字止於五代。對此，他解釋道：「有唐之初風格遒上，楷法之極軌；開、寶以下日趨圓美，故所收獨隘。宋、元以下非無作者，格意愈卑，不能出唐人範圍，故所採至五代而止。」〔註64〕重視唐以前的楷書，是楊守敬的一貫態度。在《學書邇言》中，他進一步闡釋：「至若虞之《廟堂》、歐之《醴泉》、褚之《聖教》，遂爲楷法極則。顏、柳而後，不復能別出體裁。宋元以下，行草或能自立面目，而楷書之風格替矣。故余所輯楷書，以唐人爲斷。」〔註65〕他還把李北海的《雲麾將軍碑》、《麓山寺碑》，宋儋的《道安禪師碑》、《鐵元始贊》、《吳文斷碑》，楊凝式的《韭花帖》等行、楷並用者，都置於「楷書」範疇。楊守敬的這種楷書斷限，可使後人上見其源而下知其流。

在《楷法溯源》的輯字過程中，楊守敬堅持了嚴格的選字標準：一、「未肯炫博以滋蕪蔓」。對名碑如《九成宮醴泉銘》、《孔子廟堂碑》收錄不嫌其備，但也有豐碑巨碣一字不取者，如柳公權的《西平王碑》，因其筆法拘窘故在所棄中；二、「不求備以自欺欺人」。如《雁塔聖教序》與翻刻本《同州聖教序》雖神韻不同，而體格無異，但楊守敬堅持選字以格律爲主，故取《雁塔》不錄《同州》。再如《小字麻姑仙壇記》因係宋人臨本，《玉版十三行》因過於纖弱，都不錄。但也有煊赫之跡如王羲之的《道德經》、柳公權的《清淨經》，皆因未得善本而不模。〔註66〕書中所收單字種類豐富，如列出的「爲」字有63種，「之」字有65種，每一種皆選自一碑帖，可供閱者比較選擇。因清代以前編印的書法類字典很少，而此書選編的格調很高，再加上楊氏在金石文字學、書學、書法實踐乃至刻書方面的造詣，無不爲該書的成功創造了條件。

不過，《楷法溯源》的集碑之字遠遠多於集帖之字。對此，楊守敬的解釋是：「集帖所載鍾、王楷書，皆唐以後模拓，無分隸遺意，不足爲據。」

〔註64〕《楷法溯源》凡例，《楊守敬集》第十三冊，湖北人民出版社、湖北教育出版社，1997年，第16頁。

〔註65〕《學書邇言》，《楊守敬集》第八冊，湖北人民出版社、湖北教育出版社，1997年，第477頁。

〔註66〕《楷法溯源》凡例，《楊守敬集》第十三冊，湖北人民出版社、湖北教育出版社，1997年，第16、17頁。

〔註67〕「今之鍾、王書皆轉經模刻，最高唐人臨寫耳，豈復當日手筆？故此書錄集帖之字皆附於碑後。」〔註68〕在碑帖選錄中，《楷法溯源》對有些名碑大碣、鍾王之書，或有取捨，而魏晉、南北朝造像、墓誌也收入極多。《楷書溯源》還輯錄有日本碑文，如有「日本第一名碑」之稱的《多胡郡碑》。此碑成於奈良初期，字體奇古，風格獨特，深受中國六朝書風的影響，楊守敬不拘一格地加以選錄，體現了他沒有畛域之見的世界眼光。

〔日〕《多胡郡碑》

在《楷法溯源》凡例中，楊守敬交代了《楷法溯源》的體例：「洪氏《隸韻》（應爲《隸釋》）、婁氏《字源》、劉氏《隸韻》、顧氏《隸辨》，皆依韻分篇，便於檢尋；然於偏旁錯雜，不足以見八法之變。翟氏（翟雲升）《隸篇》遵《說文》始『一』終『亥』之次，最爲古雅，今從之。」因此，《楷法溯源》編次和雙鉤描字之法，均仿照翟氏《隸篇》之例。其集字遵循兩點原則：一、

〔註67〕　《楷法溯源》凡例，《楊守敬集》第十三冊，湖北人民出版社、湖北教育出版社，1997年，第15頁。

〔註68〕　《楷法溯源》凡例，《楊守敬集》第十三冊，湖北人民出版社、湖北教育出版社，1997年，第17頁。

「所收之字大半習見，其結構最難者尤不厭繁，觀其各出新意，始足見書法之變。」二、「所收之字略依時代為次第，使學者知世運之昇降。」楊守敬致力於追尋楷書的發展軌跡，由唐楷追到魏碑，一直到隸書與魏碑的交界，「欲使學者通書法之變，及其成功，其胸中各自有書，方稱作手。」〔註 69〕此書捋清了楷書發展的軌跡，廓清了當時書壇對楷法的模糊概念，對清代碑派書法的順利發展起到了積極的作用，實是書法史上的一大貢獻。

《楷法溯源》後世又有再版，1957 年臺北藝文印書館將楊氏刊本影印發行；1989 年四川成都古籍出版社也根據楊氏刊本影印，以《中國楷書大字典》的書名印行。

（三）《學書邇言》

《學書邇言》是楊守敬在 73 歲高齡的晚年寫下的書論代表作，內容涉及碑版、刻帖、墨蹟各項名蹟，且對歷代名家的書風有系統論述，此外還兼及日本書家與書作，論述十分詳盡，為清末書論中的代表作之一，被時人譽為「書論之美文，千家之絕唱」。

《學書邇言》原稿完成於 1911 年末，是楊守敬避居上海虹口時，為日本門人水野元直〔註 70〕所編著的學書講義。關於此書的寫作經過，楊守敬在《後記》中交代得很清楚：「辛亥十月，徇日本門人水野疏梅之請，為《學書邇言》。幽憂積月，遂不能成寐，俯伏床褥，隨憶隨錄，語無倫次。方冀病有間整理之，而水野歸計已蹙，只得以草稿付之。」〔註 71〕在《學書邇言》自序中他自評此書道：「又念余五十年辛苦搜輯，雖不逮翁覃溪、吳荷屋、張叔未諸先生之精博，然以視並世諸君，或亦未遑多讓。如無一字存留，未免負負。」〔註 72〕這年十二月，水野元直將此稿本抄錄一份，準備帶回日本之前，楊守敬又親筆寫了一篇序言，並加蓋了「楊守敬印」和「鄰蘇老人」二印，「書此以為執證」。水野元直將此書攜歸日本後，於大正元年（1912 年），

〔註 69〕 以上引文見《楷法溯源》凡例，《楊守敬集》第十三冊，湖北人民出版社、湖北教育出版社，1997 年，第 15 頁。

〔註 70〕 水野元直（1864～1921 年），字小栗，號疏梅，別號疏梅仙史。日本福岡縣人，書法家。

〔註 71〕 《學書邇言》，《楊守敬集》第八冊，湖北人民出版社、湖北教育出版社，1997 年，第 514 頁。

〔註 72〕 《學書邇言》自序，《楊守敬集》第八冊，湖北人民出版社、湖北教育出版社，1997 年，第 475 頁。

由東京法書會鉛印出版；大正十五年（1926 年），由樋口銅牛〔註73〕注疏的
《學書邇言疏釋》由東京西東書房出版。

　　《學書邇言》，對學習書法和研究碑帖者來說，自然十分珍貴；對於促進
中日友好，開展中日書法藝術交流，更是起過不小的作用。

　　《學書邇言》流行於大陸、臺灣、日本等地，目前關於《學書邇言》的
版本主要有以下五種。

1. 原稿

　　《學書邇言》的手稿現存湖北省博物館。據著名楊學專家、湖北省博物
館陳上岷先生在整理此書所寫的前言中說：「原件爲紅格十行紙墨書。每頁書
口下方印有『老三益』（紙鋪名）三字，靠右一行之外印有『年月日第號』等
字樣，每行上下格式成弧形，乃當時市面書紙文具店出售的普通筆記本。各
頁所書行數不等，間有塗改之處，共五十頁，訂爲一冊。封面無字。高 22.7
釐米，寬 18 釐米。雖首尾略有缺損，但基本完好，字體蒼勁古樸，尤令人喜
愛。」〔註74〕原稿手抄本的篇目分五部分：緒論、評碑、評帖、評書、題跋。
讀守敬先生的書論，兼能欣賞其高華的書法，當是十分難得的事情。楊守敬
集五十年心血凝結而成的《學書邇言》稿本，如今得以完整地保存下來，實
是萬幸。

2. 日本大正鉛印本

　　此本即水野疏梅抄錄攜回日本付印之本，於日本大正十五年（1926 年）
由東京西東書房出版，書名爲《學書邇言疏釋》，由樋口銅牛疏釋。全書共 68
頁，線裝鉛印，逐條皆有日文注釋。扉頁印有「學書邇言疏釋，楊守敬原著，
樋口銅牛疏釋，東京西東書房藏板」等字樣。目次前二頁，影印了楊守敬的
手書序言。全書篇目由樋口銅牛分爲碑評、集帖、專帖、今帖、行草帖、小
楷帖、評書等七章。其實，只不過是將評帖部分細分爲五單元（集帖、專帖、
今帖、行草帖、小楷帖）。至於「題跋」則未見，據陳上岷先生推斷：一是水
野疏梅於抄錄時，即覺體例不合而有意捨棄；一是水野疏忽漏抄，或是楊守
敬於水野歸日本之後又加上去的，內容與稿本基本一致，只是原寫在稿本前

〔註73〕樋口銅牛（1865～1932 年），日本明治、大正、昭和時期的漢學家、書法家和
　　　　俳句詩人。

〔註74〕《楊守敬題跋書信遺稿》，楊先梅輯、劉信芳注，巴蜀書社，1996 年，第 182
　　　　頁。

面的序言移到後面去了，而代之以影印的楊守敬親筆書寫並蓋章的一篇序言。由於抄錄和排印關係，書中不免有些脫誤。如序言裏「遇曲」誤爲「過曲」；後記裏「幽憂積月」誤爲「幽憂損明」（明字左邊有一點，已去掉日旁），「俯伏」下多一「病」字；正文第二頁倒數第九行「張產」誤爲「弓產」，倒數第七行「當必有合」誤爲「當必有令」；第三頁倒數第十行「龍藏寺」誤爲「龍造寺」等等。但大正十五年印本亦有其可貴之處，它彌補了稿本前後殘損了的一些文字。如序言第一行「余三十年」和第二行「渡日本」等七字，以及尾頁倒數第一行「潤得九歌殘石，不及千文之謹嚴」，倒數第二行「長沙常氏有」和倒數第七行「煙堂刻」等字，都是稿本中已殘損了的，卻從大正印本中得到了補充。

3. 陳氏注疏手抄本

此本係陳上岷先生根據楊守敬原稿手抄本與日本大正鉛印本互校，由陳氏親自手錄，採用逐段夾注方式，體例悉如原稿，但於目錄前加陳上岷之前言，首二頁則加日本版的序及原稿內文首頁之書影。篇目亦與原稿維持不變。該書於 1982 年由北京文物出版社刊行。

4. 陳氏注疏鉛印本

爲配合湖北人民出版社《楊守敬集》之編輯出版，陳上岷先生將其 1982 年印行的注疏手抄本加以修正與補注，注與原文分開，列於每章之後。內文共 35 頁，前加目錄，陳氏鉛印本之前言，楊守敬原序，後加後記一頁，共 39 頁。篇目則將與前面體例不合的「題跋」刪除，於 1991 年由湖北人民出版社出版。

5. 臺北藝文印書館鉛印本

此本乃依據日本鉛印本再作鉛字排印，於 1974 年由臺北藝文印書館出版。目錄與日本大正鉛印本相同，其中與原稿及日本印本不同的是，目次後另將各章所提到的碑帖逐件羅列，應是臺灣出版社增補的。原書內文加原序及後記共 71 頁，另加子目 6 頁，日本版之序及目錄各一頁，共計 79 頁。而日本版之序則改爲鉛字印行，因楊守敬有誤筆，誤將「學書邇言」寫爲「書學邇言」，所以，該書徑名之爲《書學邇言》。

我們且以《學書邇言》的原稿爲例，介紹《學書邇言》的主要內容。原稿未分章節，只是依筆記體裁條條而列的。分成評碑、評帖、評書三部分，自周秦以至明清，涉及的碑帖和書家很廣泛。

評碑部分：分爲篆、分、眞、行四類，依次對歷代主要的百餘種碑刻進行評述。計有：晉代以前的篆書《泰山殘石》等 6 種；隸書《禮器碑》等 14 種；南北朝時代的《華嶽碑》等 27 種；隋代的《龍藏寺碑》等 8 種；唐代除《醴泉銘》等 23 種外，還有顏眞卿《多寶塔碑》等 8 種，柳公權《玄秘塔碑》等 6 種，以及唐行書碑《晉祠銘》等 5 種；宋代《洛陽橋碑》等 2 種；此外還有日本的《多胡郡題名》等 4 種。

評帖部分：分爲集帖、單人集帖、單人單帖、小楷帖四類。計有：南唐的《升元帖》等 2 種；宋代的《淳化閣帖》等 10 種；還有二王帖、《千字文》、《樂毅論》等各種專帖、行草帖、小楷帖等近百種。

評書部分：從宋代至清代，包括宋之蘇、黃、米、蔡，元之趙松雪，明之董香光以至清之翁松禪，並日本空海等共 50 餘家。如果加上評碑、評帖部分提到的書法家，如晉之王羲之，唐之歐、虞、褚、薛、顏、柳，總計約百餘人。

在《學書邇言》的緒論中，楊守敬提出了著名的「品高學富」論，並對書體的演變有精闢的論述。另外，在《學書邇言》的最後一段，楊守敬還專門評價日本書法：「日本書家，自以空海爲第一，殊有晉人風。小野道風次之，行成卿、魚養又次之，皆唐時人也。其金刻有《道澄寺鐘銘》、《銅燈臺銘》；石刻有《和銅題名》，最爲高古，神似顏魯公。《佛足跡記》，雖屬和文，亦書法之別格，足自立者。」〔註75〕這段文字，爲我國研究日本書法之先聲。

《學書邇言》對於各種碑帖的特點、歷史情況和現存情況，以及各位書家之所長，都有簡明介紹和確當評價。點評碑帖書家時，《學書邇言》有別於「二評」鋪成論述的方式，多以書體和朝代爲線索展開，直陳其特點。從總體上看，都是比較客觀的，既不「嗤點流傳」，也不「頌古非今」。由於楊守敬此時已逾古稀之年，其閱歷及眼界之深廣遂使所論縱橫捭闔、言簡意賅、氣勢如虹。楊守敬在手頭沒有任何資料的情況下，短時間內寫成此書，實屬不易，反過來也證明了其學識之博與功力之深。

（四）《壬癸金石跋》

《壬癸金石跋》是楊守敬的一部具有金石考訂性質的著作，共收錄題跋文章 38 篇，附於《晦明軒稿》一書之後刊行，並無單行本面世。

〔註75〕　《學書邇言》，《楊守敬集》第八冊，湖北人民出版社、湖北教育出版社，1997年，第 510 頁。

　　《壬癸金石跋》按照寫作年代先後陸續彙刻而成。第一篇寫於 1902 年，最後一篇寫於 1910 年，包括「壬癸」、「丁戊」、「己庚」三種金石跋。《壬癸金石跋》收錄的是光緒壬寅（1902 年）、癸卯（1903 年）兩年撰寫的金石跋文；《丁戊金石跋》收錄的是光緒丁未（1907 年）、戊申（1908 年）兩年撰寫的金石跋文；《己庚金石跋》收錄的是宣統己酉（1909 年）、庚戌（1910 年）兩年撰寫的金石跋文。因《壬癸金石跋》多達 31 篇，而《丁戊金石跋》、《己庚金石跋》又附於其後刊行，故不另具書名。

　　因楊守敬博聞多識、精於鑒定，因之收藏家常以其所藏之金石、字畫求其鑒定，加以題識。楊守敬在《壬癸金石跋》序中說：「光緒壬寅（1902 年），今匋齋制府（端方）巡撫吾楚，間以所藏囑余題識，不免見獵心喜。兩年間，合自藏本又得數十篇。」〔註 76〕據此可知，《壬癸金石跋》的題跋中，相當一部分的金石碑版爲端方藏品，除此之外，還有楊守敬本人和他人的收藏。

　　《壬癸金石跋》諸文考訂精詳，徵引博洽，評議中的，富有新論。該書有以下三方面特點：一、正史籍之誤，補史書之闕。如《東魏蔡俊碑》稱蔡俊爲「陽州刺史」，而《北齊書・蔡俊傳》、《北史・蔡俊傳》均作「揚州」，楊守敬通過對《魏書・地形志》和《隋書・地理志》的考訂，證明應爲宜陽之「陽州」，而非壽春之「揚州」，《北齊書》和《北史》的錯誤是由於校書者不深諳地理，以多見「揚州」、少見「陽州」，遂妄改之。故在《東魏蔡俊碑》的跋語中，楊守敬感歎道：「賴有此碑以訂其誤。一字千金，金石所以足貴也。」〔註77〕二、研究古代典章制度。如通過對《太平眞君三年鮑纂造像》的考訂，楊守敬得出結論：晉、魏之時，皆以臺爲都城之稱。「自東晉元帝王於金陵稱『臺城』，宋、齊、梁並因之，或稱『臺省』，或稱『臺軍』，史不絕書。故元魏亦沿其號。」〔註78〕三、探索書法藝術的發展和變遷。楊守敬慧眼卓識，以考證金石之餘，「玩其書法」，提出很多眞知灼見。如在《隋董美人墓誌》的跋中，他贊其書法道：「字跡端妍，含古意，與歐、虞伯仲，可寶

〔註76〕　《壬癸金石跋》序，《楊守敬集》第八冊，湖北人民出版社、湖北教育出版社，1997 年，第 991 頁。

〔註77〕　《壬癸金石跋》，《楊守敬集》第八冊，湖北人民出版社、湖北教育出版社，1997 年，第 1018 頁。

〔註78〕　《壬癸金石跋》，《楊守敬集》第八冊，湖北人民出版社、湖北教育出版社，1997 年，第 1013 頁。

也。」〔註79〕在《隋武衛大將軍吳公李氏女墓誌》（即《尉富娘墓誌》）跋中，他考證了尉富娘的生平，評其書法道：「此志書法峭健，上嗣丁道護，下開歐陽率更，實出《元公姬氏墓誌》上，在今所出古墓誌無與匹者。」〔註80〕將其書法的上下承續關係交代清楚，並給予很高評價。

總之，《壬癸金石跋》既可爲研究歷史提供寶貴參證資料，也可爲研究書法藝術的發展變遷提供借鑒和啓示，考史、學書可以一舉兩得。

（五）《鄰蘇老人題跋》

《鄰蘇老人題跋》，收錄了楊守敬《壬癸金石跋》以外的部分金石碑帖、書畫和古籍的題跋，是楊守敬題跋文字的拾遺補闕之作。

1916年楊守敬去世後，《鄰蘇老人手書題跋》影印本出版。共收錄楊守敬的題跋43篇，分兩冊，無序言、目錄、頁次。封面及扉頁有清道人（李瑞清）題寫的書名，其後有「惺吾七十五歲小像」和「鄰蘇老人遺像」二幅，末有清道人跋一篇。由於影印不多，流傳甚少。1965年，楊守敬之孫楊先梅根據家藏稿本整理而成《鄰蘇老人題跋》，除《壬癸金石跋》已刊行者不錄外，並以影印本《鄰蘇老人手書題跋》，共收錄題跋153篇，墓誌銘4通，分爲4冊。該書當時未刊行，1997年編入《楊守敬集》出版。

楊守敬的金石題跋堪稱蔚爲大觀。據影印本中的李瑞清跋記載，影印本所收錄的43篇題跋，僅爲楊守敬題跋的極少的一部分，「其不得者尙十百於此。」〔註81〕楊先梅的《編輯〈鄰蘇老人題跋〉之說明》亦言，所收錄的153篇題跋，「此不過九牛一毛耳。」〔註82〕可見散佚的楊氏題跋之多，實爲憾事。然而，僅從這些如零珪斷璧面世的題跋中，亦可窺見楊守敬學問之博贍多通，見解之精闢獨到。

（六）《鄰蘇園法帖》

《鄰蘇園法帖》是楊守敬編集的一部法帖，刊刻於光緒十八年（1892

〔註79〕　《壬癸金石跋》，《楊守敬集》第八冊，湖北人民出版社、湖北教育出版社，1997年，第1052頁。

〔註80〕　《壬癸金石跋》，《楊守敬集》第八冊，湖北人民出版社、湖北教育出版社，1997年，第1045頁。

〔註81〕　清道人《手書題跋》跋，《楊守敬集》第八冊，湖北人民出版社、湖北教育出版社，1997年，第1151頁。

〔註82〕　清道人《手書題跋》跋，《楊守敬集》第八冊，湖北人民出版社、湖北教育出版社，1997年，第1151頁。

年）。共收錄晉、唐至明代名跡 120 種，摹刻精詳，被稱作清末集帖之精品。法帖共編爲 8 冊，每冊卷首篆書帖名，無次第，因是陸續上石，未分時代順序。

《鄰蘇園法帖》多爲重刻古代名帖，第 8 冊爲日本書法，收錄了楊守敬從日本帶回的日本書家藤三娘（即光明皇后）的《樂毅論》、空海的《風信帖》、橘逸勢的《伊都內親王願文》以及藤原平子等人的作品，爲其他刻帖所不備，令國人大開眼見。第 2 冊還收錄了流入日本千餘年而不爲國人所知的王羲之《喪亂帖》、《二謝帖》、《得示帖》（三帖共裱一紙，見下圖），讓國人第一次見到了鈎摹如此精細逼肖的王羲之法帖。此三帖在日本流傳了一千三百多年，被視爲國寶，爲中國書法界所知不過百餘年時間。在《學書邇言》中，楊守敬還對三帖加以介紹，斷爲唐摹本：「日本有墨蹟三段，亦佳。縱非右軍，亦唐人摹本。」〔註 83〕

《喪亂帖》、《二謝帖》、《得示帖》

1893 年，楊守敬又續刻《鄰蘇園法帖》。《鄰蘇園法帖》刻印後，該帖保存本於辛亥革命前已遭破損。辛亥革命後，楊守敬在給日本友人山本竟山的信中說：「《鄰蘇園帖》，石多碎，即平定後亦難補刻。前日所寄之二部，猶是初拓，願足下勿輕視之也。」目前，日本中村不折氏書道博物館收藏有此帖的八卷本。

（七）《景蘇園帖》

《景蘇園帖》是楊守敬集北宋著名文學家、書法家蘇東坡的書法作品而

〔註 83〕 《學書邇言》，《楊守敬集》第八冊，湖北人民出版社、湖北教育出版社，1997年，第 497 頁。

刻的一部集帖，清光緒十九年（1893 年）摹刻面世，共 6 卷（先刻 4 卷，後補刻 2 卷）。原拓本現存湖北博物館，原石刻現存湖北黃岡東坡赤壁碑閣內，全套石刻 126 塊，其中 119 塊爲蘇東坡書法，另外 7 塊爲歷代名人題跋。《景蘇園帖》石刻囊括了蘇東坡一生中不同時期的書法作品 72 件，是目前我國蘇軾作品最多、摹刻質量最佳、保存最完好的蘇書碑林，被世人奉爲「集蘇書之大觀」，與江西修水縣的「黃庭堅書法碑林」、湖北襄陽市的「米芾書法碑林」，並稱爲蘇、黃、米三大個人書法碑林。

　　楊守敬對蘇東坡的書法推崇備至，在《學書邇言》中，他評蘇東坡的書法「自是有宋第一」〔註 84〕。黃州本蘇東坡的貶謫之地，在黃州期間，楊守敬於當地築樓，名曰「鄰蘇園」，晚年又自號「鄰蘇老人」。1890 年，成都人楊壽昌（字葆初）任黃岡知縣，因景仰同鄉前賢，特闢衙署西側爲景蘇園，即景仰蘇東坡之意。楊壽昌亦酷嗜蘇書，常恨世無善本，故有在黃州重輯蘇東坡書帖之願。此時楊守敬正擔任黃岡教諭之職，爲楊壽昌的精神所感，遂欣然應其請求，於是相約：楊壽昌是《景蘇園帖》的版權人，楊守敬是選刻督刻該帖的經辦人。

　　歷史上，蘇東坡的作品大多在宋徽宗初年的崇寧黨禁中爲蔡京所毀，至南宋乾道年間宋孝宗下詔解禁，求其墨蹟歸之秘府並親爲序贊，蘇書才得以流傳。蘇東坡的墨蹟至宋末所剩不多，南宋狀元汪聖錫畢生搜羅其書帖，擇其優者結集嵌在成都西樓下，故名《西樓帖》，帖中墨蹟多數不傳，故尤顯珍貴。楊守敬曾在端方處獲觀《西樓帖》殘拓，並留下題跋，對之稱賞不已。明代松江人陳繼儒以《西樓帖》所收不豐，故重輯一集，名之曰《晚香堂帖》。在《學書邇言》中，楊守敬評價《晚香堂帖》「不及《西樓》之精，然選擇亦不甚謬」〔註85〕。

　　楊守敬所收蘇帖甚富，如《快雪堂帖》、《墨緣堂帖》、《餐霞閣帖》、《經訓堂帖》、《墨池堂帖》、《望雲樓帖》、《秀餐軒帖》、《契蘭堂帖》、《平遠山房帖》、《餘清齋帖》、《安素軒帖》、《澄釜堂帖》、《聽颿樓帖》、《南雪齋帖》、《飛鴻堂帖》、《聽雨樓帖》、《秦郵帖》、《怡園帖》、《西湖濤帖》、《秋碧堂帖》、《觀海堂帖》、《西樓帖》等 22 種共 25 本。受楊壽昌的委託後，楊守敬便將自己

〔註84〕　《學書邇言》，《楊守敬集》第八冊，湖北人民出版社、湖北教育出版社，1997　　　　　年，第 508 頁。

〔註85〕　《學書邇言》，《楊守敬集》第八冊，湖北人民出版社、湖北教育出版社，1997　　　　　年，第 496 頁。

收藏的歷代流傳下來的數十種法帖進行反復比較，然後將粗定的二十多種蘇帖送請楊壽昌審定。楊壽昌審核楊守敬所呈法帖及選刻意見之後，深服楊守敬的眼力。根據楊守敬的推薦，特聘當時的臨摹專家江夏人劉寶臣雙鈎上石，又請了一位江姓刻碑高手主刻。楊守敬對摹刻的一筆一畫都要求極為嚴格，有時因對石工不滿意，還親自動手修整。根據財力，原定選刻四卷，後又增補兩卷，共計刻石 126 塊。楊壽昌與楊守敬皆題跋於後，分別記述鐫刻此帖的初衷及過程。目前，楊守敬集刻《景蘇園帖》流傳下來的 17 頁手稿現藏於湖北省博物館。

由於楊守敬在刊刻《景蘇園帖》的過程中，從選帖到刻帖都非常認真，加之又親自動手，刻成以後，楊守敬甚為滿意。1893 年他在《景蘇園帖記》中說：「余意此帖雖後出，當為近世集蘇之冠，媲美《西樓》，凌跨《晚香》。」1911 年在《學書邇言》中還自評道：「大抵皆從舊本摹出，皆流傳有緒之跡，絕少偽作，固應為蘇書巨觀。」〔註 86〕

然而，《景蘇園帖》還是引來了一些人的詬病。如書法家、鑒定家張伯英〔註 87〕就認為：「此拓既非全摹墨蹟，蘇帖石本盡多佳書，區區六卷之刻，何難選其至真、至精之作，為學蘇者模範。其非善本，雖真且不必取，奈何美惡雜糅，視《晚香》殆有甚焉。」〔註 88〕徐珂的《清稗類鈔》譏刺道：「漢陽江上，黃鶴磯邊，干祿冒進之流，稍能執筆，無不規仿蘇體，而蘇字集刻，亦於其時稱極盛矣。」〔註 89〕即影射此事。更有甚者，還有人認為《景蘇園帖》是獻媚於張之洞的「形象工程」，因張之洞書摹蘇東坡。客觀地看，雖然此帖或有偽劣，但要求全從墨蹟本出，當屬求全之責，加之楊壽昌沒有動用公帑，甚至還因為刊刻此帖弄得官囊羞澀，還鄉不得。這是好古之病，值得同情。至於說楊守敬刊刻此帖是為了討好張之洞，則純屬不實污蔑之詞，因為 1893 年楊守敬尚未入張之洞幕府。

張之洞是對楊守敬一生影響甚大的一個人。1899 年，楊守敬因其在歷史地理學等方面的獨特造詣為張之洞所賞識，被羅致到張的幕府。楊守敬先後

〔註 86〕 《學書邇言》，《楊守敬集》第八冊，湖北人民出版社、湖北教育出版社，1997年，第 496 頁。

〔註 87〕 張伯英（1871～1949 年），江蘇銅山人，光緒時舉人。書法家、金石鑒賞家、詩人、學者。

〔註 88〕 見《張伯英碑帖論稿》，張濟和主編，河北教育出版社，2007 年。

〔註 89〕 見《清稗類鈔》「藝文類」張文襄書摹蘇東坡條。

在張之洞創辦的兩湖書院、勤成學堂（1907 年改為存古學堂）任職，為張之洞的文教事業做出了重大貢獻，張之洞也作有「隔江欲喚楊夫子，載酒攜書伴我遊」的詩句，可見對楊守敬的器重。無論在生活上還是仕途上，張之洞都對楊守敬關愛有加，提攜備至，這些都體現了張、楊二人的深厚情誼。但是，楊守敬對張之洞並不趨附。據《鄰蘇老人年譜》記載〔註90〕：1865 年正月，楊守敬第二次赴京會試，當時已是翰林的張之洞提倡風雅，大會天下名流於北京城南陶然亭，楊守敬亦名列其中，但他不願趨附，認為張之洞意在標榜，決意不赴。此事被清流桂文燦〔註91〕記入到其文集中，稱讚楊守敬傲岸不群。後來雖然張之洞屢次獎掖提攜楊守敬，但他並不因張之洞有恩於己便放棄原則。宣統元年（1909 年），清政府擬以兩湖鹽釐捐稅押借外債，修築粵漢鐵路，湖北各界及學生有鑒借債築路之弊，群起反對，力阻借款。張之洞此時正擔任督辦粵漢鐵路大臣。楊守敬並無顧忌，與諸鄉紳聯名致函省諮議局，表示願犧牲一身，與路事相始終，支持學生愛國行為，並幾經奔走，據理力爭，三次上書郵傳部，最終迫使郵傳部於宣統二年（1910 年）三月批准設立商辦川粵漢鐵路公司，並於八月成立湖北商辦鐵路公司。所以，《景蘇園帖》的刊刻與張之洞無關，楊守敬並未獻媚討好張之洞。

二、金石學著作

楊守敬著有金石學著作 10 多部。為嘉惠後學、保存祖國書法藝術遺產，他用雙鈎、影印和翻刻等方法，刊印了不少金石碑刻，僅存世漢碑便被其鈎摹殆盡。這絕不是簡單的碑刻複製，而是有很強的學術性和創造性，尤其在碑刻的選擇上，同樣體現了他的書法思想。

雙鈎，是以法書進行摹刻，沿其筆墨痕跡，兩邊用細線鈎出，不使失真的一種方法。雙鈎摹刻之法盛行於清朝乾嘉年間，倡導者以黃易、翁方綱、桂馥等為著。黃易以此法刻成《小蓬萊閣金石文字》，將碑石不存的古拓本雙鈎鐫木。楊守敬曾有感於唐朝李北海的八百餘通碑，在當時僅存留《李思訓碑》、《龍興寺碑》、《靈巖寺碑》、《端州石室記》、《任令則碑》、《盧正道碑》、

〔註90〕　《鄰蘇老人年譜》，《楊守敬集》第一冊，湖北人民出版社、湖北教育出版社，1997 年，第 11 頁。

〔註91〕　桂文燦（1823～1884 年），字子白，廣東省南海人。道光舉人，光緒時期在朝廷做官，為官清廉。他的學說以博文、明辯、約禮、慎行為宗，著有《潛心堂文集》等 50 多種。

《麓山寺碑》及《李秀碑》二柱礎，感歎道：「是百不存一焉，誰云金石長壽哉！」〔註92〕在評《廬江太守范氏碑》中，楊守敬非常讚賞「黃小松、翁覃溪諸公創爲雙鈎刻本之法」，認爲此舉「有功於後學，並有功於古人」，同時指出他們僅刻石之不存者，未及石之見在者，而今日所存之石數百年後又必多亡佚。故而立誓道：「私意欲將漢晉篆隸及六代三唐書，無論石之存與不存，擇其尤者，雙鈎鑴木，使窮鄉僻壤單寒之士，皆得集天下之大觀，窺書法之正傳，又使後之好古者，易於重刻，不致有傳寫僞誤之失，而古人之精神面目永傳於不弊，豈非一大快事哉？」但隨之又有些許擔心和企願：「但落落難合者，此志未知終能償否？世有好事之君子，余願襄校訂之役焉。」〔註93〕

果然，在以後的三十餘年裏，楊守敬先後雙鈎鑴木印行了《望堂金石集》、《好太王碑》、《熒陽鄭氏碑》、《泰山經石峪》、《匡喆刻經頌》、《楷法溯源》等數種金石著作，計三十餘冊，後又以先進的照相和影印技術兩次輯印了《寰宇貞石圖》，實現了他「有功於後學，並有功於古人」的誓言。

（一）《望堂金石》

《望堂金石》採用當時流行的雙鈎摹刻法，精選了周、秦、漢、三國、南北朝、隋、唐以及日本、高麗碑刻共 50 種（有碑目者 75 種，25 種未刻），是當時收錄歷代碑刻最多的雙鈎摹刻彙編。從同治九年（1870 年）開雕，至宣統二年（1910 年）陸續完成，歷時共 40 年。

在《望堂金石》序中，楊守敬談到了摹刻此書的動因：由於展轉翻刻，宋代洪適的《隸釋》與漢魏碑刻的原碑出入較多，他擔心「自洪氏至今日，碑之存者十不得三四，更數十百年後，必尤多亡闕」。〔註94〕爲了不使「後之學者愈有生晚之歎」，因此蓄志摹刻《望堂金石》。雖然「以告人無應之者」，但他決心「耗精力，竭資財，極屯窮而不悔」，並寄希望於「後之君子，其有鑒於斯」〔註95〕，承其事業。

〔註92〕 《望堂金石》之《李秀碑跋》，《楊守敬集》第十一冊，湖北人民出版社、湖北教育出版社，1997 年，第 558 頁。

〔註93〕 《評碑記》，《楊守敬集》第八冊，湖北人民出版社、湖北教育出版社，1997年，第 552、553 頁。

〔註94〕 《望堂金石》序，《楊守敬集》第十一冊，湖北人民出版社、湖北教育出版社，1997 年，第 15 頁。

〔註95〕 《望堂金石》序，《楊守敬集》第十一冊，湖北人民出版社、湖北教育出版社，

　　《望堂金石》所收的五十種碑刻大都是歷代碑刻中的代表作。這得益於楊守敬執行嚴格的選碑標準：「飛清閣摹刻金石之例，以碑之不存者爲先，次最舊拓本，次荒徼希覯之本。」〔註96〕主要是一些比較有名的六朝、唐代碑刻。至於那些見於黃易的《小蓬萊閣金石文字》和徐渭仁的《隋軒金石文字》的碑刻，俱不錄入。〔註97〕如《石鼓文》、《西嶽華山廟碑》、《孔子廟堂碑》等名碑，還收錄了《天璽紀功碑》、《許長史舊館壇碑》、《慧山寺石床題字》等獨具特色、承前啓後並爲後世所宗法的碑刻。此外，還收入五種外國碑銘：《日本題名殘碑》、《日本佛足跡碑》、《日本道澄寺鐘銘》、《日本銅燈臺銘》及《高麗眞鑒禪師碑》，「總目」中還列有一種未刻的《新羅眞興王定界碑》。這些外國碑銘在國內大多沒有著錄，反映了楊守敬的獨特眼光和世界胸懷，他不僅看到了這些碑銘的學術文獻價值，還從國際文化交流的視角，看到了它們與中國金石學的淵源關係。每一碑下均記載根據何人所藏拓本，並附以其本人和其他許多學者的題跋，加以考釋評價，較之以前的雙鉤本更爲完善。所收的50種碑刻中，有34種有跋，計56篇；有的還不止一種，如《元儒先生婁壽碑》就附有豐坊、翁方綱、馮敏昌、章美、葉志詵五人的跋。

　　在刊刻過程中，楊守敬克服自身條件的局限，集思廣益採取了多種辦法，或向朋友借其藏本雕刻，或選用多位學者的跋記，有的還爲「好事君子郵寄」。楊守敬「不憚竭續刻」，力爭使這些「將來閃罕見珍」的碑刻流傳下去，故《望堂金石》採用的多爲碑拓善本。如陶隱居的《許長使舊館壇碑》即爲南朝小楷傑作，原石久佚，拓本以范氏天一閣本最佳，翁方綱就曾經感歎：「若能雙鉤《舊館壇碑》，雖一半不金，皆妙，佇想之至。」楊守敬便選用范氏天一閣拓本將此碑雙鉤刻入《望堂金石》中。李邕的《法華寺碑》，楊守敬認爲「原石久佚，翻本迭出，文字筆法皆失本眞」〔註98〕。在選擇拓本時，楊守敬認爲道州何氏本雖文字不誤，其體格筆蹤失之遠矣；南通州范氏本字勢雄奇，墨色沈古，楊守敬假而摹之，收入《望堂金石》中，自信「括州（李邕）裴

　　　　1997年，第15頁。
〔註96〕　《望堂金石》之《大將軍曹眞碑跋》，《楊守敬集》第十一冊，湖北人民出版社，1997年，第527頁。
〔註97〕　《望堂金石》跋，《楊守敬集》第十一冊，湖北人民出版社、湖北教育出版社，1997年，第537頁。
〔註98〕　《望堂金石》之《法華寺碑》跋，《楊守敬集》第十一冊，湖北人民出版社、湖北教育出版社，1997年，第560頁。

几，或猶能想像遇之」。〔註99〕《望堂金石》中的碑刻，有一些還爲楊守敬親自手摹。日本書家日下部鳴鶴在跋楊守敬的《姚恭公墓誌》手摹本時讚歎道：「鈎摹之精能存其神采，矛戟森嚴，猶見中郎虎賁。學書者於是追尋渤海門徑，何憂無人處乎？」〔註100〕

《望堂金石》在刊刻過程中，由於採取隨搜隨刻、隨刻隨印、隨印隨售的做法，因而使得該書的版本、書名及冊數時有變化。書名計有《望堂金石文字》、《激素飛青閣摹刻金石文字》、《激素飛青閣摹刻古碑》、《激素飛青閣藏碑》，《望堂金石》初集、續集，《望堂金石》初集、二集等多種。冊數也有六、八、九、十二、十三、十七等多種。《望堂金石》之後，隨著攝影翻印技術的普及，雙鈎摹刻法逐漸式微。《望堂金石》不僅代表了雙鈎摹刻法的最高階段，同時也是具有里程碑意義的最後階段。

（二）《熒陽鄭氏碑》

《熒陽鄭氏碑》，楊守敬編並序，明治十四年（即清光緒七年，1881年）由日本著名書法家日下部鳴鶴刊刻。全書共十冊，收錄了鄭道昭、鄭述祖父子的38件摩崖刻石。其中鄭道昭35件：《鄭文公上碑》、《鄭文公下碑》、《鄭道昭登雲峰山論經書詩》、《鄭道昭觀海童詩》、《雲峰山題字》（十五種）、《大基山詩刻》、《大基山題字》及《銘告》（十一種）、《天柱山題字》（三種）；鄭述祖3件：《重登雲峰山石刻》、《天柱山銘》、《題云居館石刻》。

由於鄭道昭、鄭述祖的刻石分佈在膠東半島人跡罕至的群山之中，故除宋代趙明誠在《金石錄》中有簡要記錄外，此後幾百年間鮮爲人知，這樣就使得這些珍貴的刻石免遭捶拓和人爲破壞之災。清代中葉，這些刻石才陸續被重新發現，並引起了人們的極大關注，著名學者錢大昕、阮元、汪鋆、包世臣等都對其進行了著錄和考釋。在現存魏晉南北朝的書法作品中，二王眞跡難見，《瘞鶴銘》僅存數十字，而惟有鄭道昭、鄭述祖父子的摩崖刻石還較完好地保存下來，尤其是《鄭文公碑》這樣千餘字的鴻篇巨製，堪稱「文苑奇珍」。楊守敬在《評碑記》中對其藝術成就極口稱讚：「書法之妙，直逼《瘞鶴銘》。獨怪《鶴銘》自宋以來，煊赫人寰，此碑《金石錄》已載，顧稱

〔註99〕 《望堂金石》之《法華寺碑》跋，《楊守敬集》第十一冊，湖北人民出版社、湖北教育出版社，1997年，第560頁。

〔註100〕 《望堂金石》，《楊守敬集》第十一冊，湖北人民出版社、湖北教育出版社，1997年，第551頁。

之者少，且其碑凡數千字，眞宇內正書大觀也」。〔註101〕在《學書邇言》中也有類似評：「雲峰鄭道昭諸碑，遒勁奇偉，與南朝之《瘞鶴銘》異曲同工。」〔註102〕在《熒陽鄭氏碑》序中，楊守敬更是對該碑給予極高的評價：「照耀青州，尤稱偉麗，典型百世，夫何間然！」〔註103〕甚至認爲即使王獻之的《保母李如意墓誌》和焦山《瘞鶴銘》，也難以與之比肩。

《熒陽鄭氏碑》的刊刻是中日書家友誼合作的產物，全套拓本的雙鉤本由楊守敬贈送給日下部鳴鶴，日下部鳴鶴重加校訂，並附載目錄和諸家考證文字。前有楊守敬所作的序，後有日下部鳴鶴、巖谷一六、川田剛等日本書家的跋。《熒陽鄭氏碑》爲日本碑學派書法的發展起到重要作用。

（三）《匡喆刻經頌》

《匡喆刻經頌》是鐫於北周大象元年（579 年）的摩崖刻石，在山東鄒縣城東北之小鐵山，爲《鐵山摩崖刻經》之石頌部分（鐵山刻石分爲經文、石頌、頌文和題名四部分）。字徑二十釐米，「經頌」二字字徑達八十釐米，共存 550 餘字。南北朝時期，多崇尚佛教，匡喆於此處刻經，被人頌揚。據楊守敬考證：「此撰頌者爲匡喆，書石者爲道安，無可疑義。」〔註104〕

光緒丁未年（1907 年），楊守敬採用雙鉤摹刻法將《匡喆刻經頌》刊於湖北鄂城。在《匡喆刻經頌》的序言中，楊守敬交代了刊該刻石的緣由：「余三十年前，得兩拓本，選字入《楷法溯源》，學者艷其奇偉，每索余爲鉤全碑。」他有感於南宋洪適的《隸釋》所載碑刻大半不存，而存者又磨泐過甚，喟歎道：「當時洪氏若創此雙鉤，翻摹不絕，使古人精神面貌長留天地間，不尤喜歡無極也乎。以是知金石之壽，有時不如棗梨者矣。」因此發志刊刻。

楊守敬對《匡喆刻經頌》的藝術成就給以很高評價：「相其格度，當與泰山石經峪《金剛經》、焦山《鶴銘》相頡頏，雲峰山鄭氏諸碑尚覺不及，自非

〔註101〕《評碑記》，《楊守敬集》第八冊，湖北人民出版社、湖北教育出版社，1997年，第 557 頁。

〔註102〕《學書邇言》，《楊守敬集》第八冊，湖北人民出版社、湖北教育出版社，1997 年，第 482 頁。

〔註103〕《熒陽鄭氏碑》序，《楊守敬集》第十冊，湖北人民出版社、湖北教育出版社，1997 年，第 11 頁。

〔註104〕《匡喆刻經頌》序，《楊守敬集》第十冊，湖北人民出版社、湖北教育出版社，1997 年，第 415 頁。

古德命世之英，安能有此絕詣哉！或謂此碑崔巍山河，自足千古，似不勞爲此重儓。」〔註105〕在《學書邇言》則簡評之爲「飄逸寬綽」〔註106〕。

（四）《泰山經石峪》

《泰山經石峪金剛經》，又名《泰山佛說金剛經》，北齊摩崖刻石，刻於山東泰安泰山石經峪花崗巖溪床。1909 年，楊守敬以 72 歲的高齡，縮摹勾勒了《泰山經石峪金剛經》選字本，全書共六卷十二冊。

《泰山經石峪金剛經》字大徑尺，書體雄渾，以隸爲主，間有篆、楷、行草意，楊守敬稱之爲「字內摩崖之大無如此者」〔註107〕。其字徑大小亦有差別，大多數字爲豎高約三十五釐米、橫寬四十至六十釐米。至楊守敬縮摹時，僅存九百餘字。楊守敬因字體過大，不便臨習，乃去其重複之字縮摹之，共計 310 字。楊摹本，在諸本中字跡最爲清楚，也最能體現原石精神，顯示了他高超的鑒賞能力和識別能力。

在《泰山石經序》中，楊守敬這樣評價《泰山經石峪金剛經》：「字徑尺餘，而寬綽紆徐，自然雄偉，覺顏、柳尚有鼓弩爲力之況。」並認爲《文殊般若經》與之相比，「有天人之別」。〔註108〕在《評碑記》中又分析其特點：「字徑二尺，筆致翩翩，似眞似隸。昔人謂寫榜書若作小楷，惟此足以當之。」〔註109〕在《學書邇言》中則給予了更高評價：「北齊《泰山經石峪》，以徑尺之大書，如作小楷，紆徐容與，絕無劍拔弩張之跡。擘窠大字，此爲極則。」〔註110〕

此外，楊守敬還對《泰山經石峪金剛經》的作者進行考證。《泰山經石峪金剛經》無撰書人姓名，因筆法與山東鄒縣尖山摩崖《晉昌王唐邕題名》相

〔註105〕 以上引文見《匡喆刻經頌》序，《楊守敬集》第十冊，湖北人民出版社、湖北教育出版社，1997 年，第 415 頁。

〔註106〕 《學書邇言》，《楊守敬集》第八冊，湖北人民出版社、湖北教育出版社，1997 年，第 482 頁。

〔註107〕 《泰山石經序》，《楊守敬集》第十冊，湖北人民出版社、湖北教育出版社，1997 年，第 251 頁。

〔註108〕 《泰山石經序》，《楊守敬集》第十冊，湖北人民出版社、湖北教育出版社，1997 年，第 251 頁。

〔註109〕 《評碑記》，《楊守敬集》第八冊，湖北人民出版社、湖北教育出版社，1997 年，第 562 頁。

〔註110〕 《學書邇言》，《楊守敬集》第八冊，湖北人民出版社、湖北教育出版社，1997 年，第 482 頁。

近，故後人或以爲唐邕所書。又因與《徂徠山大般若經》相似，《徂徠山大般若經》上有「齊武平元年王子椿造」字樣，因此又有人推測爲王子椿所書。阮元《山左金石志》則作北齊天保間（550～559 年）人所作。楊守敬贊同前一種觀點，認爲：「以唐邕寫經照之，即爲晉國之筆無疑。」〔註111〕

（五）《高句麗好太王碑》

　　《高句麗好太王碑》是高句麗第十九代王——「國岡上廣開土境平安好太王」的墓碑，亦稱《廣開土王碑》或《廣開土王陵碑》。宣統元年（1909 年）六月，楊守敬將此碑雙鈎木刻印行。

　　《好太王碑》是長壽王爲紀念其父的功業於東晉安帝義熙十年（公元 414 年）而立，該碑坐落在吉林省集安市區城東 4 公里外的禹山腳下、通溝平原上。這通價值連城的石碑，在被荒煙蔓草湮沒了十多個世紀之久後，於光緒二年（1876 年）被一個名叫關月山的書啓（秘書之類職務）無意中在荒野中發現，從此便揭開了研究《好太王碑》碑文和書法的序幕。

　　《高句麗好太王碑》是用一塊完整的巨大角礫凝灰岩石柱稍加修鑿而成。碑高 6.39 米，四面幅寬不等，在 1.34 米至 2 米之間。碑體重約 37 噸，碑身略呈方柱形，無碑額。碑的四面刻有碑文，爲隸書，方嚴厚重。四面碑文豎行共 44 行，行間以界格，每行 41 個字，原有文字 1775 字。經過上千年的歲月磨蝕，加之晚清、民國時火焚除苔和不當拓字，使碑體遭到一定程度的損壞，可識之字目前僅爲 1600 字左右。碑文文意大體明瞭，惟斷句、考證所涉及歷史、考古諸多問題仍爭議不少，中外學者因此著書立說，各陳己見。

　　1902 年，楊守敬第一次得到好友曹廷傑贈送的《高句麗好太王碑》初拓本後，以其金石學和考據學的敏感，認識到此碑的文獻和書法價值，立即「雙鈎此本存之篋中」。同時，「念此碑遠在邊徼，又形存而神亡，恐來者之不得見此完本，乃以鈎本付梓人。」〔註112〕因此，才有了 1909 年刊行此碑之舉。

　　在《高句麗廣開土好太王談德碑跋》中，楊守敬從歷史學的角度對碑文

〔註111〕《泰山石經序》，《楊守敬集》第十冊，湖北人民出版社、湖北教育出版社，1997 年，第 251 頁。

〔註112〕《高句麗廣開土好太王談德碑跋》，《楊守敬集》第九冊，湖北人民出版社、湖北教育出版社，1997 年，第 781 頁。

進行了考證。如關於好太王的即位時間，《東國通鑒》稱立於晉太元十七年，在位二十二年。而碑上云好太王立於晉太元十六年。據此，楊守敬認爲《東國通鑒》誤縮一年。他又根據碑文「以甲寅年九月二十九日乙酉」遷葬立碑，得出此碑立於晉義熙十年。這些觀點目前已成爲學術界的定論，顯示出楊守敬的考證之功力。因沒有去過現場，楊守敬對該碑的形制不甚清楚，只是根據拓本推斷：「分四紙拓之，似經幢之制」，但他仍不敢遽下斷語，稱：「或爲摩崖，未詳也。」〔註113〕

關於《好太王碑》的書法成就，楊守敬在《學書邇言》中評其爲「醇古整齊」〔註114〕。《好太王碑》被發現後，成爲中國、日本、朝鮮及歐美等國學者爭相研究的對象。2004 年 7 月 1 日，好太王碑與太王陵一起被第 28 屆世界遺產委員會會議批准爲世界文化遺產，於此可見楊守敬的先見之明。

（六）《寰宇貞石圖》

《寰宇貞石圖》是楊守敬出使日本期間，利用西方先進的攝影和影印技術，縮印歷代重要石刻拓本的影印圖錄，爲我國第一部以影印方法出版的石刻圖錄，具有很高的文獻研究價值和書法文字價值，徐無聞先生贊稱「其地位有似於蕭統所編的《文選》」〔註115〕。

《寰宇貞石圖》有清代光緒八年、宣統元年兩種石印本。初印本於光緒八年（1882 年）由日本印書局石印出版，收入了周、秦、漢、唐、宋、金等朝代以及高麗、日本等地碑刻共 300 餘種，分爲 5 冊。宣統元年（1909 年），《寰宇貞石圖》在上海重印，改爲 230 餘種，分爲 6 冊。以初印本和重印本相較，兩本相同的拓本約有 140 餘種，但據以影印的原拓本也不盡相同；初印有而重印無的約 120 種，重印有而初印無的約 80 種；兩本不計重複，共計 350 餘種。兩次輯印楊守敬年齡分別爲 44 歲和 71 歲，時間跨度約 30 年，足見楊氏對此書的重視。

《寰宇貞石圖》初印本和重印本，數量雖有差異，但編選的標準和內容大體一致。楊守敬一生銳意收藏碑拓，編選初印本時，已有豐富的資料準

〔註113〕 《高句麗廣開土好太王談德碑跋》，《楊守敬集》第九冊，湖北人民出版社、湖北教育出版社，1997 年，第 781 頁。

〔註114〕 《學書邇言》，《楊守敬集》第八冊，湖北人民出版社、湖北教育出版社，1997 年，第 481 頁。

〔註115〕 徐無聞《〈寰宇貞石圖〉淺說》，《楊守敬集》第九冊，湖北人民出版社、湖北教育出版社，1997 年，第 15 頁。

備。他兼有學者和書法家的識力，能夠博觀約取，慧眼識珠，把迄至同光年間或新出土的碑刻中的精品，即具有歷史文獻價值和書法藝術價值的碑刻拓本選入書中，集中體現古代碑刻遺產的精華。同時重印本並非初印本數量上的簡單刪減，而是質量上的進一步提高。周秦漢魏部分刪減較多，被刪的 40 種碑刻，主要因文字剝蝕太甚，如《是吾殘碑》、《仙人唐公碑》、《沙南侯刻石》、《鄭季宣碑》等；或因文字太少，如《廣陵中殿刻石》、《朱君長》等；或因爲僞刻、翻刻，如《朱博殘碑》、《裴岑紀功碑》、《華山碑》等。但也有少量的增加，如《劉熊碑》、《孟孝琚碑》等。兩晉南北朝部分，刪減略多於增加，刪掉了《鄧太尉祠碑》、《鄭文公上碑》、《鄭述祖天柱山銘》、《韓法成造像》等近二十種，增加了《高句麗好太王碑》、《劉懷民墓誌》、《劉猛進墓誌》、《李璧墓誌》、《高慶碑》、《程哲碑》等十餘種；唐朝部分增刪大致相等，刪掉了剝蝕過甚、重刻或意義不大的《房梁公碑》、《狄知遜碑》、《李秀碑》、《敖倉粟題字》等，增加了《道因法師碑》、《碧落碑》、《石淙詩》、《多寶塔感應碑》、《元次山碑》、《大唐中興頌》、《苻璘碑》等。從以上的增刪中，我們可以領會到楊氏的選編精神，並非抱殘守缺、唯古是尊，而是去蕪存精、以約馭繁，精選內容比較完整、文獻價值高，又足以顯示文字與書法演進軌跡的碑刻。

　　《寰宇貞石圖》無論初印本還是重印本，都以整幅拓片縮印，既便於查閱，又可以基本瞭解歷代石刻的風貌，具有一定的參考價值。楊守敬自云其意要使貧寒之士，得此一書，皆得見古碑之眞影。由於該書以原碑石拓本縮小影印，雖然保留了原碑形制，但由於原碑巨大，縮小後往往無法細辨，有殘泐者更無法看清，碑額、碑側、碑陰等處也有缺漏不具等現象，兼以楊氏所得拓本並非皆是善本，甚至雜有少量翻刻，故深入研究，仍需另覓佳拓。另外，《寰宇貞石圖》初印本和重印本都存有瑕疵。兩本均僅印拓本，未有編目，亦無序跋和必要的說明，碑名既有誤置，黏次亦復紊亂。重印本略有改進，每張縮影拓片的右邊增加了朱砂碑名的小簽。因此，便有人認爲這部書不是學術著作。其實《寰宇貞石圖》的價值，或者說楊氏金石學的造詣，主要體現在該書所選的碑目上。通過所選碑目，我們既可瞻文字之演變，亦可作史料之參考，故而至今仍是研究古代碑刻很有用的圖錄。覽此一編，就可具體瞭解先秦到隋唐碑刻的概貌，使散在全國、相去千年萬里的名碑並陳於几間。

《寰宇貞石圖》的選目其實孕育於《激素飛清閣評碑記》中，入選諸碑，在楊守敬的論著中幾乎都有考證和品評。但《評碑記》「意在論書」，不見碑之面目，兩者參看，可收相互補益之效。楊守敬的選目，反映了清代金石學和書學風尚的演變。乾隆八年（1743年），由牛運震編撰、褚峻摹刻的《金石圖》，收錄了石鼓文以下的歷代碑刻近百種，卻惟獨沒有北碑。嘉、道年間錢泳、葉志詵等縮刻古碑，亦復如是。自阮元、包世臣力倡北碑，風尚逐漸轉變。受此影響，楊守敬在《寰宇貞石圖》中大量選入北碑。然而，他雖然重視北碑，卻並沒有「尊魏卑唐」，在《寰宇貞石圖》中，入選的唐碑仍然不少。但《寰宇貞石圖》的選目僅止於唐代，初印本雖有五代、北宋各一種，重印本又將其刪去。貴遠賤近、不重視宋元以後的碑刻，是清代絕大多數金石學家的通病，楊守敬也不能免俗。

《寰宇貞石圖》對後世產生了很大影響。魯迅先生於1915年重訂了楊守敬的《寰宇貞石圖》，他以所得的《寰宇貞石圖》散頁，重新排列順序，分為5冊，共收拓片232種，編有總目及分冊目錄，並加跋文，但當時未能印行。魯迅在1916年1月《寰宇貞石圖》整理後記中寫道：「右總計二百三十一種，宜都楊守敬之所印也。乙卯春得於京師，大小四十餘紙，又目錄三紙，極草率。後見它本，又頗有出入，其目錄亦時時改刻，莫可究竟。明代書估刻叢，每好變幻其目，以眩買者，此蓋似之。入多無事，即盡就所有，略加次第，帖為五冊。審碑額陰側，往往不具，又時雜翻刻本，殊不足憑信；以世有此書，亦聊復存之云爾。」〔註116〕直到1985年，上海書畫出版社根據北京魯迅博物館藏本將此書重訂線裝影印出版，序為郭沫若1962年所撰，郭沫若對此書極為稱賞：「全書系依年代先後編定，井井有條，研究歷史者可作史料之參考，研究書法者可瞻文字之演變，裨益後人。」〔註117〕《寰宇貞石圖》在日本也頗受歡迎，1940年日本興文社刊行了由河井荃廬監修、藤原楚水纂輯的《增訂寰宇貞石圖》，該書在楊守敬初版基礎上，新增加了一些石刻品種，刪去了少量偽刻，使之增加到600餘種，並對所有石刻均選用精拓重新攝影印製。

楊守敬是我國第一個採用西方先進的攝影技術影印石刻的人，《寰宇貞石

〔註116〕 見魯迅《〈寰宇貞石圖〉整理後記》，《古籍序跋集》，《魯迅全集》第十卷，人民文學出版社，1981年第一版，第46頁。
〔註117〕 見《寰宇貞石圖》郭序，上海書畫出版社，1985年，第2頁。

圖》也是我國第一部以影印方法出版的石刻圖錄，為石刻的保存傳播開創了新的途徑，體現了楊守敬的首創精神和先見之明。過去，中國古代多採用手工縮摹古碑，雖也有縮摹較好的，如劉喜海的《金石苑》、錢泳的《漢碑縮本》，但其準確性畢竟有限，難以達到毫髮無爽的效果。採用影印的科學方法就可使人如見真本，並且使珍貴的石刻藝術借照相製版術而化身萬千。故《寰宇貞石圖》印行後，便為學者爭購，不久售罄。

　　至於楊守敬影印碑刻的最初靈感，可以追溯到 1867 年他在寫作《評帖記》時。銀版照相之術自從 1837 年在法國問世之後，沒過幾年就從西洋傳入中國，當時年僅三十歲的楊守敬就已敏銳地注意到了這一新技術。在評《蘭亭》「玉枕本」〔註118〕中，他說：「石已無存，然今有西洋影照法，則玉枕不足貴矣。」〔註119〕可見楊守敬很早就有了採用西洋攝影技術影印石刻的想法。後來他不僅影印石刻，而且影印圖書。在日本「訪書」期間，對於不能收得之書，他常常採取影鈔、拍照的方法以補缺憾。後來，他把在日本所訪得的宋元秘本採用影印技術出版了《留真譜》和《古逸叢書》，從而開創了古籍版本學上具有劃時代意義的書影先河。《寰宇貞石圖》也可以說是古代碑刻的「留真譜」。

（七）《三續寰宇訪碑錄》

　　《三續寰宇訪碑錄》是楊守敬金石學集大成之作，收錄了楊守敬自同治癸亥年（1863 年）至宣統二年（1910 年）近五十年所訪金石碑刻近萬種，共十二卷，當時未刊行。1997 年被編入《楊守敬集》出版。

　　《三續寰宇訪碑錄》是楊守敬為增補《寰宇訪碑錄》（清孫星衍撰、邢澍訂補，十二卷）、《補寰宇訪碑錄》（清趙之謙編，三冊）之缺漏及新出碑版而作，故名「三續」。《寰宇訪碑錄》為收錄石刻種類較多的一部石刻文獻目錄，共收錄周秦至元代石刻 8000 餘種，包括部分瓦當銘文。作為一部全國性石刻總目，該書仍有遺漏，為之訂補者有：趙之謙《補寰宇訪碑錄》五卷，羅振玉《再續寰宇訪碑錄》二卷、《寰宇訪碑錄刊誤》一卷，劉聲木《續補寰宇訪碑錄》二十五卷、《寰宇訪碑錄校勘記》十一卷、《補寰宇訪碑錄校勘記》二卷、《再續寰宇訪碑錄校勘記》一卷。《補寰宇訪碑錄》體例與《寰宇訪碑

〔註118〕 「玉枕本」為賈似道以「定武本」縮為蠅頭細書而成。

〔註119〕 《評帖記》，《楊守敬集》第八冊，湖北人民出版社、湖北教育出版社，1997年，第 604 頁。

錄》相同，雖增補《寰宇訪碑錄》甚夥，但仍有缺漏。其後楊守敬作《三續寰宇訪碑錄》，踵事增華，後來居上。在《三續寰宇訪碑錄》序中，楊守敬交代了輯錄此書的緣由：「會稽趙撝叔（之謙）方撰《補寰宇訪碑錄》，書出，則脫漏宏多，而其人高自標置，不受攻錯，故余所得拓本出於趙書之外者，已數百事而未入其錄中，自是有別爲《三續》之志。」〔註120〕除此之外，他還把東渡日本後得到的日本諸石刻，以及從端方處所見諸石和上虞羅叔耘的輯本，合而編之。該書體例與孫（星衍）、趙（之謙）、羅（振玉）所著稍有不同，其中磚瓦文字別爲一書。

《三續寰宇訪碑錄》不僅收羅甚富，而且對許多碑刻都交待其書體、撰者姓氏、建碑年月、收藏者或現存地、原石存廢情況、版本流傳情況等資料，均流傳有自，楊守敬稱「不敢據方志傳錄也」〔註121〕，體現了一個金石考據學家嚴謹紮實的學術作風。徐無聞先生認爲：「該書之可貴，除所載每一金石本身之價值外，尤突出體現在一個『訪』字。訪其金石之內容，訪其金石之下落，訪其金石之完損情況，此皆爲金石學者所最關心之問題。」〔註122〕

在《三續寰宇訪碑錄》序言裏，楊守敬記錄了訪碑之艱辛：「同治癸亥，余年二十有三（注：當爲二十有五）入都，即好金石之學。時館於東草廠七條胡同，每日放館後，即徒步至琉璃廠物色拓本，歸來行人已斷，跟蹡於車跡馬蹄間，及到館則漏已三、四鼓矣。無間寒暑，旁人多非笑之。謂一時金石之癖，無有比者。其時當兵燹之後，都中拓本多不備，篋中無東魏《太公呂望碑》，南旋道出汲縣北關，未食即攜氈墨迴至北十里太公廟前，手打之，歸店而同夥者皆鼾睡矣。」並言其訪碑之苦：「余乃以措大〔註123〕置身於人海中，非唯力不強，即前人所謂『典衣入相國寺』者亦未足以喻其苦，蓋並無衣之可典也。」〔註124〕認爲其訪碑之苦，甚至超過了宋代趙明誠、李清照夫婦在開封相國寺典衣購買金石書畫，因爲自己連可典之衣也沒有。

〔註120〕《三續寰宇訪碑錄》序，《楊守敬集》第八冊，湖北人民出版社、湖北教育出版社，1997 年，第 621 頁。

〔註121〕《三續寰宇訪碑錄》序，《楊守敬集》第八冊，湖北人民出版社、湖北教育出版社，1997 年，第 621 頁。

〔註122〕徐無聞《三續寰宇訪碑錄代前言》，《楊守敬集》第八冊，湖北人民出版社、湖北教育出版社，1997 年，第 619 頁。

〔註123〕「措大」：舊指貧寒失意的讀書人，語見《辭海》。

〔註124〕《三續寰宇訪碑錄》序，《楊守敬集》第八冊，湖北人民出版社、湖北教育出版社，1997 年，第 621 頁。

如今，距楊守敬辭世已近百年，《三續寰宇訪碑錄》所記之金石碑刻是否還在原處？有無更多湮滅？只能有待於有志之士的續「訪」了。

三、印學、古泉學著作

由於楊守敬一生著述甚豐，在多個領域廣有建樹，其學術聲望不僅對其書名有所掩蓋，至於他在印學、古泉學上的成就，就更是鮮爲人知了。

就印學而言，作爲書法家、金石學家的楊守敬在當時即受到印壇的高度重視，他是漢派印學萌芽期的重要人物，與盛宣懷、康有爲等同爲西泠印社的贊助社員。在上海，他與篆刻家吳隱、黃牧甫有交往，宣統元年（1909年）曾爲陳豪的《西泠印社圖》作跋語曰：「山陰吳君石潛（吳隱）精篆刻，藏印甚夥，嘗以其秦漢印選、國朝諸名家印及西泠八家印譜贈我，知其與杭州丁君輔之結印社有年。又出其《西泠印社圖》屬題，亦吾舊友陳君藍洲筆也，余刻日歸鄂，不及爲之詳述，倚裝書此以誌之。」〔註125〕在日期間，楊守敬還經常參加日本篆刻界同仁的聚會，日本篆刻家常向他「質音韻及古篆」。

楊守敬於印學研究甚深，著有《元押》、《印林》、《漢印集》、《古印林》等印學著作。在《壬癸金石跋》中，就收錄了他的《古璽跋》、《桑乾鎭印跋》、《建州刺史印跋》，於古印鑒別甚詳。如他對「建州刺史印」的鑒定：「此印文纖細。其篆法，今存六朝、唐代碑額皆有之。而以今尺量之約寸有餘，且銅色不甚古，似以唐代爲近。」〔註126〕另據《元押》序記載，楊守敬曾於漢上與王子上、王子石昆仲編漢、唐印，惜至今尚未得見實物，於此足見楊守敬於印學涉獵之廣。

楊守敬在印學上最大的貢獻是他對元押的收集、整理和研究，其《元押》一書的出版，使人們發現了元押豐富的文化價值及燦爛的藝術價值，擺脫了以「雕蟲」看待元押的傳統認識，使元押免除了遺珠之憾，重放光芒。

（一）《元押》

《元押》一書，由楊守敬編輯，湖北學者東湖饒敦秩（季音）印拓，

〔註125〕　《鄰蘇老人題跋》，《楊守敬集》第八冊，湖北人民出版社、湖北教育出版社，1997年，第1145頁。

〔註126〕　《壬癸金石跋》，《楊守敬集》第八冊，湖北人民出版社、湖北教育出版社，1997年，第1027頁。

1877 年刊印。共收錄元押 559 枚，印文多爲一字眞書，還收入少量八思巴體蒙古文。

元押又稱「花押印」、「押字」，興於宋，盛於元，故稱之爲「元押」。關於元押，元人陶宗儀在《輟耕錄》中說：「刻名印：今蒙古色目人之爲官者，多不能執筆花押，例以象牙或木刻而印之。宰輔及近侍官至一品者，得旨則用玉圖書押字，非特賜不敢用。」〔註 127〕根據陶宗儀的觀點，元代蒙古色目官員因不能執筆花押，故刻印以代。其實，花押本身就是一種符號，其直接的功用是印主個人主權的代表或象徵，並不表示其「不識字」才這樣做。

然而，受厚古薄今風氣的影響，當時印學界普遍存在對元押視而不見的現象，印譜編選多不納，少數印譜亦僅列數枚以爲點綴，故在相當長的一個時期，元押一直不能登上大雅之堂，與秦漢印璽並美。在《元押》序中，楊守敬描述了當時的情況：「顧嗜印章者，競羨秦、漢，而以元押時代較近置之。故五都之市，秦、漢眞品十不得一，而元印纍纍。余亦因易得，所見皆入錄，積十餘年，遂得若干枚。」〔註 128〕楊守敬因其易得，凡所見元押盡行收錄，積十餘年，所藏甚豐。《元押》刊刻問世後，印學界觀念方爲之大變，認識到僅以「雕蟲小技」看待元押，未免太狹隘了。

撇開元押在印史上的地位不談，其在書法上的價值，也有戛戛獨造之處。元押以楷書爲宗，雜以篆、隸、魏碑、行、草諸體，絕大多數爲陽文，章法上留出大片空白，這就使印面文字十分醒目、活潑。印面面形豐富之極，除常見的方形外，其式還有用古鐘鼎、琴、花葉、瓶、葫蘆、銀錠、方勝、角、壺、魚等異形面，百樣姿態，萬種風情。楊守敬發現了元押的書法價值，他認爲：「有元一代書法，自趙文敏、鮮于困學後，承學者爭仿傚之，婉麗有餘，而古意略盡。唯士大夫姓名押，尚有魏晉遺意，蓋其時風尚所趨，又僅經營一字，故疏宕有奇氣。」〔註 129〕並對元押書法給以極高的評價：「雖不敢謂媲美（李）斯（曹）喜，亦可以別調孤行。」〔註 130〕饒敦秩在《元押》跋中，認爲這種「一字眞書押」的結體，「非唯與元代碑帖不相似，即求之唐、宋，亦殊枘鑿，而與六朝則若合符契」。〔註 131〕正因爲如此，即使

〔註 127〕見（元）陶宗儀《南村輟耕錄》卷二，中華書局，2004 年。
〔註 128〕《元押》序，《楊守敬集》第十二冊，湖北人民出版社，1997 年，第 911 頁。
〔註 129〕《元押》序，《楊守敬集》第十二冊，湖北人民出版社，1997 年，第 911 頁。
〔註 130〕《元押》序，《楊守敬集》第十二冊，湖北人民出版社，1997 年，第 911 頁。
〔註 131〕《元押》跋，《楊守敬集》第十二冊，湖北人民出版社，1997 年，第 961 頁。

時隔數百年後，當我們信手翻開《元押》，無不驚羨於元押的美：但見珠玉燦燦，琳琅滿目，令人目不暇接，思接千載。

不僅是元押，在《學書邇言》中，楊守敬還肯定了漢印篆書的價值：「雖寥寥數字，皆可作小碑版觀也」〔註132〕，建議學篆者向其學習。

除印學外，楊守敬還於古泉學用力至勤，他也是一位卓有成就的古泉學家。

從《鄰蘇老人年譜》的記載我們知道，幼年時的楊守敬即嗜愛古錢幣，五歲時「嘗於數錢時摘古錢而弄之，蓋天性然也」〔註133〕。在廣泛搜求古錢幣的同時，他還致力於古泉學的研究和整理。1879 年，楊守敬在武昌與古泉學專家饒登秩校勘、監刊了倪模的《古今錢略》三十四卷，該書以校刊精審，世稱善本。赴日期間，他還多次與日本友人交易古錢。

在書法發展史上，錢幣與青銅器、竹簡、碑刻、紙張一樣，也是書法藝術的一個重要載體。不管哪個朝代，興盛什麼字體，必定會在本朝的錢幣上有所反映。上自東周，下迄清末，錢幣上的文字與中國書法發展的歷程密切相關，研究錢幣書法，是對中國書法史的一個補充。楊守敬對錢幣書法極爲推崇，如他評王莽時期所鑄的「十布」（即布貨十品）爲：「精勁絕倫，爲鐵線之祖。學篆書者，縱極變化，不能出其範圍。」〔註134〕認爲「十布」是唐代李陽冰「鐵線篆」之祖，鼓勵學篆者加以師法。

楊守敬的古泉學著作主要有《古泉藪》和《飛清閣錢譜》二部。

（二）《古泉藪》

《古泉藪》是楊守敬以從拓工李寶臺〔註135〕處所購的古泉拓本爲基礎，並將自己所藏的古泉異品及日本、朝鮮古泉附入其中的古泉學專著。但由於種種原因，該書未付刻傳。《古泉藪》原稿今藏復旦大學圖書館，已收入新編

〔註132〕《學書邇言》，《楊守敬集》第八冊，湖北人民出版社、湖北教育出版社，1997 年，第 481 頁。

〔註133〕《鄰蘇老人年譜》，《楊守敬集》第一冊，湖北人民出版社湖北教育出版社，1997 年，第 7 頁。

〔註134〕《學書邇言》，《楊守敬集》第八冊，湖北人民出版社、湖北教育出版社，1997 年，第 481 頁。

〔註135〕李寶臺：生於清道光年間，居都下，善僞古泉，人稱「小錢李」。購得眞古泉，輒於泥沙上印一模，融取古泉之銅翻鑄，土蝕之，衣帶和之，經年累月火氣悉退；復作驕矜珍秘之態，以此大售其欺。

的《中國錢幣文獻叢書》中。

　　該書依《古泉彙》（李佐賢著）的體例，共編二十部，每部十二冊。楊守敬在作於光緒甲辰（1904 年）十月的《古泉藪》序言中說：「雖視《泉彙》（即《古泉彙》）稍儉，而無一偽品，亦可謂集古泉之大觀矣。」〔註 136〕需要指出的是，楊守敬雖法眼精鑒，自信無一偽品，但仍不免有諸多偽品收於書中，此乃千慮一失，不宜深究。

　　《古泉藪》原書除卷前之牌記、序言、書口之書名及卷數外，不再有任何文字。該書後附壓勝、吉語、錢牌、馬錢等，雖非通行貨幣，但每有漢唐舊物，文字古茂，狀物生動，饒有一定的藝術趣味。

（三）《飛清閣錢譜》

　　《飛清閣錢譜》也是楊守敬未付刻傳的古泉稿本，原藏松坡圖書館，現歸北京圖書館。

　　全書不分卷，共二十九冊，分三部分：第一部分十三冊，由先秦方足古幣至元代「延祐通寶」；第二部分十一冊，由先秦古幣至外國（日本、高麗、安南、琉球）古幣及無考品；第三部分五冊，由五代十國「天漢元寶」至壓勝、錢牌、馬錢等。以上三部分共收錄古錢 9533 品。

　　《飛清閣錢譜》收錄不少珍貴錢幣，如「半兩」、「開元通寶」之異形品，宋錢中的鐵母，萬曆、天啓、崇禎錢幣之異體，清錢中之合背、合面，壓勝品中之「五銖」、「大泉五十」、「貨布」等奇品，以及生肖、通花、神仙、馬錢等不見於著錄之品。但同樣也有偽品收入。

〔註 136〕《古泉藪》序，《楊守敬集》第十二冊，湖北人民出版社、湖北教育出版社，1997 年，第 15 頁。

第二章　楊守敬其人其書

　　楊守敬在清末民初的書壇上頗具特色，他有著與眾不同的人生經歷和豐富閱歷：一生有過從商、科考、治學、執教等多種經歷，並不辭辛苦地訪書訪碑，潛心著述，還做過駐日使館隨員，參與國際文化交流。這一切共同構成了他的獨特文化背景，使其成為清末民初一位極富個性的書家。

第一節　清末碑帖並重派的傑出代表

　　「碑帖並重」〔註1〕，是楊守敬的主要書法思想。在清代碑學和帖學的興衰中，楊守敬站在時代的高峰上觀察時變，客觀、全面地對待碑帖，以中和持平的觀點，力倡「碑帖並重」思想，主張「合之兩美，離之兩傷」，從而在碑、帖兩大派之外，形成碑帖並重派，並最終促使晚清碑、帖兩大流派的合流。

　　書法藝術的審美觀到了清代，發生了重大改變。在清初康、雍、乾三朝，帖學派承襲前代風習一直在書壇占主導地位，影響書壇近百年。隨著帖學衰微，人心思變，自嘉、道以來，由於大量碑刻的陸續發現，以地方大員為主的北碑派異軍突起，取而代之，一時風行於書壇，碑學乃大興。碑學之興，先有阮元（1764～1849 年）的《南北書派論》、《北碑南帖論》，改變了當時書壇獨尊二王書風的局面，為清代碑學中興豎起了第一面鮮明的旗幟，而此時

〔註 1〕　關於楊守敬這一書法思想的表述，石叔明先生稱之為「碑帖並尊」（見《碑帖並尊說》，石叔明，臺灣《故宮文物月刊》第 22 期，1985 年）；張繁文稱之為「碑帖並舉」（見《楊守敬碑帖並舉之書學思想研究》，張繁文，廣西藝術學院學報《藝術探索》，2005 年第 3 期）。

阮元對北碑南帖進行研究的根本目的，只是想讓碑學能與帖學在書壇上享有同等的地位。之後，又有包世臣（1775～1855 年）的《藝舟雙楫》，爲清代碑學奠定了堅實的理論基礎，該書的論書部分通篇圍繞「尊碑抑帖」這一宗旨進行論述。1889 年，康有爲（1858～1927 年）的《廣藝舟雙楫》又將「尊碑抑帖」理論推向一個新的高峰，認爲「碑學之興，乘帖學之壞，亦因金石之大盛也」〔註2〕。在「尊碑抑帖」的同時，康有爲又進而提出了「尊魏卑唐」的主張，在《廣藝舟雙楫》中專闢《卑唐》一節貶斥被書法界奉爲經典的唐碑，極力鼓吹魏碑的「十美」、「十六宗」，從而在書壇上掀起了規模更大、範圍更廣的碑學浪潮，將碑學的地位推向了極至。由於兩部「雙楫」皆以「尊碑抑帖」爲主旨，致使經歷了 800 年（宋淳化至清乾嘉）之久的帖學逐漸被邊緣化，取而代之的是碑學一統天下的書法新局面。

康有爲的觀點在當時產生了很大影響，學書者一時趨之若鶩，尊魏卑唐，崇碑貶帖。然而，客觀地看，帖學有帖學的缺欠，碑學亦有碑學的不足。古人製帖，主要靠手工鉤摹，摹書要求精益求精，費時費工，好的摹本也極其珍貴難得；而用雙鉤法制作的法帖，經多次翻刻，往往肥瘦失眞，甚至面目全非，因而康有爲有「刻帖不可學」之論。同時，碑學所面臨的問題也不小：漢碑、唐碑固然很好，所見文字，只有間架結構，卻無墨色可言；文字經過刻工的再創作，書家的原創精神已經有所流失。況且，北碑多有異域胡人的粗獷風格，別字、俗字、異體字也特別多。因此到了咸豐、同治、光緒年間，出現了一批由帖學入碑學，再由碑學返帖學，走上了一條碑帖兼融、相互補充之路的新書家。楊守敬便是這類新書家的傑出代表。

身處清朝中後期的楊守敬當然不能置身於時代風氣之外，他也是認同碑學的審美價值的。難能可貴的是，他在推崇碑學的同時，並不否定帖學，而是做到碑帖並重。楊守敬的「碑帖並重」觀，早在他於 1867 年寫成的《激素飛清閣評碑記自序》中就初露端倪。在談及金石與集帖的關係時，他說：「顧掩雅之士，未暇論及點畫；而染翰之家，又或專注集帖，不復上窺漢魏。余謂天下有博而不精者，未有不博而能精者也。」〔註3〕指出書法欲能精，則金石與集帖俱不可偏廢。

〔註2〕 《廣藝舟雙楫注》，崔爾平校注，上海書畫出版社，1981 年，第 38 頁。
〔註3〕 《評碑記》，《楊守敬集》第八冊，湖北人民出版社、湖北教育出版社，1997年，第 529 頁。

1868 年，在《評帖記》序言中，楊守敬提出了鮮明的「碑帖並重」書法思想：「夫碑碣者，古人之遺骸也；集帖者，影響也，精則爲子孫，不精則爲芻靈耳。見芻靈不如見遺骸，見遺骸不如見子孫。去古已遠，求毫芒於剝蝕之餘，其可必得耶？故集帖之與碑碣，合之兩美，離之兩傷。」〔註4〕他形象地把碑碣比喻爲遺骸，集帖比喻爲影響（影子和聲音），二者若精則爲子孫，不精則爲芻靈（茅草紮成的人馬，指古代的殉葬用品）。認爲研習書法最理想的還是眞跡，其次是精準的碑帖，不精準的最不足取。認爲要想從剝蝕嚴重的碑刻中去探求毫芒精微的筆法，是不可能的。所以，集帖與碑碣只有相互參照，全面汲取，才能「合之兩美」；若偏學一種，則書法必遭偏廢——「離之兩傷」。這種觀點，不僅表現了楊守敬全面學習傳統的氣度，而且反映了他對碑帖在藝術上各有特點、在學習上可互補參考的認識，體現了他對碑帖關係有一個客觀、辯證的宏觀把握。

一、楊守敬非北碑派的依據

楊守敬是「碑帖並重」書法思想的首倡者。然而，從清末直至今天，一直有一些研究者認爲楊守敬與阮元、包世臣、康有爲、張裕釗等一樣尊碑抑帖，甚至將其劃爲清末北碑派的中堅，名列北碑八大家之一。如《中國書法史·清代卷》即持此種觀點〔註5〕，而目前正在編撰的《中國書法全集·張裕釗楊峴徐三庚楊守敬卷》，也將楊守敬與三位碑派大家並列一卷。看來，關於楊守敬究竟歸屬於何種流派的問題依然是頗費辭說的。

認爲楊守敬是北碑派的主要依據，是他在《評碑記》中評碑的篇目（288種）遠多於其在《評帖記》中評帖的篇目（96 種），就認爲是重碑輕帖，從而輕率地得出楊守敬尊碑抑帖的結論。其實，這只是從數量上進行的現象比較，並沒有深入探究楊守敬書法思想的內核。下面分別從楊守敬的主要書論著作「二評」和《學書邇言》進行分析：

（一）從「二評」分析

「二評」是楊守敬的早期書學著作《評碑記》和《評帖記》，分別作於1867 年至 1868 年，楊守敬時年 29 歲、30 歲。《評碑記》共評碑 288 種（其

〔註 4〕　《評帖記》，《楊守敬集》第八冊，湖北人民出版社、湖北教育出版社，1997年，第 585 頁。

〔註 5〕　《中國書法史·清代卷》，劉恒著，江蘇教育出版社，1999 年。

中周秦 4 種，漢代篆隸 86 種，魏晉 15 種，南北朝 60 種，隋代 10 種，唐代
111 種，新羅 1 種，日本 1 種）；《評帖記》共評帖 96 種（其中魏 2 種，晉 86
種：包括《蘭亭》21 種、《樂毅論》6 種、《黃庭經》6 種，南北朝 5 種，隋 3
種），「二評」總計評騭碑帖 384 種。

　　如果僅僅從所收碑帖數量看，「二評」似乎是重碑輕帖。其實，不知是有
些研究者有意忽略還是沒有注意到，恰恰是在《評帖記》序言中，楊守敬提
出了他著名的「碑帖並重」觀：「集帖之與碑碣，合之兩美，離之兩傷。」楊
守敬對碑帖並沒有厚此薄彼，而是等量齊觀，其評判標準只有一個：「精」—
—「精則爲子孫，不精則爲芻靈」，不論碑還是帖，只要精，就值得學習。在
序言開始，楊守敬還對盲目崇碑者與盲目崇帖者都進行了批評，他批評盲目
崇碑者：「抗懷希古，摩挲金石，謂羲獻俗書，破壞古法，即有佳製，展轉傳
橅，未足依據。」〔註 6〕並批評盲目崇帖者道：「佐史（指書佐）院體，每與
古違，窮年執筆，唯媚時好，甚至信彼耳食，高自標許，謂非宋刻，無當評
論。」〔註 7〕從批評的力度上看，似乎對盲目崇帖者更加嚴厲，這是因爲楊守
敬看到了帖學一統千年的積弊，一些人抱殘守缺，執迷不悟；而碑派書家大
多從帖學中走出，具備一定的帖學根基，反戈一擊，雖語多偏激，卻也切中
要害。

　　在「二評」中，楊守敬對碑和帖均進行了客觀評述，議論公允持中，並
沒有絲毫的崇碑抑帖之意。如在《評碑記》中，楊守敬於諸名碑各有佳評，
認爲《孔宙碑》「波撇並出，八分正宗，無一字不飛動，仍無一字不規矩」，
《史晨碑》「昔人謂漢隸不皆佳，而一種古厚之氣自不可及，此種是也」，《衡
方碑》「古健豐腴，北齊人書，多從此出」，《西狹頌》「方整雄偉，首尾無一
缺失，尤可寶重」，《張猛龍碑》「書法瀟灑古淡，奇正相生，六代所以高出唐
人者以此」，等等。〔註 8〕在《評帖記》中，楊守敬對符合「子孫」標準的佳
帖也極盡讚美之詞。如評《蘭亭序》馮承素模本「如千丈遊絲，獨裊晴空，
頃刻百變」，王獻之的《蘭草帖》「平淡天成，虛婉靈和」，《曹娥碑帖》「秀逸

〔註 6〕　《激素飛清閣評帖記序》，《楊守敬集》第八冊，湖北人民出版社、湖北教育
　　　　　出版社，1997 年，第 585 頁。
〔註 7〕　《激素飛清閣評帖記序》，《楊守敬集》第八冊，湖北人民出版社、湖北教育
　　　　　出版社，1997 年，第 585 頁。
〔註 8〕　以上引文分別見《評碑記》，《楊守敬集》第八冊，湖北人民出版社、湖北教
　　　　　育出版社，1997 年，第 544、545、546、558 頁。

之氣，撲人眉宇，想見晉人風流」〔註9〕，等等。

　　楊守敬搜集碑帖、寫作「二評」恰逢咸同年間，當時的書壇狀況，誠如康有為的《廣藝舟雙楫》所言：「迄於咸、同，碑學大播，三尺之童，十室之社，莫不口北碑，寫魏體，蓋俗尚成矣。」〔註10〕這時，整個帖學是在晚清書壇「尊碑抑帖」的主流思想壓力下，處於被貶抑的狀態。

　　楊守敬搜集碑版拓片主要在 1865 年第二次赴京會試做景山官學教習後。據《鄰蘇老人年譜》記載：「每日散學後，徒步到琉璃廠法帖店，物色碑版文字」〔註11〕。另據 1913 年楊守敬在《唐虞恭公溫彥博碑》跋中記載，同治八年（1869 年），他曾在荊州府城一估衣店中，一次性購得洪洞劉青園所藏金石文字，「盈箱累篋，不下數千種」〔註12〕。由於當時碑學大盛，帖學衰微，故市場上的碑版數量要遠遠多於集帖。加之受太平天國運動引發的戰亂影響，集帖比碑版更容易毀於戰火。對此，在《集帖目錄序》中，楊守敬提供了重要史料：「自粵匪之亂，海納集帖大半亡佚。」〔註13〕從稍晚於楊守敬寫作「二評」的《神州國光社寄售名人書畫真跡及碑版之潤例》〔註14〕中，我們可以看到當時碑版和刻帖出售的大致情況：上列碑派（含金文拓片）作品 20 餘種、唐碑 10 餘種，《清鑒堂》等法帖僅 3 種，而且法帖價格較碑刻拓片又高出許多。此外，在其他有關潤例中，碑帖出售情況也大致相同。不難看出，清末市場上法帖較碑刻少很多，搜集法帖自是不易；加之清代刻帖，大都是官宦之家方能為之，楊守敬作為一介書生，參閱大量集帖的機會自然不多。而深山僻地的古碑卻給楊守敬提供了很多機會，在《評碑記》和《鄰蘇老人年譜》中，都有他親往拓碑的多次記載，最終使他成為「儲藏之富，當世罕匹」的金石大家。而楊守敬大量收集歷代名帖始於 1872～1880 年。1880 年他第六次

〔註9〕　以上引文分別見《評帖記》，《楊守敬集》第八冊，湖北人民出版社、湖北教育出版社，1997 年，第 603、595、609 頁。

〔註10〕　《廣藝舟雙楫注》，崔爾平校注，上海書畫出版社，1981 年，第 41 頁。

〔註11〕　《鄰蘇老人年譜》，《楊守敬集》第一卷，湖北人民出版社、湖北教育出版社，1997 年，第 14 頁。

〔註12〕　《鄰蘇老人題跋》，《楊守敬集》第八冊，湖北人民出版社、湖北教育出版社，1997 年，第 1085 頁。

〔註13〕　《集帖目錄序》，《楊守敬集》第五冊，湖北人民出版社、湖北教育出版社，1997 年，第 1184 頁。

〔註14〕　見《近現代金石書畫家潤例》，王中秀、茅子良、陳輝著，上海畫報出版社，2004 年。

赴京會試，得到了吳榮光的《鏡帖》一書〔註15〕，該書詳載宋以來的集帖，但細目卻遺失了。楊守敬只得在琉璃廠各碑帖店物色抄寫集帖目錄，並遍訪收藏家以補其闕。直到楊守敬42歲時，《集帖目錄》十六卷才完成。

至於《評帖記》的篇數少於《評碑記》的篇數，筆者認爲是客觀條件制約了楊守敬對帖的搜集。楊守敬寫《評碑記》時爲29歲，寫《評帖記》時爲30歲，作爲一個剛及而立之年的科舉士子，首先是閱歷限制了他的眼界；在經濟上，楊守敬雖然出身於中小商人家庭，但家境並不富裕。平時家中只能供其日常生活和考試所需，生活上比較拮据，所以楊守敬只有「節衣嗇食」購買碑帖。在《鄰蘇老人年譜》中記載了他26歲第二次赴京會試時的家境情況：「冬，又擬入都應會試，苦無川資，乃襆被由沙市搭內河船，間關到漢口鄭譜香觀察處，假銀百金而歸。」非但如此，後又因其弟負債，楊守敬又拿出五十金與弟，自己僅攜五十金入都。可見在寫作「二評」的前幾年時間裏，楊守敬的經濟非常拮据。逗留京城期間，楊守敬住在好友鄧鐵香家，「每日遊市上覓所得，其精者歸鐵香，其次者守敬收之」，原因就是他「無力買精者」。楊守敬30歲時祖父病故，家中竟「葬資無出」。留京三年，其妻及子女四人「每日食荼飯、稀粥或番薯以充饑；又不足，則以針黹、紡織補之」〔註16〕。可知經濟上的原因限制了楊守敬對碑帖的搜集。關於這種情況，楊守敬在《評帖記》序中也有交代：「余自傷譾陋，力尤不贍，羈滯京華，亦僅三載，金匱石室，未睹實多。然名篇劇蹟，於茲略具，振奇鑿空，良用心苦。旅病無聊，乃即所見者論次爲若干卷，以附《評碑記》之後。」

《評帖記》中篇目較少，還有一個非常重要的原因，就是楊守敬爲《評帖記》制定了嚴格的選帖標準：「傳橅失眞者不錄，寧嚴勿濫也；石久佚者不錄，爲其不易得也。李唐以前，所見畢載；趙宋而後，僅擇其尤。」《評帖記》所選的帖多爲「名篇劇蹟」，至於那些遺漏的名帖，楊守敬說：「其有不備，以俟他日，且願來者。」〔註17〕由於當時刻帖普遍存在著傳橅失眞的問題，

〔註15〕 吳榮光（1773～1843年），廣東南海人，字荷屋，號伯榮。嘉慶四年進士，官至湖廣總督，工書畫，精鑒金石。對於其《鏡帖》，康有爲在《廣藝舟雙楫‧行草》中評曰：「吳荷屋中丞專精帖學，冠冕海內，著有《鏡帖》一書，皆論帖本，吾恨未嘗見之。海內好事，必有見者，倘有以引申之邪。」

〔註16〕 以上引文分別見《鄰蘇老人年譜》，《楊守敬集》第一冊，湖北人民出版社、湖北教育出版社，1997年，第11、12、13頁。

〔註17〕 以上引文見《激素飛清閣評帖記序》，《楊守敬集》第八冊，湖北人民出版社、湖北教育出版社，1997年，第585頁。

加之楊守敬在刻石存無、選帖時代方面制定了嚴格標準，從而限制了《評帖記》的篇目數量。

另外，還有一個不能忽略的原因，就是楊守敬在完成《評碑記》和《評帖記》的寫作之後，由於當時無暇出版和後來手稿遺失的緣故，致使其「碑帖並重」書法思想未得到及時傳播，而他後來在日本又以提倡北碑的面目出現，這就造成了人們對他書法思想的錯誤解讀。他的這一重要書法思想若能及時公之於世，則可能對晚清碑學的「一邊倒」起到急剎車和轉向的作用，這不能不說是一大遺憾。

通過上述分析可以看出，「二評」中，楊守敬評碑篇數多於評帖篇數確有諸多原因，如果僅此就得出楊守敬是尊碑抑帖的結論，顯然難以令人信服。其實，即使在楊守敬引入碑派書法的日本，也並不認爲他是北碑派。日本書法史家眞田但馬、宇野雪村就認爲楊守敬「雖然倡導碑學，但並不完全倒向北碑一邊。他的執筆法等方面似乎是張照的帖派一流，所以有帖碑混合的風格」〔註18〕。

（二）從《學書邇言》分析

再看楊守敬最爲著名的書論著作《學書邇言》。1911 年寫作《學書邇言》時，楊守敬是 73 歲的老人，此時他已是見多識廣、閱歷豐富的大學者，之前編撰過《楷法溯源》、《寰宇貞石圖》、《望堂金石》等 30 餘部金石書法著作。

《學書邇言》依然體現了楊守敬一貫的「碑帖並重」觀，他對碑、帖均表現出了足夠的熱情，並且對其佳者都推崇有加，其審美觀具有相當的深度與廣度，不像包世臣的《藝舟雙楫》和康有爲的《廣藝舟雙楫》那樣一味地崇碑抑帖，體現爲偏頗的審美觀。

從《學書邇言》篇幅上看，不再像「二評」那樣評碑多於評帖，而是評帖多於評碑。即以楊守敬的手稿本爲例，《學書邇言》從結構上分爲緒論、評碑、評帖、評書、題跋五部分。緒論及評碑部分共評碑 103 種（其中晉代以前篆書 6 種，隸書 14 種，南北朝碑 27 種，隋碑 8 種，唐楷書碑 42 種，唐行書碑 5 種，宋碑 2 種，日本碑銘 4 種）；評帖部分共評帖 126 種（其中南唐《昇元帖》等 2 種，宋代《淳化閣帖》等 10 種，明、清各種集帖、單人集帖、單

〔註18〕　《中國書法史》，（日）眞田但馬、宇野雪村著，陳振濂譯，人民美術出版社，1998 年，第 216 頁。

人單帖、小楷帖等 114 種）；共評論書家 100 餘人（其中評書部分論及宋代至清代和日本書家共 50 餘人，如果加上評碑、評帖部分提到的晉唐書家，總計不下百餘人）；題跋 4 個（爲楊守敬對著名刻帖題跋的彙集）。其實，評帖、評書、題跋都可以說是評帖。如果僅從數目或篇幅上看，《學書邇言》評帖的分量顯然要大於評碑的分量，但我們也不能因此就得出楊守敬是尊帖抑碑的結論。

二、楊守敬「碑帖並重」思想的成因

楊守敬「碑帖並重」的書法思想，有其複雜的成因，這與其獨特的身世、師承、愛好和學術背景有關，可以說是它們綜合作用的結果。

（一）受業師潘孺初的影響

楊守敬「碑帖並重」書法思想其來有自。其實，早在楊守敬之前，已有一些書家走上了碑帖兼融的道路。就在阮元、包世臣提出碑學主張後不久，翁同龢（1830～1904 年）即對南北分派及奢談碑學的觀點提出過異議：「夫有宋諸刻，縱多糅雜，山陰法乳，賴以津迷。論者於北碑南帖強爲軒輊，抑以偏矣。」〔註 19〕並表示：「最恨世人談筆陣，每嗤帖賈說碑林。」〔註 20〕但是，由於翁同龢沒有書學、書論方面的著述，其書法觀點只是散見於日記、書信、詩文、題跋中，沒有產生太大影響力。對於這位碑帖兼融的書法大家，楊守敬在《學書邇言》中極盡讚美之詞：「老蒼絕倫，無一稚筆，同、光間推爲天下第一，洵不誣也。」〔註 21〕

其實，對楊守敬一生學術和書法產生重大影響的是其恩師潘孺初。潘孺初也是位碑帖兼融的大家，師生二人曾合作完成了《楷法溯源》一書。潘先生治學於宋學、漢學兩道，習字於帖學、碑學之間，無門戶而立，無窠臼自居，優於見識，相容並蓄，闢陋取優。近年臺灣出版的《中國書法史》，列入的南方書家只有康有爲和潘孺初二人。在楊守敬撰寫的《潘存先生哀啓》一文中，楊守敬稱潘孺初的書法於碑帖都廣爲涉獵：「用筆得古人秘鑰，能懸腕作蠅頭細楷。凡漢魏、六朝碑版以及晉、唐、宋、明諸名家法帖，朝夕摹寫，

〔註 19〕 見《古緣萃錄碑帖二卷跋》，翁同和《瓶廬叢稿》卷四。
〔註 20〕 《瓶廬詩抄》卷一，見《翁同龢傳》，中國友誼出版公司，1999 年，第 565 頁。
〔註 21〕 《學書邇言》，《楊守敬集》第八冊，湖北人民出版社、湖北教育出版社，1997 年，第 510 頁。

至廢寢食。故所作書，駸駸入古人之室。」〔註22〕在潘孺初所臨《鄭文公碑》的跋語中，楊守敬介紹了自己的書法淵源和其師書法上的成就：「守敬至今日略有論述，皆先生所指授也。先生雅好書法，自漢唐以來，無不臨摹，執筆必雙鉤懸腕，雖小楷亦然。顧欲然不自足，每書訖，即反面復書之，既而棄之字簏，不以示人。惟守敬嘗於簏中檢存一二，有見之者，驚為絕作，以佳紙踵求，終拒不應。」〔註23〕

潘孺初的墨蹟存世極少，但從他寫於 1839 年的這幅書作墨蹟來看，明顯地體現出碑帖兼融的特點，同時也可以看出對楊守敬書風的明顯影響。楊守敬的書法不禁師承乃師，其書法思想也深受其影響。潘孺初曾向楊守敬詳細分析了諸品漢隸的優劣：「《禮器》方整峻潔，如楷書之有《廟堂》、《醴泉》，自是分書正宗。然如《開通褒斜》之縱橫排奡，《元初三公》之體兼篆分，《西

潘孺初書作	楊守敬書作

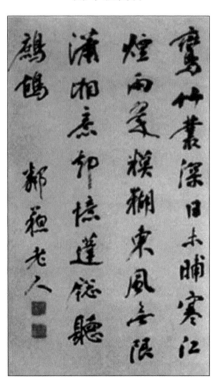

〔註22〕 見楊守敬撰《潘存先生哀啟》，《楊守敬題跋書信遺稿》，楊先梅輯、劉信芳注，巴蜀書社，1996 年。

〔註23〕 王家葵《近代書林品藻錄》，山東畫報出版社，2009 年，第 500 頁。

狹頌》之方整，《武榮》、《鄭固》之淳古，《石門頌》之飄逸，各有面貌，各臻妙境，皆非後人所能擬議。至若《曹全》之流美，《白石神君》之柔潤，以至漢季，古意稍漓。然三國之《孔羨》、《范式》、《上尊號》、《受禪表》，下筆如折刀頭，風骨淩厲，遂爲六朝眞書之祖。」〔註 24〕這些對漢隸的評論，與楊守敬在《評碑記》中的觀點基本一致，看見楊守敬的一脈相承。在楊守敬的書論著作中，還多次引用潘孺初的觀點。正是在潘孺初的指導下，楊守敬沿著恩師的思路，寫出了《評碑記》和《評帖記》，前者是碑學著作，後者是帖學著作，其「碑帖並重」思想逐漸確立。

（二）與其學術背景有關

楊守敬的「碑帖並重」觀還與其學術背景有關。楊守敬在清末書壇上佔有崇高的地位，他的書法思想與其後的康有爲書法思想有非常明顯的不同。與楊守敬一樣，康有爲接觸北碑也是在他赴京應試暫留北京期間，大量的「漢魏六朝唐宋碑版」大大地開闊了康有爲的眼界，以至於「多遊廠肆，日購碑版」。但與楊守敬走上了碑帖兼融道路不同的是，康有爲最終放棄了「帖學」，而成爲一位「碑學」的倡導者和實踐者。究其實，這是與兩人不同的學術背景有關。

康有爲是典型的經世致用的今經文學派，而楊守敬爲傳統的考據派，是晚清乾嘉學派的代表。由於學術流派的不同、治學方法的差異，便導致了二人迥然有別的學術氣象，使二人在碑帖的認識上產生了不同的思想。

楊守敬作爲傾向於古經文學派的大學者，其做學問的方法是乾嘉學派的一脈。對此，我們從楊守敬的一些談話及著述中可見一斑。在與日本書家巖谷一六的筆談中，楊守敬說：「易學自惠氏後，大抵皆宗漢學。然迄今未能確定一家者。故近日之同儒，以此爲難事。以弟觀之，尚未有使人賞心無憾者。大抵先前有惠氏，中期有皋本（「本」應爲「文」，即張惠言）之虞氏易，近期則有姚配中之周易，以姚氏爲最。」〔註 25〕從楊守敬對惠定宇、張皋文、姚配中等考據大師之治學現狀及成就的把握來看，其治學方法也應與之相近。楊守敬爲古經文學派的最重要的證明還是其留存下來的 80 餘部著作，《水經注疏》、《古逸叢書》以及「二評」均爲晚清乾嘉學派的力作，這是清代重

〔註 24〕　《學書邇言》，《楊守敬集》第八冊，湖北人民出版社、湖北教育出版社，1997年，第 481 頁。

〔註 25〕　《楊守敬研究學術論文選集》，北京，崇文出版社，2003 年，第 287 頁。

考據、遠政治的有力證據。

　　清朝實行文化專制主義，控制史學，官制之史充斥史壇，使學者不能染指近現代史，不能通古今之變，更不能隨便發表政論，故被驅趕到治古代史或治金石學等有限的天地裏去了。楊守敬正處在一個動盪不安的時代，他不願涉足政治，甘願在考史的同時鑒賞金石，這樣既有裨於史學，又不涉及時事。這樣，在危機四伏的清末，楊守敬也和許多大學者一樣，埋下頭腳踏實地地沉浸於學術，不過問政治。這就使得其書法思想不具有近代改良思想的特徵，而體現出了中國傳統文化中「執其兩端而用其中」的中庸精神。

　　有趣的是，另一位今經文學派、康有爲的弟子梁啓超在《中國近三百年學術史》中曾兩次提到楊守敬。在《清代學者整理舊學之總成績——舊史之注釋及辯證》一文中，他對清末一批乾嘉學派的樸學家們既給予了肯定，又進行了批評：「彼輩最喜歡研究僵定的學問，不喜歡研究活變的學問。此固由來已久，不能專歸咎於一時代之人，然而彼輩推波助瀾，易與有罪焉。彼輩所用方法極精密，所費工作極辛勤，惜其所研究之對象不能副其價值。嗚呼，豈惟此一端而已矣。」〔註 26〕「所用方法極精密，所費工作極辛勤」正是楊守敬這類乾嘉學派學者的治學特點。

　　誠然，若以書論之影響、著述之規模，康有爲的《廣藝舟雙楫》要超過楊守敬的書論著作。康有爲是古代書法理論的殿軍，又是現代書法理論的開山鼻祖，他的《廣藝舟雙楫》繼承了阮元和包世臣的書法思想，以鋒芒嶄然的理論形態對清末民初的書壇形成了強大衝擊，分別從原書、尊碑、卑唐、碑品等 26 個專題展開論述，建立起了龐大的書學體系，其橫掃千軍的氣勢、嚴密的思辨、偏激的觀點，在清末書壇無疑具有振聾發聵的作用。但其寫作緣起乃是寓道於技，借歷代書法興衰隱喻其政見，在詳述書體源流、品評碑刻高下、分析各家優劣的宏論中，提倡碑學，攻擊帖學，進而提出「變」的思想原則。但他如此決絕地提出了「尊碑抑帖」和「尊魏卑唐」之說，卻又有立論太偏、不夠持平之弊。而楊守敬沿襲了乾嘉學派「所用方法極精密，所費工作極辛勤」的學術傳統，堅持客觀、嚴謹、公正的治學方法，不偏激，不趨時，實事求是地辯證評論碑帖，並埋下頭來做了編撰、搜集、刻書、刻碑帖等實實在在的工作，也正是這些學術傳統和治學方法促成了楊守敬的「碑

〔註 26〕梁啓超《中國近三百年學術史》，上海東方出版社，2004 年，第 321 頁。

帖並重」書法思想。

（三）與其廣泛的愛好和豐富的收藏有關

楊守敬愛好廣泛，博富收藏，嗜古成癖，出乎常情。畢保釐在《楷法溯源》序中稱其「已富楷臺之跡，收奇選異，積簀成山」〔註27〕。對此，他也頗爲自信地與日本友人嚴谷一六說：「不敢自言盡有中土之所藏，然中土金石收藏家，抑或未有能占我先者」。〔註28〕

1881 年，楊守敬在與日下部鳴鶴的筆談中說：「近日我國好古家也不多，湖南三四人，四川無，陝西數人，山西無，山東約五人，江南五六人，浙江三四人，福建一二人，廣東三四人，廣西一人，貴州一人，雲南一人，湖北弟一人耳。然酷好者通國不過十人。然好金者多不好石，好鍾鼎者多不好古錢，好碑者多不好集帖，好集帖者多不好碑。碑第一則南匯沈樹鏞，古錢則光州胡石查，集帖順天王小雲（戶部），弟於諸人中皆非第一，而兼有諸人之藏，然弟鍾鼎古錢皆在下乘，唯碑與集帖頗富博覽，大約於諸人中亦能樹一幟。唯諸公皆力有餘，弟以寒士參錯其間則尤苦。諸公得佳本多，弟不能之。縱有佳本，亦多以易之，故弟舊拓本少。然能有我之博者，恐現在少。故弟之《楷法溯源》出，群驚爲博。弟在我湖北則一人也。以云下論之，在三四間，此不嫌狂妄乎，古印古錢弟尚不足言。」〔註29〕

從楊守敬的這段話我們知道，當時的好古家多有偏廢：「好金者多不好石，好鍾鼎者多不好古錢，好碑者多不好集帖，好集帖者多不好碑」，只有他本人「兼有諸人之藏」、「碑與集帖頗富博覽」，所以才能「於諸人中亦能樹一幟」。

楊守敬一生遍覽碑帖，足跡遍及大江南北，他年輕時收集和過眼的金石碑版就不下數萬件。由於見多識廣，他才能「不少假借，每評書論碑，必委曲詳盡」。當年康有爲寫成《廣藝舟雙楫》頗爲自得，問教於楊守敬，楊守敬以金石碑版學家的犀利目光，指出其考據上的幾十處謬誤，讓康夫子歎佩不已。如對於董其昌書法的評價，康有爲認爲：「若董香光雖負盛名，然如休糧

〔註27〕《楷法溯源》，《楊守敬集》第十三冊，湖北人民出版社、湖北教育出版社，1997 年，第 10 頁。

〔註28〕《楊守敬與嚴谷一六翁的筆談》，《書藝》第 4 卷第 11 期，平凡社，1934 年版。

〔註29〕見《三人的益友》，（日）日下部鳴鶴《鳴鶴先生叢話》。

道士，神氣寒儉。若遇大將軍整軍屬武，壁壘摩天，旌旗變色者，必裹足不敢下山矣。」〔註30〕原因是康有爲只見過董氏一般較清瘦的作品，而楊守敬則看過董氏用擘窠大書臨寫的李邕《李秀殘碑》，楊守敬認爲：「其學李北海，雄偉質厚，眞有北海如象之觀。」〔註31〕如果康有爲見過董氏另一類雄強的作品，恐怕就不會妄下斷語了。

　　再如包世臣極力推崇北齊碑刻《水牛山文殊般若經》，稱其「如香象渡河，無跡可尋，定爲西晉人之作，宇內正書第一」〔註32〕。楊守敬所見碑版既多，一針見血地指出，這是由於「包氏少見北齊人書，故有是說」，並客觀地分析道：「是碑誠佳，然推爲宇內第一，將置《瘞鶴銘》等碑於何地乎？」〔註33〕還有北周的《匡喆刻經頌》，包世臣因未見小鐵山、岡山、尖山諸全刻，只見《文殊般若經》，便認爲是西晉人所作，楊守敬斷然指出：「誤也。」〔註34〕可見楊守敬的見聞識見，迥乎其上。

　　正是由於楊守敬廣閱碑帖，所以才不會隨聲附和，評碑論帖顯得客觀全面，不顧此失彼，一掃懸揣之空談，最終成爲了碑帖兼融的大家。

　　應該看到，將楊守敬劃爲北碑派，還是碑帖並重派，確實具有一定的複雜性和難度。不僅是楊守敬，當時也有許多碑派書家持碑帖融合的觀點。例如沈曾植〔註35〕，他不僅在實踐上力行碑帖融合，在理論上也極力主張南北相通或四體相融的觀點。如他在《海日樓箚叢》中提出的「行楷隸篆通變」的理論：「楷之生動，多取於行。篆之生動，多取於隸。隸者，篆之行也。篆參隸勢而姿生，隸參楷姿而姿生，此通乎今以爲變也。篆參籀勢而質古，隸參篆勢而質古，此通乎古以爲變也。故夫物相雜而文生，物相兼而數賾。」《海

〔註30〕　《廣藝舟雙楫注》，崔爾平校注，上海書畫出版社，1981年，第235頁。

〔註31〕　《學書邇言》，《楊守敬集》第八冊，湖北人民出版社、湖北教育出版社，1997年，第508頁。

〔註32〕　《評碑記》，《楊守敬集》第八冊，湖北人民出版社、湖北教育出版社，1997年，第562頁。

〔註33〕　《評碑記》，《楊守敬集》第八冊，湖北人民出版社、湖北教育出版社，1997年，第562頁。

〔註34〕　《學書邇言》，《楊守敬集》第八冊，湖北人民出版社、湖北教育出版社，1997年，第482頁。

〔註35〕　沈曾植（1850～1922年），浙江嘉興人。字子培，號巽齋，晚號寐叟，別號乙盦等。他博古通今，學貫中西，以「碩學通儒」蜚振中外，時譽之爲「中國大儒」。

日樓箚叢》又云：「碑碣南北大同，大較於楷法中猶時沿隸法。」「世無以北集壓南集者，獨可以北刻壓南刻乎？」〔註36〕如同沈曾植雖然主張碑帖融合，依舊被劃為碑派書家一樣，楊守敬也因其把北碑書法傳入日本及其在碑學上的巨大成就就一度被目為北碑派。1903 年，楊守敬就與北方的碑派大家李葆恂〔註37〕共獲「海內南北兩大家」之譽。另外，從書法實踐上看，楊守敬的書法金石味很濃，北碑筆意明顯，似乎更傾向於碑，這也是人們容易誤把他當成北碑派的一個原因。

第二節　「品高學富」的學者型書家

　　「品高學富」是楊守敬積數十年對書法的研習而得出的真知灼見。他認為：「一要品高，品高則下筆妍雅，不落塵俗；一要學富，胸羅萬有，書卷之氣，自然溢於行間。」〔註38〕「品高學富」也是楊守敬身體力行努力追求的目標，他一生都在踐行著自己的理想，最終也成了一名品德高尚、學問淹博的學者型書家。

一、「品高」

　　關於楊守敬的人品，駐日公使何如璋贊之曰「素懷氣節」。楊守敬的弟子熊會貞在由其續寫的《鄰蘇老人年譜》中，稱楊守敬「嵲岸不群。性方嚴，有所不可，雖名公巨卿毫不假借」〔註39〕。

　　楊守敬人品高潔，素為士林所仰重。尤其是駐日期間，他毀家紓難，歷經四年在日本苦心搜集我國古代典籍，璧歸珠還，增容祖國，為保存祖國的文化典籍作出了不可磨滅的貢獻。楊守敬的義舉，一為愛國精神、民族精神所驅使，二為個人愛好興趣所致。他以個人微薄之力，幾十年如一日，苦心收藏古代典籍，在清末民初中國近代史上最動盪最混亂的時期，輾轉遷徙數

〔註36〕以上引文分別見沈曾植《海日樓箚叢》，《明清書法論文選》，上海書店出版社，1994 年，第 924、918 頁。

〔註37〕李葆恂（1859～1915 年），原名恂，字寶卿，號文石，別號紅螺山人，直隸易縣人。官至江蘇候補道。精鑒賞，工詩善書，貫串古人，自成一家。

〔註38〕《學書邇言》，《楊守敬集》第八冊，湖北人民出版社、湖北教育出版社，1997 年，第 477 頁。

〔註39〕《鄰蘇老人年譜》，《楊守敬集》第一冊，湖北人民出版社、湖北教育出版社，1997 年，第 28 頁。

次，將如此浩瀚的典籍瑰寶保全下來，做出了利在國家、功在千秋的貢獻，其精神、其見識、其無私之胸懷，足可光照千秋，讓後代萬世景仰。

「訪書」如此，「訪碑」亦如此。在楊守敬的書法金石著作中，使用頻率非常高的一個字是「惜」字，他對於古代碑帖的剝蝕和毀壞，或因自己未能親睹古代碑帖，表現出一種難以抑制的遺憾和痛惜之情。如在《評碑記》中，他對於用范氏天一閣本重刻於揚州的《西嶽華山廟碑》刻石評價極高：「摹鐫精妙，幾欲使原碑再出。」因時值太平天國起義後，他深爲該碑的命運擔憂：「但不知兵燹之後，石尙無恙否？」〔註40〕其焦急關切之情，如對飄零在外的遠方親朋故友。

在《評碑記》中，楊守敬記載了他痛失寶物的一次經歷。他曾得到一本前人摹刻精妙的《化度寺碑》重刻本，喜出望外，「遂什襲藏之，月餘後開緘，竟不知所在，爲之痛哭者數日。」接著，他又爲這件寶物的命運擔憂，稱：「假使復爲好古者得之，尙可忘情，若再令入庸夫之手，必至於斷爛殘缺不止，是則終古之恨也。」〔註41〕體現了楊守敬既有唯恐拓本明珠暗投的憂懼和不安，也有楚失楚得的博大胸懷。

《評碑記》還記載了一次他去京師憫忠寺（即北京法源寺）尋訪道光時重摹的《雲麾將軍李秀殘碑》的經歷。當他入寺後看到《李秀殘碑》的碑額臥地，而碑卻不存時，便向人「亟問之」。引到一間廂房中，告之該碑在亂木堆下面，他的反應是：「余驚焉」。因此，他鄭重地在《評碑記》中「特記之以告後之好事者，扶而起焉」。〔註42〕其愛碑之情讓人動容。

然而，近幾十年來，學術界對楊守敬的人品和學品也時有訾議。胡適先生曾寫過言辭尖銳的文章，批評楊守敬隨意詆毀前人學術成果，虛捏浮誇自己對《水經注》的研究。〔註43〕同時，也有論者對胡適的觀點進行批駁。這段公案，因超過本書論述範圍，暫不申論。當然，人無完人，楊守敬難免有其歷史的局限性和人格缺陷。但是，客觀全面地看，稱楊守敬「品高」仍

〔註40〕　《評碑記》，《楊守敬集》第八冊，湖北人民出版社、湖北教育出版社，1997年，第544頁。
〔註41〕　《評碑記》，《楊守敬集》第八冊，湖北人民出版社、湖北教育出版社，1997年，第566頁。
〔註42〕　《評碑記》，《楊守敬集》第八冊，湖北人民出版社、湖北教育出版社，1997年，第580頁。
〔註43〕　見胡適《跋楊守敬論〈水經注〉案的手箚兩封》，《胡適手稿》第五集中冊。

不爲過。爲了更好地評價楊守敬的人品，我們有必要再回過頭來考查他的一生。

縱觀楊守敬的一生，有三條主線：從商、入仕、治學。他既有從商的經歷，也有入仕的可能，但難能可貴的是，楊守敬最終摒棄了與他擦肩而過的入仕，選擇了治學這條道路，並且在這條道路上一直走到底。

楊守敬雖出身於商人家庭，但在「萬般皆下品，唯有讀書高」的封建社會，科舉入仕仍爲正途，故其祖父給他取名爲「楊開科」，顯然是希望他成爲有功名的人。楊守敬早年捷於府試、鄉試，後來會試七次不中，科場多舛，雖學優而未能入仕。其實他一生也得過很多額外的功名，與之交善者有張之洞、端方、徐世昌等政壇名流，他是完全可以走上仕途之路的。

楊守敬 46 歲從日本回國後，黎庶昌曾以「學問優長，與東土士人交接，甚有盛譽」〔註44〕爲由，爲其向朝廷奏保知縣缺並加五品銜。50 歲時，學使張劭予又以楊守敬「學術淹博，士林推重」〔註45〕奏保部議加一級。64 歲時，學政蔣式芬以楊守敬「學術淹雅，後進師資，精研考古，至老不衰，爲湖北師儒宿學之冠」〔註46〕，向朝廷奏保加四品銜。65 歲時，清政府開經濟特科選拔人才，湖廣總督張之洞與湖北巡撫端方合詞保舉楊守敬，楊名居第一，並稱其「老成碩望，博覽群書，致力輿地學數十年，於列朝沿革險要洽熟精詳，著書滿家，卓然可傳於世」〔註47〕。68 歲時，他又被選授安徽霍山縣知縣，張之洞、安徽布政使沈曾植均勸其赴任，他以年老、「不耐簿書」爲由辭之。這說明楊守敬曾受過「五品銜」、「四品銜」的保薦，知縣之任也唾手可得，但他最終還是選擇了放棄。在日本與巖谷一六的筆談中，他道出了個中緣由：「弟尤不慣於官場之宦氣，疏於應酬。」〔註48〕

其實，楊守敬最熱衷和喜愛的還是學問。他自幼即嗜書好學。11 歲時輒

〔註44〕《鄰蘇老人年譜》，《楊守敬集》第一卷，湖北人民出版社、湖北教育出版社，1997 年，第 19 頁。

〔註45〕《鄰蘇老人年譜》，《楊守敬集》第一卷，湖北人民出版社、湖北教育出版社，1997 年，第 19 頁。

〔註46〕《鄰蘇老人年譜》，《楊守敬集》第一卷，湖北人民出版社、湖北教育出版社，1997 年，第 22 頁。

〔註47〕《鄰蘇老人年譜》，《楊守敬集》第一卷，湖北人民出版社、湖北教育出版社，1997 年，第 22 頁。

〔註48〕《楊守敬學術年譜》，宜昌政協文史委編，湖北人民出版社，2004 年，第 317頁。

讀習商，仍不廢學業，白天站櫃臺，晚間在燈下苦讀，常至雞鳴才就寢。24歲中舉時，主考及房師即斷言：「此人年少好學，他日必爲傳人。」〔註49〕

　　1865 年，楊守敬第二次會試落第後，便開始出現由科舉向治學的轉向，他說：「是時都中友朋均勸余留京，余亦以都中爲人文淵藪，樂與賞奇析疑，爲學問進步，並非爲他日發跡計，蓋其時已屏除時文於意計外矣。」〔註50〕1866 年他開始設館授徒，並從事撰著，才學漸露端倪。1868 年第三次會試，他的僅 300 餘字的文章，出示同人看後都爲之驚服，以元許之，但明珠暗投，仍薦而不售。儘管如此，楊守敬求知好學之志不改，不從俗流，仍專心致志地做學問。他在致好友黃葉的信中說：「一切富貴功名，皆漠不關懷。」〔註51〕由於孜孜矻矻於學問，他「年四十二即已鬚髮半白，精神耗散」〔註52〕。1886 年，他第七次會試不第，遂絕意科名，專心著述，以名山事業爲己任，終成爲清末民初具有多方面成就的學術巨匠。楊守敬的旁系後裔楊世燦先生在《辛亥革命前後的楊守敬》一文中稱：「楊守敬是一個桃花源理想主義的追求者。1911 年 10 月 10 日武昌革命事起，楊守敬堅信民軍告示，對百姓秋毫不犯，遂堅持不出城，留守書房，繼續燈下考訂他的《水經注疏》稿文。」〔註53〕他傾盡一生心血撰寫《水經注疏》這部巨著，臨終前，「當夜靜，置燈榻畔，在床執卷，再三審訂，或通宵不寐」，表示「此書不刊行，死不瞑目」〔註54〕。爲學術事業奉獻了一生。

　　楊守敬致力學術五十餘年，他以「獨步千古」的《水經注疏》而名揚天下。與之形成鮮明對比的是另一位酈學大家戴震，卻因《水經注》一書遭受名譽損失，除了王國維所說的「皆由氣矜一念誤之」外，另一個重要原因就是戴震晚年急於功利，他因殿本《校上案語》的虛構之言、閃爍之詞、阿諛之語得邀上寵，獲得會試落第而進士及第的幸遇，卻於名節有虧。楊守敬與

〔註49〕　《鄰蘇老人年譜》，《楊守敬集》第一冊，湖北人民出版社湖北教育出版社，1997 年，第 10 頁。

〔註50〕　《鄰蘇老人年譜》，《楊守敬集》第一卷，湖北人民出版社、湖北教育出版社，1997 年，第 11、12 頁。

〔註51〕　見吳天任《楊惺吾先生年譜》，臺北藝文印書館，1974 年版。

〔註52〕　《楊守敬學術年譜》，宜昌政協文史委編，湖北人民出版社，2004 年，第 318頁。

〔註53〕　見《三峽晚報》，2011 年 7 月 4 日。

〔註54〕　《鄰蘇老人年譜》，《楊守敬集》第一冊，湖北人民出版社、湖北教育出版社，1997 年，第 29 頁。

戴震在學術和功名之間的不同選擇，使二人人品高下，可以立判。

對於楊守敬的一生，近代著名學者陳衍在給楊守敬的輓聯中有非常精闢的概括：「直以著書爲性命，才從談藝判人天。」正是因爲楊守敬最終拒不入仕，一心向學，畢生以之，才造就了這位「晚清民初學者第一人」。這既是他的成功之道，也是他留給後人的寶貴精神財富。故而稱其「品高」實不爲過。

二、「學富」

楊守敬治學「淹通宏博」，他集歷史地理學家、版本目錄學家、藏書家、金石學家、書法家於一身，一個學者若占其中任何一項，就足以成爲卓有成就的大學者。故郭沫若贊譽他爲「東方的狄德羅」，即百科全書式的人物。

據《清稗類鈔》記載：「同、光以來，精目錄版本之學者，有桐城蕭穆、江陰繆荃孫。精金石考證之學者，有義州李葆恂。而宜都楊守敬則兼之。」〔註 55〕寥寥數語，道出楊守敬學問之富，同光以來鮮有其匹。潘孺初在爲楊守敬的《水經注疏》初稿所題的《敘語》中說：「楚北楊君惺吾，博覽群籍，好深湛之思，凡所論述，妙語若百詩（閻若璩），篤實若竹汀（錢大昕），博辨若大可（毛奇齡）。尤精輿地之學，嘗謂此事，在漢以應仲遠爲陋，在唐以杜君卿爲疏，此必有洞見癥結，而後敢爲斯言，所謂眼高四海空無人者也。所撰《歷史輿地圖》，貫穿乙部（指史部書）；《隋書地理志考證》，算及巧曆；而《水經注疏》神光所照，直與酈亭（酈道元）共語，足使謝山（全祖望）卻步，趙（趙一清）、戴（戴震）變色，文起梅村（吳梅村），未堪比數，霾蘊歲久，煥若神明，曠世絕學，獨有千古，大雅宏達，不我河漢。」〔註 56〕從上面列舉的楊守敬堪與比肩的古代諸大家可知，楊守敬的學問之富，一時無兩。

楊守敬的「學富」也同樣體現在書學上。對此，他卻頗爲自謙，他說：余學書幾十年，「天分學力皆居下乘」〔註57〕。其實，楊守敬的天分、學力均屬上乘，他天分既高，學力亦富。在 73 歲高齡的晚年，他在碑帖均不在手邊

〔註 55〕 見《清稗類鈔》「著述類」楊守敬治舊地理條。

〔註 56〕 《鄰蘇老人年譜》，《楊守敬集》第一冊，湖北人民出版社、湖北教育出版社，1997 年，第 23 頁。

〔註 57〕 見楊世燦《楊守敬翰墨致用軼事二三》，《楊守敬學術年譜》，宜昌政協文史委編，湖北人民出版社，2004 年，第 171 頁。

的情況下，僅憑記憶便將以前《評碑記》、《評帖記》的重要內容綜合寫成被時人譽爲「書論之美文，千家之絕唱」的《學書邇言》。在《學書邇言》自序中，楊守敬說：「余因所藏碑版集帖，皆陷於鄂城中，無一攜出者，但憑記憶，必多遺漏。」〔註 58〕但將這部《學書邇言》與「二評」相對照，重要的碑帖果然都在他的記憶裏。書中對各碑帖的優劣，評述精詳，見解精闢，如數家珍。誠如他自己所言，是經歷了「五十年辛苦搜集」，日日磋摹，眾碑帖自然早已深印在腦海中，其書學之博與功力之深由此可見一斑。

對於「品高學富」，楊守敬都身體力行，終身以之，並成爲一名人品俊偉、才學卓越的書家。品高，使其書法高古絕倫，與其淳厚寬博的人格修養相一致，如以「書如其人」而論，於楊守敬頗爲相宜；學富，使其書法「書卷之氣，自然溢於行間」，飄逸蒼勁中蘊藏儒雅的文士氣息。由於楊守敬以品格學識爲內養，加之對碑帖有全面的認識和研究，又能把學術考證與書法品評結合起來，故而其書法思想和書法藝術才能比時人爲高。考察清末民初書壇，很少能找到像他那樣書藝、學術絕佳，並能碑帖兼融，留下大量的金石、書法著作的書家。楊守敬可謂是「品高學富」的典範。

第三節　書風獨特的個性書家

縱觀楊守敬的一生，他參加科舉考試達 13 次之多，但科場多舛，早年雖捷於府試、鄉試，會試卻七次不中，雖學優而未能入仕。爲什麼一位書文俱佳的晚清著名學人，卻被擋在了科舉考試的大門之外？

是楊守敬的文章不過關？1868 年楊守敬第三次參加會試，是科首題爲「畏大人畏聖人之言」二句，他的僅 300 餘字的文章，「示同人皆驚服，以元許之。」〔註 59〕然考卷落在一顢頇旗人總裁手中，被裁了下來。考官蔣彬尉雖讚賞楊守敬「績學有素」，也一語道破楊守敬失利的原因：「彼諸生皆揣摩時墨得售。」〔註 60〕間接指出楊守敬的文章不合時宜，突破了「時墨」的八

〔註 58〕　《學書邇言》，《楊守敬集》第八冊，湖北人民出版社、湖北教育出版社，1997年，第 475 頁。

〔註 59〕　《鄰蘇老人年譜》，《楊守敬集》第一卷，湖北人民出版社、湖北教育出版社，1997 年，第 12 頁。

〔註 60〕　《鄰蘇老人年譜》，《楊守敬集》第一冊，湖北人民出版社、湖北教育出版社，1997 年，第 13 頁。

股範式。

1880 年，楊守敬第六次會試，有人見到楊守敬試卷草稿以會元相許，大加激賞：「名下無虛士，不意時文亦精能如此！」〔註61〕但榜發仍不中。其實，「精能如此」恰是他失敗的一個重要原因，說明他未能按照科考的要求來寫作。楊守敬 14 歲從朱鳳池先生就讀，朱先生「以守敬不願讀庸爛時藝，惟喜《陳大士稿》〔註62〕及諸名家文，乃刮目相視」〔註63〕。既不「揣摩時墨」，又不願讀「庸爛時文」的楊守敬，其結果只能是七次會試連連敗北。其實，早在 1865 年第二次會試落第後，楊守敬就已經有所覺悟，決定「屏除時文於意計外矣」〔註64〕。

可見，楊守敬文非「時文」。此外，還有一個非常重要的原因，就是他的書法。在《鄰蘇老人年譜》中，記載了他 18 歲院試時三場皆不中，而中者文章均不出其右，後來他找到了原因，原來考官馮學史（展雲）「工小楷，頗重字學，而守敬書法草率，故而見擯」〔註65〕。這說明，楊守敬所作之書，亦難入館閣體式，不合科舉考試的要求。

從楊守敬存留下來的手箚、信函、墨卷和著述手稿來看，楊氏書法的確古樸醇厚、典雅可愛，洋溢著濃鬱的漢魏氣息，極富個性。但如果按照館閣體的書體要求卻不合規範，潦草的固不用說，即使工楷也峭拔挺健，用筆結體，缺乏烏方光正、流麗妍美的館閣體特點。下頁圖是楊守敬的正楷代表作品《錄〈文心雕龍・神思篇〉》，書於光緒己亥夏四月（1899 年）。可以看出楊守敬的書法絕非館閣體，其楷書中鋒運筆兼側鋒取勢，外溢風骨之氣，尤可見楊守敬「一臂加五指，乾卦六爻睹」的陽剛之氣。有北碑之蒼勁，具金石之韻味。從來源看，楊守敬的楷書取唐代歐書的險勁，虞書的清媚，褚書的遒麗，再加上廣採博收，碑帖兼融，取各家之長，又出於己意，自成一體，

〔註61〕 《鄰蘇老人年譜》，《楊守敬集》第一冊，湖北人民出版社、湖北教育出版社，1997 年，第 16 頁。

〔註62〕 《陳大士稿》：明陳際泰撰，清俞長城選評。清戴名世在《陳大士稿序》稱：「而能出其才力精魄，發古人之未有，以推壓一時之豪傑，則莫如大士。」

〔註63〕 《鄰蘇老人年譜》，《楊守敬集》第一冊，湖北人民出版社、湖北教育出版社，1997 年，第 8 頁。

〔註64〕 《鄰蘇老人年譜》，《楊守敬集》第一冊，湖北人民出版社、湖北教育出版社，1997 年，第 11、12 頁。

〔註65〕 《鄰蘇老人年譜》，《楊守敬集》第一冊，湖北人民出版社、湖北教育出版社，1997 年，第 9 頁。

楊守敬書作《文心雕龍·神思篇》

形成蒼勁、端莊的獨特風格。這與館閣體的要求顯然相去甚遠，其難以泯滅的個性往往讓人過目不忘。

　　楊守敬早年學書，就帶有自己的個性用筆，不墨守程序，涉獵百家，都能取其所欲取，化爲自我營養。他廣泛吸收漢魏碑刻、晉唐法帖的精髓，形成沉著古雅的風格，對於趨爲院體化的行書，「因不免甜俗」而不愛。他的書法，既非拘於工謹，也不恣肆放縱，不激不板，不俏不媚，平和拙樸如謙謙君子，令人味之不盡。正如他評褚遂良的《雁塔聖教序》所言：「故知凡物之一覽即盡者，必非精詣也。」〔註66〕日本學者大河內聲在與駐日公使何如璋筆談中，曾問及「楊書法蓋法誰氏？」何如璋答道：「源於篆隸，不拘一家。」〔註67〕由於廣涉百家，個性鮮明，癖好強烈，館閣體的嚴格要求也難以馴化

〔註66〕　《評碑記》，《楊守敬集》第八冊，湖北人民出版社、湖北教育出版社，1997年，第569頁。
〔註67〕　見日本京都教育大學杉邦村彥教授《從〈雪柯日記〉中出現的有關記述看楊守敬與松田雪柯、嚴谷一六、日下部鳴鶴之間的交流》一文。

他，故常爲恪守正宗、維護科舉制度書風者所不容。故楊守敬文非「時文」，書非「館閣」，這就是他屢試不第之「命」。

其實，楊守敬無論文章、書法都已超越了他所處的那個時代，其獨特的書法審美觀也與時人大異其趣。在與日本書家巖谷一六筆談時，楊守敬描述了當時清末書壇的狀況：「近年來中土學者皆攻院體，古人用筆法幾乎滅絕。姑勿論不善書者不知此，即一向號稱能書者，也似若明若昧。」〔註 68〕對於時人推崇的院體（即館閣體），楊守敬指出其弊端：「佐史院體，每與古違，窮年執筆，唯媚時好。」〔註 69〕對於當時被人爭相臨習的王獻之《玉版十三行》，楊守敬也批評道：「邇來院體書，皆壞於此。」〔註 70〕而「最爲學者所宗」的懷仁《集右軍聖教序》，他也向學書者提出警告：「然院體之稱，亦爲有識者所譏。」〔註 71〕他提醒學書者，臨習王羲之《聖教序》容易變成院體制式化的字。但是，對於當時連「能品」都排不上的「揚州八怪」的鄭板橋、金農等人的書法，楊守敬卻讚賞有加：「鄭板橋（燮）之行楷，金壽門（農）之分隸，皆不受前人束縛，自闢蹊徑。」〔註 72〕

其實，因書法不入「館閣體」而導致科考失敗者在封建社會並不鮮見。龔自珍就是因其書法及時文極富個性而多次不第，他的書法也和其詩歌一樣，骨力強勁，不落俗套，與流行的館閣書風格格不入，成爲其科舉考試的攔路虎。楊守敬科考的失敗，雖然是時代造成的悲劇，卻也因此成就了這位晚清著名學人和優秀書法家。

第四節　極具鑒賞力的書家

楊守敬是位綜合素養非常全面的書法家，除書法造詣精深外，他還具有極高的鑒賞力，其審鑒之精，獨拔藝林。衛夫人在《筆陣圖》中有「善

〔註 68〕《楊守敬學術年譜》，宜昌政協文史委編，湖北人民出版社，2004 年，第 328 頁。

〔註 69〕《評帖記》，《楊守敬集》第八冊，湖北人民出版社、湖北教育出版社，1997 年，第 585 頁。

〔註 70〕《評帖記》，《楊守敬集》第八冊，湖北人民出版社、湖北教育出版社，1997 年，第 596 頁。

〔註 71〕《學書邇言》，《楊守敬集》第八冊，湖北人民出版社、湖北教育出版社，1997 年，第 485 頁。

〔註 72〕《學書邇言》，《楊守敬集》第八冊，湖北人民出版社、湖北教育出版社，1997 年，第 509 頁。

鑒者不寫，善寫者不鑒」之論，而楊守敬卻是一位兼具善鑒、善寫二能的大書家。

經過多年的辛苦搜尋，楊守敬所藏漢魏、六朝金石拓片已基本齊備，這也培養了他極高的鑒賞力。由於善考證，精鑒別，許多收藏家多以所藏之金石、古籍、字畫求其鑒定，加以題識。封疆大吏端方〔註 73〕收藏金石碑版甚富，在他任湖北巡撫期間，經常和楊守敬切磋印證金石文字，端方凡獲重要新藏，多找楊守敬鑒定。楊守敬若不能親到，端方必致函垂問。端方在致楊守敬一函中云：「自愧弇陋，徒飲其瑤，莫名其器，非博識多聞之君子，莫能辯此，特以拓本奉鑒……」〔註 74〕足見這位撫臺大人對楊守敬的器重程度。端方調任兩江總督後，楊守敬應端方禮聘，曾於 1906 年、1909 年兩次赴金陵，為其所藏金石碑版鑒定題跋。

關於楊守敬的鑒賞力，曾是日本轟動一時的新聞。據《鄰蘇老人年譜》記載，1883 年，楊守敬在駐日使館負責《古逸叢書》刻書事宜，日本刻工均以刻藝最高的木村嘉平〔註 75〕為準繩，大家模仿他的筆法，所以即使刻藝差一點的，也有「虎賁中郎之似」。但楊守敬每次審閱刻工所刻之板，不用印刷樣本，僅以白板便可分出好壞。一次，當著十八位刻工的面，店主人對楊守敬說：「我國工人皆苦先生眼力之精，不能一毫假借。今此十八人中有一領袖，先生試以十八板閱之，誰為領袖所刻？如不誤，則真我國所未有矣。」楊守敬不慌不忙，對店主人說：「此十八藝皆已經選擇者，未必能如市上之測字，以鵲啄字，百不失一。雖然，請試之，不效勿哂也。」楊守敬說完巡視再三，抽出一塊板，向著十八位工匠說：「此當是領袖所刻。」這時並排坐著的十八個工匠呼地起立，掌聲如雷，經久不息。第二天，日本《朝日新聞》登出消息，稱楊守敬為「異人」。〔註 76〕

〔註 73〕　端方（1861～1911 年），字午橋，號陶齋，清末金石學家。一生嗜好金石書畫，大力收藏青銅器、石刻、璽印等文物，著有《陶齋吉金錄》、《陶齋藏石記》。宣統元年起為川漢、粵漢鐵路督辦，入川鎮壓保路運動，為起義新軍所殺。

〔註 74〕　見《名家書箚墨蹟》第一冊《端方信箚》，學苑出版社，2006 年 12 月出版。

〔註 75〕　木村嘉平：日本明治時期的著名木雕版師，為嘉平家族第四代，名莊太郎。卒於明治十九年（1886 年），年僅 29 歲。木村死後，楊守敬為之題贊曰：「一藝之精，通幽入神；將以忠信，僅見斯人。曇花一現，百卉失珍；簡冊不絕，徽聲不泯。」

〔註 76〕　見《鄰蘇老人年譜》，《楊守敬集》第一冊，湖北人民出版社、湖北教育出版社，1997 年，第 18 頁。

　　楊守敬精於鑒識，洞若觀火，眞僞難逃其法眼。如《裴岑紀功碑》，他認爲：「是碑僞刻最多，以作立海祠者爲眞本。」〔註77〕他還指出眞本細瘦，決不能描，故描本非從眞本出。再如歐陽詢的《皇甫誕碑》，《石墨鐫華》記載「碑斷於明萬曆丙申」，楊守敬通過仔細觀察比對不同時代的拓本，發現宋拓本早已有一線之痕，從而斷定「此碑自南宋已斷，相傳明萬曆間始斷者，誣也」。〔註78〕關於《唐懷仁集王書聖教序》，楊守敬藏有三種版本：一爲未斷本，鋒穎畢露，神采煥發；另兩本爲已斷本，鋒穎稍斂。他指出未斷本皆宋拓本，相傳此碑於明萬曆乙卯地震中斷之說不確。〔註79〕

　　顏眞卿的《小字麻姑仙壇記》有兩種帖：一爲蠅頭書，刻本甚多；一如蠶豆，刻於《忠義堂帖》，傳爲宋僧書。通過比較，楊守敬認爲蠅頭書非魯公書，而傳爲宋僧書的《忠義堂帖》卻是顏眞卿書，斷言「不惟非魯公不能，且是魯公書最高者」〔註80〕，故而將其收入《鄰蘇園帖》中重刻。顏眞卿的《顏魯公三表》，近世始爲揚州包氏所刻，因其格意圓熟，無魯公剛勁之氣，楊守敬並考之於史不合，故認爲是僞作。

　　再如根據《閣帖》加以增損的宋徽宗的《大觀帖》，楊守敬認爲只有附有成親王跋的宋拓本爲佳，其他舊本「似皆重刊」，當是明拓本。《絳帖》原刻，楊守敬指出其標題應爲《歷代帝王帖》第幾、《歷代名臣帖》第幾，今世上傳本乃標題爲《絳帖》第幾，足知其僞。他又引用吳荷屋的話證之：「天下今無《絳帖》全本。」〔註81〕

　　楊守敬還發現集帖中收錄的元代中峰和尚的幾個簡箚全與趙孟頫體格相似，因此懷疑是僞跡，因爲《書畫史》中寫明中峰和尚下筆如柳葉，雖未入格，亦是一家。後來他在日本看到中峰和尚的多幅作品，自己也購得兩幅，更證明了自己的判斷。故而他在《學書邇言》中斷言：「世傳其（中峰

〔註77〕　《評碑記》，《楊守敬集》第八冊，湖北人民出版社、湖北教育出版社，1997年，第541頁。

〔註78〕　《唐皇甫誕碑》跋，《鄰蘇老人題跋》，《楊守敬集》第八冊，湖北人民出版社、湖北教育出版社，1997年，第1088頁。

〔註79〕　《鄰蘇老人題跋》，《楊守敬集》第八冊，湖北人民出版社、湖北教育出版社，1997年，第1089頁。

〔註80〕　《學書邇言》，《楊守敬集》第八冊，湖北人民出版社、湖北教育出版社，1997年，第501頁。

〔註81〕　《學書邇言》，《楊守敬集》第八冊，湖北人民出版社、湖北教育出版社，1997年，第494頁。

和尚）簡箚與松雪筆跡一類者，僞也。」〔註82〕他還認爲《趙松雪臨蘭亭本》爲僞作，告誡習書者：「爾來學《蘭亭》者，棄《定武》唐模如土梗，專趨松雪此本，其書無不俗者。或曰此本係僞作，趙書圓潤之中，時具遒逸清瘦之致。此本純乎圓潤，幾於無筆，知非松雪所爲也。存其說以俟眞鑒者。」〔註83〕

　　楊守敬的觀察力細緻入微，目如鷹隼。如陸機的《平復帖》，楊守敬稱「係突穎勁毫所書」〔註84〕。他還發現《三希堂法帖》所刻之《快雪時晴帖》，其二十八字最後一個「侯」字（見下左圖），左一丿不與人旁一豎相連，因此心生疑竇。雖然《三希堂法帖》出自內府所藏眞跡，刻手、用墨絕佳，不應有此錯誤，但他還是以無緣得見墨本驗證爲憾。今天，這一秘寶影印本隨處可見，仔細審驗，發現「侯」字人旁一側原跡有折痕（見下右圖），故刻工誤以爲斷，「侯」字左一丿與人旁一豎果然相連，不禁爲楊守敬的眼力和識見叫絕！〔註85〕

　　以上是辨僞，還有鑒眞。如關於《瘞鶴銘》的書銘之人，歷來眾說紛紜，楊守敬通過仔細比較鑒別，同意宋代黃長睿的觀點，認爲是陶隱居（弘景）

〔註82〕 《學書通言》，《楊守敬集》第八冊，湖北人民出版社、湖北教育出版社，1997年，第508頁。

〔註83〕 《評帖記》，《楊守敬集》第八冊，湖北人民出版社、湖北教育出版社，1997年，第605頁。

〔註84〕 《評碑記》，《楊守敬集》第八冊，湖北人民出版社、湖北教育出版社，1997年，第590頁。

〔註85〕 《評帖記》，《楊守敬集》第八冊，湖北人民出版社、湖北教育出版社，1997年，第592頁。

書：「今以書法體格論之，當是也。」〔註86〕董其昌臨李邕的《李秀殘碑》，
擘窠大書，與董其昌書風大異，徐氏刻者以爲是黃山谷書，自言其得之於董
其昌家。楊守敬見多識廣，深知董氏「其學李北海，雄偉質厚，眞有北海如
象之觀」〔註87〕，斷言此即爲董其昌的臨本。李邕的《靈巖寺碑》斷碑，孫
星衍、邢澍合撰的《寰宇訪碑錄》中載明「碑已佚」，楊守敬見到該碑的拓片
後卻認爲：「視其墨色尙不甚舊，或仍存也。抑原未斷，此斷碑近出土耶？」
〔註88〕後來果然證明《寰宇訪碑錄》有誤，《靈巖寺碑》尙存。

　　楊守敬在鑒定過程中積累了豐富的經驗，能夠透過現象看本質。如對於
拓本的新舊，他認爲不要徒守肥瘦之說：「大凡碑石拓多則肥，肥則筆畫之間
必有渤痕，帖估以礪石磨之，則渤痕少而字瘦矣。又久之而又肥，又磨，故
纖細至於如近拓也。」〔註89〕他以例爲證：歐陽詢《皇甫誕碑》宋拓本字畫
肥而健，明拓本則漸瘦，至清初又漸肥；李邕的《麓山寺碑》，楊守敬所見舊
拓不下十餘本，由於原石多石花礙目，未有不塡補塗抹者，他指出該拓本在
宋時則肥，至明末漸瘦，至清又漸肥，並進而指出：「凡在西安碑林之石，無
不受此災者。」〔註90〕《麓山寺碑》翻刻者有孔虹谷本、陶文毅本，皆無缺
字，他辨其差別道：「孔本差肥，陶本則瘦削之甚」。

　　在刊刻金石碑帖過程中，楊守敬嚴格精選碑拓善本，體現了高超的鑒賞
力。如《望堂金石》收錄了歐陽詢的《九成宮醴泉銘》、《虞恭公碑》、《皇甫
誕碑》、《化度寺碑》四大名碑。楊守敬認爲：「信本（歐陽詢）書本以險峻
稱於唐代，後世不見眞跡。所傳拓本，失其鋒穎，遂多以圓潤爲正法眼藏，
不知眞北宋本，未有不峭峻者。」〔註91〕其中被稱爲「楷法極則」的《九成
宮醴泉銘》，楊守敬見過的拓本就有數十通，故聲言：「自非宋拓，不見眞

〔註86〕　《評碑記》，《楊守敬集》第一冊，湖北人民出版社、湖北教育出版社，1997
　　　　年，第 555 頁。
〔註87〕　《學書邇言》，《楊守敬集》第八冊，湖北人民出版社、湖北教育出版社，1997
　　　　年，第 508 頁。
〔註88〕　《評碑記》，《楊守敬集》第八冊，湖北人民出版社、湖北教育出版社，1997
　　　　年，第 580 頁。
〔註89〕　《評碑記》，《楊守敬集》第八冊，湖北人民出版社、湖北教育出版社，1997
　　　　年，第 565 頁。
〔註90〕　《評碑記》，《楊守敬集》第八冊，湖北人民出版社、湖北教育出版社，1997
　　　　年，第 565 頁。
〔註91〕　《唐九成宮醴泉銘》跋，《楊守敬集》第八冊，湖北人民出版社、湖北教育出
　　　　版社，1997 年，第 1084 頁。

面」，指出有三種較好版本：南宋「榷場本」，明萬曆「內庫本」，清無錫「秦氏本」。〔註92〕而對於當時社會上流傳的諸版本，他稱「皆不免補塡，神理既喪，形模亦失，學者遂以寒瘦爲信本的派」，並喟歎道：「書學大壞矣！」〔註93〕爲此，他手自雙鈎一本於《望堂金石》，自信「頗不失率更矩度」。《化度寺碑》，楊守敬稱碑石自北宋已亡，海內原拓僅聞一本。他對重刻本均不滿意，評曰：吳本亦有重刻，「結構不失，而稍肥鈍」；翁（方綱）重翻本，「並失面貌」；關中所刻，「則字之大小皆不似矣」；《海山仙館》所刻亦不佳；《墨池堂》摹本最輕弱。有鑒於此，楊守敬根據范氏原石雙鈎摹刻一本於《望堂金石》，此本雖比吳本缺 41 字，但他認爲「窺見一斑，可以想其全豹，是在善學者」。〔註94〕

　　《景蘇園帖》囊括了北宋著名文學家、書法家蘇東坡一生中不同時期的書法作品 72 件。在《景蘇園帖》的集刻過程中，楊守敬對蘇東坡的諸帖版本都進行了考證，對每件作品的來源及刻本、眞假、肥瘦都一一評述。正如他自己所言：「大抵皆從舊本摹出，皆流傳有緒之跡，絕少僞作，固應爲蘇書巨觀。」〔註95〕從現藏湖北省博物館的楊守敬的 17 頁手稿中，可以看到他精選評鑒蘇帖的全過程。他認爲《快雪堂法帖》「所收蘇帖皆佳，後三箚猶妙」；《墨緣堂帖》「小楷《四十二章經》，是從眞跡出，較餐霞閣所刻爲稍瘦，然亦精到」；「其《西樓》稍失鋒穎，然原本亦多禿毫，此不能盡責之工人，他日勢必我輩親手修整一番，方可有觀」；「《煙波疊嶂歌》所刻稍濃厚，然亦有過於笨濁處，若刻之當與章藻刻參校」；「《歸去來辭》、《赤壁賦》，惟此爲精，惜有剝蝕處，當以《契蘭堂本》參合之」；「坡公喜書《赤壁賦》，見於著錄家者不下數種。然集帖中所見二賦並書者唯此。此次摹刻公書，若標名《二賦堂帖》，則此帖應居首。然開端是《歸去來辭》，似亦不甚合。若移易之，又非本來面目。竊意此帖若嵌之赤壁二賦堂，則標名應示；若嵌之衙署，則直稱爲蘇文忠公法帖，是不必以二賦居首也」；「小楷《黃庭經》，以坡

〔註92〕《學書邇言》，《楊守敬集》第八冊，湖北人民出版社、湖北教育出版社，1997年，第 483 頁。

〔註93〕《望堂金石》跋，《楊守敬集》第十一冊，湖北人民出版社、湖北教育出版社，1997 年，第 538 頁。

〔註94〕《評碑記》，《楊守敬集》第八冊，湖北人民出版社、湖北教育出版社，1997年，第 566 頁。

〔註95〕《學書邇言》，《楊守敬集》第八冊，湖北人民出版社、湖北教育出版社，1997年，第 496 頁。

公晚年極意之作，惜刻者老重有餘，韻度不足。蓋《平遠山房帖》通部犯此病，不獨此也。然坡公小楷既不多見，此本縱爲刻者稍失眞面，亦不當棄之」；「《劉錫制詔》，此文爲坡公作，此書未必是坡公筆；縱是坡公，亦隨手不經意之作，可勿刻也」；「《前赤壁賦》絕佳。唯第四翻石缺一角，毀去『哀』字，不能意外，記此帖，《三希堂》亦刻之，似當借來補之」；「大抵汪氏《西樓帖》去東坡未遠，故所收皆晚年精到之作。此冊幾於篇篇盡善，然不能盡刻」。〔註96〕從以上楊守敬精選蘇帖上石的意見，可以看出楊守敬高超的鑒賞力。

　　毋庸諱言，楊守敬在鑒定中也有走眼出錯的時候。如在《評碑記》中，他誤將清人僞刻之《瘞琴銘並心經》收錄其中，並評曰：「書法謹嚴而峭勁，深得率更筆意，惜原拓不多見。」〔註97〕當時楊守敬還是年方二十多歲的年輕人，他在得到漢陽葉氏所謂的《瘞琴銘》宋拓本，見銘後附《心經》，遂信以爲眞。對於京師琉璃廠的刻本，他認爲「直是後人重寫，神貌皆不似。」〔註98〕直到1912年，時年74歲的楊守敬在《唐顧升瘞琴銘》跋中對此已有所覺察：「用筆結構均稚弱，或者遂疑爲僞造。」〔註99〕

　　再如《陳德殘碑》，據傳雍正年間出土於山東蘭山，旋即又被人埋入土中不知去向，當時只有一位叫褚峻（褚千峰）的人手拓數本，有人便以爲拓本是褚氏僞造。該碑收入牛運震的《金石圖》，阮元也深信爲眞。楊守敬細審此碑認爲：「剝落痕跡與古刻毫髮無二，篆額尤極古勁」，「如果褚氏有斯絕技，將《隸釋》所載已佚之碑何種不可僞作，乃爲斯從古無聞之殘碣乎？」〔註100〕故而將其收錄在《評碑記》中，並選刻《望堂金石》，稱「俟好古者察焉」。現在，《陳德殘碑》已基本斷爲康熙年間褚千峰僞造，褚氏還僞造有篆書《李昭碑》。〔註101〕

〔註96〕以上均見陳上岷《楊守敬選刻〈景蘇園帖〉採用的原帖目錄及述評》，《文物》第1期，1983年。

〔註97〕《評帖記》，《楊守敬集》第八冊，湖北人民出版社、湖北教育出版社，1997年，第570頁。

〔註98〕《學書邇言》，《楊守敬集》第八冊，湖北人民出版社、湖北教育出版社，1997年，第501頁。

〔註99〕《鄰蘇老人題跋》，《楊守敬集》第八冊，湖北人民出版社、湖北教育出版社，1997年，第1107頁。

〔註100〕《陳德殘碑》跋，《望堂金石》，《楊守敬集》第十一冊，湖北人民出版社、湖北教育出版社，1997年，第511頁。

〔註101〕見馬子雲、施安昌《碑帖鑒定》，中國文物鑒定叢書，廣西師範大學出版社。

　　雖則如此，千慮一失，在所難免，楊守敬仍不失爲有高超鑒賞力的專家。楊守敬高超的鑒賞力與他高深的學問和長期的實踐是分不開的。如對於「昔人稱元章（米芾）借人古帖，臨一本還之，使人自擇不能辨」的說法，他非常自信地加以辯駁：「余謂若眞鑒，未有不立辨者。米臨二王，固有絕肖處，究竟是縱橫一路，時露出己筆意。」〔註102〕這一觀點殊有見地，因楊守敬深察米氏個性書風。對於蓄意造假者，楊守敬深惡痛絕，他發現《郭景純遊仙詩》全卷無一人是眞跡，係一手僞作，大加痛斥道：「何物大膽，乃敢以稊弱之筆，上誣歷代古人，並有無識若范某，刻石傳世，豈非怪事！」〔註103〕體現了他嫉僞如仇的精神。

　　如何才能提高自身的鑒賞力？楊守敬提出「好金石者不可無學」。他指斥那些不學無術、眞僞不辨的「好古之徒」道：「爾來好事家不能遍考書傳，得一新石，勿論與史文合否，概視爲球圖；而稍有收錄者，又自負鑒識，故爲過高之談，以不僞爲僞。……甚矣！好金石者不可無學也。」〔註104〕這是楊守敬對愛好金石者的忠告，也是他以善鑒名世的眞諦。

　　通過以上的分析我們可以知道，楊守敬是一位全能型書家。他碑帖雙修，「品高學富」，善寫善鑒，集眾善而爲一家，其書法淳雅樸厚有書卷氣，沉著古勁有蒼莽氣。在中國書法史上，他雖非一代宗師，卻是極有個性、不容忽視的人，其成就不僅在翁方綱、鐵保、永瑆之上，也在楊峴、張裕釗、沈曾植等人之上。惜其年壽尚不算長，之後光芒遂爲康有爲、吳昌碩、鄭孝胥等人所掩，後幸有日人大力提倡及其學術地位的提升，聲譽轉隆。

〔註102〕　《評帖記》，《楊守敬集》第八冊，湖北人民出版社、湖北教育出版社，1997年，第594頁。

〔註103〕　《評帖記》，《楊守敬集》第八冊，湖北人民出版社、湖北教育出版社，1997年，第610頁。

〔註104〕　《魏李謀墓誌跋》，《壬癸金石跋》，《楊守敬集》第八冊，湖北人民出版社、湖北教育出版社，1997年，第1015頁。

第三章　楊守敬對書法功能性質的認識

　　楊守敬的書法思想主要體現在其《評碑記》、《評帖記》、《楷法溯源》、《學書邇言》這 4 部金石書法著作中。在這 4 部書中，楊守敬對前人的書學思想，大膽進行了革新和發展。許多觀點均識人之所不能識，言人之所不敢言，有的堪稱眞知灼見。內容涉及對書法性質功能的認識、中國古代書法發展的認識、學習書法的認識，以及書法批評論和書法風格論等，它們共同構成了楊守敬書法思想的完整體系，故而楊守敬的書法思想是比較全面的，這種全面性在有清一代也實不多見。

第一節　關於「書法是什麼」問題的認識

　　關於「書法是什麼」的問題，楊守敬有其獨到見解。在《評碑記》自序中，他提出：「金石文字，以考證文字爲上，玩其書法次之。」〔註 1〕在《壬癸金石跋》序中亦言：「余少好金石文字，每有所得，必爲之考證。積久成數百篇，又玩其書法。」〔註 2〕可見，楊守敬首先看重的是金石本身的文獻史料價值，以金石裨史，而以書爲用。對於金石上的文字，他也深深爲之陶醉，故而在金石考證之餘，退而求其次——「玩其書法」。「玩」體現了他對書法的態度。

　　楊守敬是清末民初著名的金石學家，金石文字是他窮其一生鑽研的學

〔註 1〕　《激素飛清閣評碑記》自序，《楊守敬集》第八冊，湖北人民出版社、湖北教育出版社，1997 年，第 529 頁。

〔註 2〕　《壬癸金石跋序》，《楊守敬集》第八冊，湖北人民出版社、湖北教育出版社，1997 年，第 991 頁。

問。他有一方閒章，印文爲「一生之志在於金石」，可見他是把金石學作爲他的名山事業。對於金石上的文字，他主要用來進行文字考證，印證史籍，裨其史學，正如他所言：「一字千金，金石所以足貴也。」〔註3〕考證之餘，他也對金石上的文字細加欣賞品評──「玩其書法」，這既是學問之餘的消遣，也是學問的延伸。而「玩其書法」的結果，便是將感想裒集成編，於是有了《評碑記》、《壬癸金石跋》等這些金石書法著作的問世。在楊守敬的書法金石著作中，我們常常看到「玩其筆法」、「細玩此碑」等語。

由此我們知道，楊守敬並不是位專業書法家，他的主要精力還是在金石學研究上。不過，楊守敬的書法研究雖然始於金石，卻早於金石學出成果。他正是在搜集、考證金石之餘，開始了書法史和書法批評的研究。

楊守敬的金石學研究始於他赴京會試以後。他24歲中舉時，尚無意於金石文字研究，在《激素飛清閣碑目記》中，他說：「余性不敏，遭際尤艱，自圖籍外，不敢他有所羨。」〔註4〕這段時間，他的主要工作是「訪書」，而不是「訪碑」。1865年，27歲的楊守敬在北京結識恩師潘孺初後，受其影響開始閱讀王述庵的《金石萃編》〔註5〕，乃知金石之學「所關於史學者甚巨，遂心動不復能自主」〔註6〕。從此，便廣泛收集金石拓片，開始了「訪碑」生涯。其「訪碑」的目的，正如其所言，是因爲金石「關於史學者甚巨」。

就這樣，楊守敬便以其文獻、文字、文化等廣博的學識治金石學，以金石文字考訂史籍，闡發史論，解決了一些具體問題，在金石證史方面取得了突出成績。如他運用金石考證等方法研究《水經》、《水經注》，撰寫了其代表性巨著《水經注疏》，被譽爲「開輿地學新紀元之史地學家」，從而顯聲學界。他開拓了史學研究的領域，擴大了史料來源，啓發史學工作者不僅要重視文獻材料，而且要重視金石碑版對歷史研究的作用。晚年的楊守敬，更是留下

〔註3〕 《壬癸金石跋》之《東魏蔡俊碑》跋，《楊守敬集》第八冊，湖北人民出版社、湖北教育出版社，1997年，第1018頁。

〔註4〕 《激素飛清閣碑目記》，《楊守敬集》第八冊，湖北人民出版社、湖北教育出版社，1997年，第527頁。

〔註5〕 《金石萃編》：清代重要金石學著作，書成於嘉慶十年（1805年）。全書共160卷，所收石刻文字及銅器磚瓦銘文1500多種。石刻年代上自周秦，下迄宋、遼、金，突破了當時一般金石學著作只收到五代的舊例。作者王昶（1724～1806年），字德甫，號述庵，江蘇青浦人，乾隆進士，官至刑部右侍郎。

〔註6〕 《激素飛清閣碑目記》，《楊守敬集》第八冊，湖北人民出版社、湖北教育出版社，1997年，第527頁。

來大量的金石題跋，他先後在 1906 年、1907 年、1909 年、1910 年、1912 年在金陵、上海跋碑數十百通，既考證史實，又評點書法，將評書與學術考據相結合。

楊守敬對書法的認識，與其所處的時代背景密切相關。清代文字獄殘酷，迫使乾嘉時期許多學者採取不問政治的態度，從事考證工作，究心於小學等無關宏旨的領域。同時，清代金石碑版的大量發現，其數量遠遠超過了以往任何朝代，也爲以金石證史提供了豐富的材料。正如朱劍心（1905～1967 年）的《金石學》所言：「清人之研金石者，凡莫不以證經訂史爲能事。」〔註7〕爲了考訂經史，乾嘉學者們廣泛搜考金石文字，然而，作爲考古資料的金石碑版，卻意想不到地成了乾嘉學者的學書範本，碑石文字的質樸使他們爲之陶醉，起而臨摹效法。在《學書邇言》中，楊守敬這樣評價乾嘉書家道：「乾、嘉間書家，大抵胎息金石，博考名跡。」〔註8〕其實，這也是他的夫子自道。

作爲承乾嘉餘緒的著名學者，楊守敬無論在治學上還是對書法的態度上都與乾嘉學者頗爲相似。雖然乾嘉學者也酷愛書法，但在他們看來，相對於他們所從事的經史之學研究，書法只不過是「小技」、「小道」，是他們治學之餘的「學之終事」。楊守敬也不例外，他也是把書法當成「小道」看待的。在《評帖記》中，他有感於當時的學者對於後人僞託王羲之《樂毅論》的快雪堂本竟不察覺，猶驚爲右軍眞跡，每得一涿州拓本，便以重價購之，而「高出《秘閣》本之上不知幾千萬仞」的餘清齋本「反土苴（渣滓、糟粕之意）視之」，痛責道：「書法小道，顚倒若此，可勝慨歎！」〔註9〕當然，這是楊守敬一時的激憤之語，與古人所說的「書法小道，壯夫不爲也」還是有所不同，畢竟他於書法還是親歷親爲的。在《評碑記自序》中他還說：「顧掩雅之士，未暇論及點畫。」〔註10〕認爲文人學士應以學問著述爲本業，不可窮究於書法的點畫。

〔註7〕　朱劍心《金石學》，文物出版社，1981 年。

〔註8〕　《學書邇言》，《楊守敬集》第八冊，湖北人民出版社、湖北教育出版社，1997年，第 509 頁。

〔註9〕　《評帖記》，《楊守敬集》第八冊，湖北人民出版社、湖北教育出版社，1997年，第 607 頁。

〔註10〕　《激素飛清閣評碑記自序》，《楊守敬集》第八冊，湖北人民出版社、湖北教育出版社，1997 年，第 529 頁。

　　不過，雖然楊守敬以書法爲「小道」，但他還是對書法有著很濃厚的興趣，「玩其書法」既體現了他對書法的少許不屑，也體現了他對書法發自內心的喜愛。據清道人李瑞清記載，楊守敬避居上海時，經常與人「論書忘昕夕」〔註11〕，連早晚的時間都忘記了，顯然對書法達到了一種癡迷的程度。也許是受到中國固有的傳統思想的影響，楊守敬和古代許多的文人學者一樣，雖然他們內心喜愛書法，但爲了表示他們對「大道」──學問著述的追求，故意鄙薄書法爲「小道」。這或許才是歷代文人對書法既愛又鄙的真實心理動因。其實，楊守敬在書法上投入的時間和精力可謂不少。除了著有書論著作外，他還大量鈎摹、刊刻碑帖，在《楷法溯源》、《望堂金石》中，就有楊守敬親自雙鈎摹刻的許多碑刻。另外，楊守敬一千多萬字的學術著作，很多都是用工楷抄錄的，至於「賣字爲活」所寫的對聯更是不計其數。可見，書寫是楊守敬的「生活常態」，他於書法稱得上是用功甚勤，完全符合其「學書五要」中提出的「多寫」要求。雖然楊守敬於學術上關注甚深，他並未自期爲書法家，也不以書法家爲然，但他最終還是成爲清末民初書壇上獨樹一幟的著名書法家，並在書法理論上取得了卓越的成就。這正如他成爲「近代日本書道之祖」一樣，看似無心插柳，其實都與他發自內心的對書法的熱愛和追求是分不開的。

　　當然，楊守敬對書法的認識也經歷了一個發展演進過程。他早年學書並不是「玩其書法」，而是發奮學書以應科考，書法一度幾乎成了他的主業。同絕大多數科舉士子一樣，楊守敬早年也渴望取得功名。而要取得功名，就必須工書法尤其是小楷，因爲小楷寫得好壞，往往決定了考生的命運。清代繼續實行「以書取仕」制度，書法幾乎成了天下士子特別是身處社會底層的讀書人取得官爵和榮譽的不可缺少的工具。楊守敬對此應深有體會，他少年學書的一個直接動力就是因書法草率而致院試三場不中的刺激，後來由於勤學苦練，再加上名師的指導，書法大進，才順利通過府試、院試、鄉試。由於書法是科舉仕途的工具，使其具有內在的政治潛能，習書的功利性就非常明顯，故而王國維說「漢人就學，首學書法，其業成者，得試爲吏」〔註12〕。但是，隨著楊守敬會試的屢遭頓挫，他對科舉產生了失望，尤其是他27歲開

〔註11〕　清道人《手書題跋》跋，《楊守敬集》第八冊，湖北人民出版社、湖北教育出版社，1997年，第1151頁。

〔註12〕　見王國維《漢魏博士考》一文，《觀堂集林》卷四，北京中華書局，1959年。

始了金石學研究，孜孜矻矻於學術研究後，他的書法越來越走上一條與館閣體背道而馳的道路，個人書風也逐漸形成。這樣，在金石考據之餘，他盡情「玩其書法」，這正是一種在失去功利羈絆後的自由釋放，才更接近於書法的本眞。

楊守敬「玩其書法」的書法觀，也是繼承了中國古人「游於藝」的傳統，與蘇東坡「無意於佳乃佳」的書法創作觀有異曲同工之妙。也許在一種自由放鬆、毫無功利目的狀態下，才是眞正恢復到書法的自然狀態。「玩」是對書法的一種眞情流露，是一種發自內心的欣賞和喜愛，也是主客體之間彼此交融的理想狀態。

下面，我們就舉例分析，看看楊守敬是怎樣把金石考證與「玩其書法」完美結合起來的吧。

楊守敬以金石證史，又以史證金石，他利用金石文獻補充或糾正正史記載，每作一論，無不遍考古今，力求合乎實際，以理服人。如在《望堂金石·大將軍曹眞碑跋》中，他首先引用《三國志·魏書·曹眞傳》的記載，證明碑中幾處文字信而有徵；同時又依據《大將軍曹眞碑》碑文記載，推論當時魏將曹眞、張郃等率軍攻打鎮守江陵的吳將朱然時，而鎮守宜都的陸遜不去解圍，是「備西蜀故也」。最後，他「玩其書法」道：「至其隸法，上承《百石卒史》（即《乙瑛碑》），下開《王基碑》，唐代韓（擇木）、梁（昇卿）、盧（藏用）、蔡（有鄰）皆脫胎於此。」〔註13〕雖然寥寥數語，但捋清了《大將軍曹眞碑》的上下承傳關係，縱橫數百年，收放自如，舉重若輕。

楊守敬的《壬癸金石跋》就是一部以金石裨史、「玩其書法」的代表作。該書以金石考證爲主，雖不能算是專門的書法論著，其對書法的品評也只是最後的閒閒幾筆，但由於是以實物來印證書法，卻顯得句句鑿實，彌足珍貴，蘊蓄了楊守敬對書法的很多的眞知灼見。

如在跋《隋太僕卿元公墓誌》和《隋太僕卿元公夫人姬氏墓誌》這一對鴛鴦墓誌中，他首先考證元公生平和姬氏郡望，然後合評兩誌書法爲：「兩誌書法並精整，此隋代變南北朝書體之始。以《蘇孝慈》、《尉富娘》照之，可知其時風尙矣。」〔註14〕指出兩誌在書體轉捩中的地位和作用，並兼及隋代

〔註13〕 《望堂金石》，《楊守敬集》第十一冊，湖北人民出版社、湖北教育出版社，1997 年，第 527 頁。

〔註14〕 《壬癸金石跋》，《楊守敬集》第八冊，湖北人民出版社、湖北教育出版社，

其他墓誌，使人們對隋代書風有管窺全豹的瞭解。由於喜愛備至，他還將兩誌一併收入其《寰宇貞石圖》中，影印出版。

在《跋劉聚卿所藏舊拓〈天發神讖碑〉》中，楊守敬先對《天發神讖碑》的撰文者和書者姓名進行考證，最後評其書法道：「此碑創造筆法，奇而不詭於正，前無古人，後無來者，可謂命世豪傑。張懷瓘目以『沉著痛快』，黃長睿稱其『字勢雄健』，猶覺無獨有偶。」〔註15〕可謂千古至評，楊守敬對《天發神讖碑》的這段佳評一直到現在仍被廣泛徵引。

楊守敬以「玩」的心態對待書法，卻在書法理論和書法藝術上取得了雙豐收，這對我們當前過於功利的書法創作具有很大的啟示意義。我們應該透過字面去解其深意，深入解讀其豐富的內蘊，必當有所獲益。

第二節　關於書法「實用性」的認識

「實用性」，是現代書學名詞，可是早在一百年前，楊守敬便開始提及並強調了（當時楊氏使用的是「適用」一詞）。在《學書邇言》「緒論」裏，他在評價「三代古文」時說：「三代古文尚矣。然高古絕倫，變化無方，今不適用，又不能盡識，故自漢以來，以此名家者鮮。」〔註16〕楊守敬是尚古的，他對夏、商、周三代古文的藝術性給予了極高的評價，稱之為「高古絕倫」，但同時認為古文自漢以來已日漸式微，「今不適用，又不能盡識」，到了清代已沒有實用性和可讀性了。

通過古文衰落的事實，楊守敬強調了書法實用性的重要性。漢字本是古人為「適用」於日常生活和生產勞動的需要而發明。在中國書法漫長的發展歷程中，的確存在著一個藝術與實用的古老話題。古代社會，書法具有極大的適用空間和領域，因此在傳統語境下的書法，其價值和功能就更為注重和偏向於實用性而非藝術性和欣賞性，而只有到了明末，大量廳堂式巨作出現以後，才使得書法的實用價值逐步向欣賞價值和藝術審美價值過渡。清末民初以來，首先是科舉考試的廢除，再次是鋼筆書寫替代了毛筆，使書法的適

1997 年，第 1043 頁。

〔註15〕《壬癸金石跋》，《楊守敬集》第八冊，湖北人民出版社、湖北教育出版社，1997 年，第 1052 頁。

〔註16〕《學書邇言》，《楊守敬集》第八冊，湖北人民出版社、湖北教育出版社，1997 年，第 477 頁。

用空間大爲縮小。隨著現代科學技術的迅猛發展，尤其是 20 世紀後半葉電子計算機的廣泛應用，使書法的適用空間已經非常狹小，加之現代書法展覽機制的勃興，使得人們更爲注重書法的純藝術審美功能。事物的發展總是挑戰與機遇並存，中國書法的特殊性在於其兼具兩種不同屬性的本質特徵。一是與世界諸多文字所共有的實用性，一是其獨特的藝術性，書法的複雜與困難就在於從古到今人們不能將這兩種特徵恰當地剝離開來，失去了實用性，書法的藝術生命也就產生危機。而這一難題正嚴酷地擺在我們面前：當代書法在失去了原有的社會基礎、弱化了實用性的一面後，正面臨著前所未有的困境和挑戰。

應該看到，書法藝術流行數千年而不衰正是適應社會發展、滿足社會需要的結果。格調高古的甲骨文取代結繩記事是適應祖先從蒙昧邁向文明的需要，小篆取代六國文字是適應了中華民族大一統的書同文的需要，隸書和草書都是爲順應社會生產生活對書寫便利的需要而產生。對此，楊守敬也有非常清醒的認識，他強調實用對字體發展的巨大影響：「秦之小篆，漢之八分，各臻極則。魏晉行草代興，篆分遂微。」〔註 17〕小篆和八分書分別是秦、漢的流行字體，由於適應了社會需要，具備了很強的實用性，故而在秦、漢都達到了各自發展的頂峰。但是，隨著時代的遷移，到了魏晉，紙帛逐漸代替了竹木簡箚，隨著紙張的擴大應用，社會對快捷書寫的需求進一步加強，行草書便應運而生，由於適應了社會需要，從而迅速在社會上傳播開來，篆、分才逐漸淡出了歷史舞臺。

楊守敬認爲實用性不僅決定了字體的命運，而且還造成了書法的古今之別，帶來了審美趣味的改變。顏眞卿的《多寶塔感應碑》，清代人認爲「俗氣」，對此，楊守敬也深表贊同，認爲「此語甚有見地」。但他又不爲時代所囿，客觀地進行了深入的分析：「然亦是當時風氣。今觀開、天之際，自李北海而外，碑版大抵多受此病，即徐季海未能免也。」〔註 18〕清代認爲有「俗氣」的書風，在開元、天寶年間卻是實用性極強的流行書風，即使像顏眞卿、徐季海這樣的大家也不能免俗，這是由於書法實用性的變化帶來的不同時代審美趣味的改變。他又舉一例說明：「南朝至齊、梁，北朝至魏、齊、

〔註17〕　《學書邇言》，《楊守敬集》第八冊，湖北人民出版社、湖北教育出版社，1997年，第 477 頁。

〔註18〕　《評碑記》，《楊守敬集》第八冊，湖北人民出版社、湖北教育出版社，1997年，第 582 頁。

周，所刻碑碣，皆具體分書，或雜篆書而用之，若《李仲璇》、《曹子建碑》是也。自今視之，頗爲駭怪，不知當時固未嘗判若鴻溝也。」〔註 19〕在清代被視爲「駭怪」的分、篆雜用的書體，在南北朝卻是習以爲常、實用性很強的書體，這又是實用性變化導致古今審美趣味不同的範例。在這裡，楊守敬還反過來爲我們指出了導致書法實用性衰竭的一個審美上的重要原因——「駭怪」，駭怪使書法偏離實用，遠離大眾，脫離時代，這對我們當代的狂怪書風不無警戒意義。

除因時代變遷導致書法實用性的變化外，楊守敬還認爲，即使在同一時代，相對於不同的載體，書法實用性也會有很大的不同。如他認爲在魏晉時，「鍾、王之眞書，當時只以供簡帖，不以入金石。」〔註 20〕相同的情況還體現在行草入碑中：「晉人雖工行草，然但用之簡箚，未有施之金石者。」〔註 21〕然而，行草只適用於簡箚、不適用於金石的情況隨著時代的變遷到了初唐就改變了，「行草入碑，自唐太宗《晉祠銘》始。《李英公碑》、《李光顏碑》雖有流傳，而傳習者少。《懷仁集右軍聖教序》，最爲學者所宗。」〔註 22〕到了唐代以後，由於行草適用於金石，行草入碑也就司空見慣了，這最著名的代表就是《集右軍聖教序》。

在楊守敬的書法金石著作中，還對古代的民間書體，體現了慧眼獨具的特殊喜愛。如楊守敬對北魏造像題記情有獨鍾，他這樣讚美道：「鄉俗鄙陋不盡大雅所製，然天眞爛漫，風神超逸，良由去古未遠，故執筆者皆有篆隸意。」〔註 23〕楊守敬認爲，造像題記在實用性和藝術性上做到了較好的結合，又符合他的好古原則。故在《楷法溯源》中，他大量收錄墓磚、墓誌和造像記中的「俗字」。顯然，楊守敬是以書法的實用性和藝術性爲原則，而不是以士大夫所謂的「大雅」爲準繩。故而，他不僅認爲書法是高雅的藝術，也是

〔註 19〕 《學書邇言》，《楊守敬集》第八冊，湖北人民出版社、湖北教育出版社，1997年，第 477 頁。

〔註 20〕 《學書邇言》，《楊守敬集》第八冊，湖北人民出版社、湖北教育出版社，1997年，第 481 頁。

〔註 21〕 《學書邇言》，《楊守敬集》第八冊，湖北人民出版社、湖北教育出版社，1997年，第 477 頁。

〔註 22〕 《學書邇言》，《楊守敬集》第八冊，湖北人民出版社、湖北教育出版社，1997年，第 485 頁。

〔註 23〕 《楷法溯源》，《楊守敬集》第十三冊，湖北人民出版社、湖北教育出版社，1997 年，第 16 頁。

平民化的藝術，而平民化就是實用性。

　　在書法實踐中，楊守敬也努力追求書法的實用性。他於篆、隸、楷、行、草諸體俱長，但他還是選擇了實用性最強的行書這一書體作為突破口，從而以自己特色鮮明的行書著稱於世。自碑學興起以來，許多書法家多借助實用性不強的篆、隸、草等書體尋求突破，如鄧石如以篆，伊秉綬以隸，鄭板橋以隸和行楷的結合進行創新。他們雖然賦予了篆、隸等書體以新生命，功不可沒，但從另一方面看，他們似乎都感到楷、行已經定型，難以突破，故不約而同地避開實用性強的書體，直接取法秦漢作為創新的依據。張裕釗倒是突破了楷書的成格，賦予了其外方內圓的形式，但還是未脫離烏方光正的館閣體的面目，齊整端嚴，儼如鉛字。楊守敬的行書全面吸收了漢魏碑版和晉唐法帖的精髓，形成了沉著古雅的風格面貌，與同時代的書壇大家相比，楊守敬的行書更富內涵，更具面目口鼻，可謂性情與形質兼勝，在實用性和藝術性的結合上達到了較為完美的統一。

　　楊守敬關於書法「實用性」問題的強調，充分體現了他對書法發展的危機意識和超前意識，以及對書法規範化的責任擔當。必須看到，在科學技術日新月異和時代風尚日趨多元的當代社會，書法的實用性必然會降低，故余秋雨先生在《筆墨祭》中慨歎：「作為一個完整的世界的毛筆文化，現在已經無可挽回地消逝了。」〔註24〕但是作為幾千年中華文明的重要遺產，書法仍有其不可替代的重要作用，尤其在實現中華文化的偉大復興、建設文化強國、增強國家文化軟實力的今天，書法更有被重新重視和啓動的必要。歐陽中石先生說得好：「作字行文，文以載道，以書煥采，切時如需」。「文以載道」、「切時如需」，就是增強書法實用性的不二法門。回顧楊守敬百年前關於書法實用性的論述，或許會對我們有所啓示。

第三節　關於書法「商品性」的認識

　　與前輩書家不同的是，楊守敬並非口不言利的士大夫。他從 26 歲初享書名後，就開始賣字，以後賣字就成了他的生活常態，用他自己的話說就是：「賣字為活」。

〔註24〕　余秋雨《筆墨祭》，載《二十世紀書法研究叢書》，上海書畫出版社，2000 年，第 119 頁。

「賣字爲活」是楊守敬生存狀況的眞實寫照。顯然，他是贊同並自覺遵循書法藝術商業化準則的。在商業社會，書法除了具有藝術屬性和文化屬性外，還具有商品屬性。在楊守敬的著作中，雖然對此沒有太多的論述，但在《鄰蘇老人年譜》中有大量關於其賣字的記述。

我們知道，楊守敬賣字的一個主要動因是「爲活」。「爲活」一方面是爲了自己和家人的生活，另一方面最重要的就是用來購買古籍和碑帖。楊守敬自幼嗜古成癖，愛書如命，其家境並不豐裕，故而他節衣縮食，以刻書賣字所得，大力購藏書籍、碑版、古錢幣、璽印、青銅器等，其藏書「數十萬卷，海內孤本亦逾萬卷」〔註 25〕。在這些藏書中，有唐、宋、元古抄本，宋、元舊版醫書，還有從日本購回的珍本。搜集這些珍貴典籍，除了有對祖國文化寶藏的熱愛和堅忍不拔的毅力外，還需要一大筆錢。

爲了購買古籍和碑帖，楊守敬「囊金館穀〔註 26〕，爲之罄盡」〔註 27〕，致使「家道中落」，家中妻子兒女「每日食菜飯、稀粥或番薯充饑」〔註 28〕。客居日本時爲了購求流失的古籍，他生活更爲清苦，曾有「若早好利，不至有今日」之歎。晚年楊守敬在談及其一生藏書的甘苦時感歎道：「吁！世之藏書者，大抵席豐履厚，以不甚愛惜之錢財，或値故家零落，以賤値捆載而入。守敬則自少壯入都，日遊市上，節衣嗇食而得。其在日本，則以所攜古碑、古錢、古印之屬交易之，無一倖獲者。歸國後，復以賣字增其缺，故有一冊竭數日之力始能入廚者。」〔註 29〕

據此，我們知道，作爲一介寒儒，楊守敬採用了三種方法購求古籍：一是「節衣嗇食」以購；二是以古碑、古錢、古印之類交易；三是「賣字增其缺」，有時甚至爲了購得一冊書，需要竭盡數日之力寫字賣錢才行。

在《鄰蘇老人年譜》中，楊守敬親筆記下的賣字記錄竟有 6 次之多，而且敘述頗詳，津津樂道，絲毫沒有難以啓齒的羞赧之感。

〔註 25〕 《鄰蘇老人年譜》，《楊守敬集》第一冊，湖北人民出版社、湖北教育出版社，1997 年，第 26 頁。

〔註 26〕 館穀：指塾師的束脩或幕賓的酬金。

〔註 27〕 《激素飛清閣碑目記》，《楊守敬集》第八冊，湖北人民出版社、湖北教育出版社，1997 年，第 527 頁。

〔註 28〕 《鄰蘇老人年譜》，《楊守敬集》第一冊，湖北人民出版社、湖北教育出版社，1997 年，第 13 頁。

〔註 29〕 《鄰蘇老人年譜》，《楊守敬集》第一冊，湖北人民出版社、湖北教育出版社，1997 年，第 27 頁。

　　據記載，楊守敬第一次賣字始於 1875 年。這一年農曆七月，楊守敬得家信言祖母老病，決定離京返鄉。他與後來的駐日大臣何如璋同行至天津。何如璋遍告天津商人，說楊守敬善書，於是楊守敬便在津賣字，不到半月就得潤金一百五十元。天津友人及何如璋又致書上海同鄉，介紹楊守敬的學問和書法，於是楊守敬又有了上海之行。他乘船從海路前往上海，途中兩船相撞，險些粉身碎骨。然而，令楊守敬更沒有想到的是，到了上海他卻備受冷遇，投書各處，人們多以尋常賣字人視之。所幸的是，在滬他遇到了龔孝拱〔註 30〕，兩人雖萍水相逢，龔氏卻招待甚周。龔氏見楊守敬所攜碑版盈箱累篋，十分羨慕，楊守敬便任其選購。回到家鄉後，這次天津所得的潤筆費和上海所售碑版換來的錢，就成了祖母的喪葬費。

　　1894 年，楊守敬從黃州扶母柩回鄉，途經沙市，許多同鄉舊友向他求字，於是便停留一月，賣字五百千而歸，作為母葬費。

　　1896 年，楊守敬為奮戰臺灣的前福建提督張月樓的父母撰寫墓誌並書丹，收取潤金四百金；同年再赴上海賣字，此次一改前觀，「頗有所獲」。

　　1906 年，楊守敬三赴上海，經上海怡和洋行總辦甘翰臣〔註 31〕引薦，不到兩月就賣字千餘元。他還賣給甘翰臣漢代「甘露銅鑿」及隋代《隋元公》、《姬氏》、《董美人》、《尉富娘》四墓誌舊拓整本（四墓誌原石皆不存），復得千餘元。

　　1909 年，楊守敬四赴上海賣字，仍住在甘翰臣家中，此次情形非同往常，據《鄰蘇老人年譜》記載：「其時守敬之字聲譽大起，求書者踵接於門，日不暇給，繼之以夜。」〔註 32〕此行共得二千餘元。

　　也許是上海給楊守敬帶來「利市」的緣故，1911 年辛亥革命後，楊守敬避居上海「賣字為活」，成為民初遺老群書家中的一員。其時也有一批清朝的

〔註 30〕　龔孝拱（1817～1870 年），字公襄，號孝琪、孝拱，別號半倫，仁和（今浙江杭州）人，龔自珍長子，段玉裁曾外孫。為人放浪不羈，然喜好收藏古籍，於藏書無所不窺，編有《孝拱手抄詞》，輯佚乃父遺篇。其著述雖多，但均不傳。

〔註 31〕　甘翰臣（1859～1941 年），名作蕃，字屏宗，號翰臣，晚號非園主人。廣東香山（今中山）小欖人。居商於滬，為上海怡和洋行總辦、公和祥碼頭買辦。古玩、金石書畫收藏極富，為上海名宅愚園主人，與康有為、陳三立、吳昌碩等交好，一時海上名流皆聚於愚園，雅集之事傳為美談。與楊守敬相交尤深，楊守敬避居上海時，就暫寓於甘翰臣家。

〔註 32〕　《鄰蘇老人年譜》，《楊守敬集》第一冊，湖北人民出版社、湖北教育出版社，1997 年，第 24 頁。

遺老遺少跑到上海以賣字賣畫為生，獨有楊守敬門庭若市，一月賣字所得竟至一千多銀元，其中多為日本人慕名前來購買。據後由熊會貞續寫的《鄰蘇老人年譜》記載：「各界人知先生在滬，求書者絡繹不絕；又或持古書碑版請鑒定，兼乞作跋，日本人尤夥。」〔註33〕

　　除《鄰蘇老人年譜》外，在楊守敬的一些書信中還留下了他的賣字記錄。下面這通給「小川宗兄」的尺牘寫於 1914 年閏五月初五日，此時正是楊守敬從上海來京擔任民國政府參政期間，函中除記錄了楊守敬向袁世凱上呈函和由滬上搬書運京、以及託對方帶給上海甘翰臣一簍皮蛋等事外，還特別提到：「呈上屏四幅、聯一對，因前日款有誤，故補書之。」可見，在楊守敬去世前半年，他還在賣字。

楊守敬致「小川宗兄」尺牘

　　書家賣字，是商品經濟滲透書法創作的表現。對此，楊守敬毫不諱言，決不以士大夫的清高自許。他或者賣字籌款以購書，或者以之貼補家用，這又與前輩書家不以書為意、言義不言利的態度有很大不同。為此，我們必須知人論世。楊守敬出身於店商家庭，祖、父兩代經商，生長在這樣的家庭環境中，天資聰穎的楊守敬自幼即富有商業頭腦，為人處世極其精明。他 5 歲就跟著祖父「數錢」，11 歲時即協助家人經理店鋪並學習商業，「日在肆持籌握算」。年長後又有多次從商經歷，35 歲曾在北京和同鄉商人合夥做生意，向老師潘孺初借銀八百兩，請該人從北京販運蘑菇、皮貨到湖北，沒想到中途錢被其挪用，經營失敗。38 歲時在家鄉見經營紙業頗能獲利，便向族人借款

〔註33〕　《鄰蘇老人年譜》，《楊守敬集》第一冊，湖北人民出版社、湖北教育出版社，1997 年，第 27 頁。

開設紙行，自任經理。40 時將紙行轉交其弟楊先三，自攜所著《楷法溯源》的書版去武昌賣書，獲利頗豐。在其學術生涯中，楊守敬經常與書估和商人打交道，每有研究成果便及時刊刻面市，以學術養學術，從而使他的學術活動得以持續不斷地進行下去，這是他不同於一般學者的精明之處，但又有別於商人的唯利是圖。同時，爲了購書、生存和照顧家庭，他必須千方百計籌集資金，賣字自然成爲其解一時之急的良策。楊守敬書聯，酬資五元、十元不等。據說他每天寫一百聯，前三十聯和後三十聯皆不取，僅取其中手順心合、精力正旺所書的四十聯。他每嫁一女，則書聯千幅爲壓箱。據記載，楊守敬死後，因其子匿其聯，至兄妹涉訟〔註34〕。

　　長期以來，書法創作被打上「遣興託志」或「怡情養性」的標籤，作爲文人一種自我修養和文化交際的手段。但在商業社會，就不可避免地要以商品化要求來談論藝術品。在晚清，書畫交易中介人承擔了接受訂件、轉交作品和收受潤金等事宜，爲書畫作品進入市場提供了一條管道，同時，還有相當部分是通過親友間介紹、朋友輾轉委託操作等方式來進行的。商品適應性勢必要超過自身主觀抒情言志的表現性，這是書法藝術商業化的重要特徵。清代揚州一代的書畫家們得到富商和收藏家的贊助和捧場，「西泠八家」開山鼻祖丁敬刻印一方需上等白銀四十兩，鄭板橋也曾公開開出潤格。商人附庸風雅，就向藝術品靠攏；書家爲了適應購書者的需要，也將書法作品作爲商品推銷，生計成爲主要的出發點，創作目的自然要有所調整，對大眾趣味和時尚做出某種形式上的迎合，也就在所難免了。買賣之間的交易關係，完全可以延伸到審美活動中作者與欣賞者之間的「感情」關係上。賣主迎合買主，理所當然，然而這種迎合與調整，也應當是有原則的。「揚州八怪」之怪在書法而不在繪畫，正是爲了迎合富商巨賈們的口味，然而他們的創作仍然未脫離書法本體的要求，只不過在尋求個性的道路上更加極端，形式更加偏激，無形當中也樹立了在商品經濟形態下書法生存的典範。對於「揚州八怪」中這些特立獨行的書家，楊守敬不抱任何偏見地給以很高評價：「鄭燮之行楷，金農之分隸，皆不受前人束縛，自闢蹊徑。」〔註35〕顯然，對於「揚州八怪」在商品經濟下的書法創新及藝術成就，楊守敬是肯定和贊許的。

〔註34〕見劉禺生《世載堂雜憶》（清代史料筆記），歷代史料筆記叢刊，中華書局。
〔註35〕《學書邇言》，《楊守敬集》第八冊，湖北人民出版社、湖北教育出版社，1997
　　　　年，第 509 頁。

從《鄰蘇老人年譜》我們知道，楊守敬賣字地點多爲上海。十九世紀末二十世紀初，上海成爲中國書法藝術品的主要集散地。第一次鴉片戰爭後，上海開埠並成爲「東南之都會，江海之通津」，從一個海濱小鎮迅速發展成爲金融資本集中、工商業發達、人口眾多、消費量巨大的大都市，以金融、工商業爲主導的特殊社會環境，促使書法逐漸納入商業軌道，產生了書法商業經營的專門組織和管道，並在報紙、雜誌做宣傳廣告，通過這種手段擴大知名度，招徠客戶，接受訂件，由此推進書法商品化。楊守敬選擇上海作爲主要鬻書地和晚年避居地，顯然是很有眼光的，因爲作爲商埠的上海比北京、天津的商品氣息更濃重。據《鄰蘇老人年譜》記載，他曾四次專程赴上海賣字，多住在上海怡和洋行總辦甘翰臣處。其在上海賣字，經歷了大受冷落到「頗有所獲」，再到「聲譽大起，求書者踵接於門，日不暇給，繼之以夜」的過程，並最終在上海灘站穩了腳跟，晚年避居上海更是備受青睞。楊守敬在上海賣字由冷變熱的遭遇，固然有其學術地位和知名度日漸上昇（尤其備受日本人尊崇）以及人書俱老等因素，也是其適應商品社會的必然結果。

書法同時具備藝術性和商品性雙重屬性。然而，書法的第一屬性理應是藝術性，其次才是商品性。那麼，商業性創作是否影響了楊守敬書法作品的藝術水準呢？從楊守敬存留下來的大量書法作品來看，雖然我們很難判斷哪一幅是爲了賣字而創作的，但絕大多數作品都具有很高的藝術價值，稱其「高古絕倫」實不爲過。當然，也有些對聯寫得過於純熟或草率，這或許就是其爲賣字而書的「急就章」吧。

除賣字以外，楊守敬還經常出售碑版和古籍。駐日期間，日本宋元舊槧賤若弊履，愛書如命的楊守敬自然傾囊而購，但他畢竟不是家有多金的富家翁，遂將所攜的金石拓片萬餘件盡行交易。在《清客筆話》中，記錄了楊守敬與日本藏書家森立之討價還價、錙銖必較的古籍交易場面。在楊守敬的諸多碑帖藏品中，尤以賈似道所刻的王獻之《洛神賦十三行》（世稱《玉版十三行》）原石初拓最爲珍貴。此本係楊守敬自天津古董店購得，一直視爲寶中長物。後偶被詩壇泰斗陳三立所見，陳愛不釋手，堅持與其商讓，願以重金求購，楊守敬以情不可卻，不得已割捨給了陳三立。事後每與朋友談及此事，總自比「李後主揮淚對宮娥」〔註36〕，其痛惜可知。

<hr>

〔註36〕見楊守敬《晉王獻之書〈洛神賦〉十三行》跋，《楊守敬集》第八冊，湖北人民出版社、湖北教育出版社，1997年，第1101、1102頁。

　　從上述楊守敬賣字及出售古籍、碑版的實例我們可以知道，商業活動幾乎伴隨了楊守敬的一生，直至他去世的前一年，他還在信中與人商討合股開煤礦一事（見下圖，1914 年楊守敬寫給「小川宗兄」的尺牘）。這反映了楊守敬既執著於學問，又兢兢於經商的亦文亦商的複雜人生。這在晚清乃至中國書法史上也實不多見。

楊守敬致「小川宗兄」尺牘

第四章　楊守敬對中國古代書法的研究

　　楊守敬還對於中國書法史的研究和學科建立貢獻卓著。由於縱覽中國歷代碑帖，故楊守敬對於中國書法事業的發展脈絡有比較明晰的認識。其主要書論著作如《評碑記》、《評帖記》、《學書邇言》以及一些序言、題跋等，都簡明扼要地評述了歷代的書風特色、書家及代表作品，綜合起來就是一部具體而微的中國書法史。

　　在中國書法史學史上，唐宋以來有關中國書法史的著作，大都止於撰述歷代書家的傳記資料，講到作品也是重帖而略碑，未能縱覽歷代書法作品，探討書法藝術的發展規律。所以中國古代書法史，一直沒有真正建立起來。到了清朝中葉，阮元的《北碑南帖論》、《南北書派論》兩部著作，力倡宗法北碑，對書風的演變作了歷史性的考察和梳理，在理論上和方法上都把書法史的研究，向前推進了一大步。

　　與此相對應的，楊守敬的《評碑記》、《評帖記》和《學書邇言》三部書論著作，碑帖並重，全面、綜合地闡述了中國書法的發展演變，不僅有概括性的論述，而且通過系統地評論從先秦到明清的碑帖，用具體作品展示書法的發展軌跡，為後世建立科學的書法史做出了重要的貢獻。其中《評碑記》評碑 288 種，《評帖記》評帖 96 種，總計 384 種碑帖，評騭了先秦到明清的幾乎所有有代表性的名碑名帖。《學書邇言》評碑 103 種，評帖 33 種，評書家 100 餘人，並對書體的演變作精要的論述。近百年來，雖然又有許多書法史的著作問世，但《評碑記》、《評帖記》和《學書邇言》，依然為書法史的研究提供重要的史料和觀點支撐。

第一節　楊守敬對古代書法發展狀況的認識與論述

　　楊守敬的書論著作，對中國歷代書法均有涉獵，對於歷代主要碑帖的特點、歷史情況和現存狀況，以及主要書家的書風特點，都有簡明的介紹和確當的評價。既有宏觀的闡述，也有微觀的點評。總體看來，評論都比較客觀全面，既不「嗤點流傳」，也不「頌古非今」，體現了嚴謹的治學態度。

　　下面按歷史年代，臚列如下：

一、先秦時期

　　在書論著作中，楊守敬多次探尋中國書法的源頭。他認為中國書法起源於三代古文。在《學書邇言》的「緒論」裏，他說：「三代古文尚矣。然高古絕倫，變化無方，今不適用，又不能盡識，故自漢以來，以此名家者鮮。」〔註1〕楊守敬對夏、商、周三代古文的藝術成就給以極高的評價，稱之為「高古絕倫」，但認為它們在當時已經沒有實用性和可讀性，對中國書法的影響自漢代以後已日漸減小。楊守敬所指的三代古文，包括甲骨文、大篆和石鼓文等。

　　楊守敬寫於1911年的《學書邇言》並沒有涉及甲骨文，雖然此時距甲骨文的發現已有10餘年。但在宣統元年（1912年）為羅振玉的《殷商貞卜文字考》所作的跋語中首次提到了甲骨文。文中記載了光緒戊申年（1908年）楊守敬在兩江總督端方的金陵節署中首次見到了數百枚甲骨片的情景，他「歎為奇絕。然欽其寶，莫名其器」。後來見到了劉鶚的《鐵雲藏龜》石印本，上有好友羅振玉的題字，「始知為三代法物，然仍未能確定其時代。」楊守敬實事求是地承認：「於金文，實未涉其藩」，並發出感歎：「三代之文，刻於龜骨，至二千年不朽，苟非親見者必多疑議。」並稱讚羅振玉的甲骨文研究為「絕學」。〔註2〕

　　對於石鼓文，楊守敬認為它在中國文字發展史上有承上啟下的作用：「石鼓則上變古文，下開篆體。」〔註3〕故其《評碑記》和《學書邇言》的評碑部

〔註1〕　《學書邇言》，《楊守敬集》第八冊，湖北人民出版社、湖北教育出版社，1997年，第477頁。

〔註2〕　以上引文見楊守敬《殷商貞卜文字考》跋，《鄰蘇老人題跋》，《楊守敬集》第八冊，湖北人民出版社、湖北教育出版社，1997年，第1111～1113頁。

〔註3〕　《評碑記》，《楊守敬集》第八冊，湖北人民出版社、湖北教育出版社，1997

分，都是由介紹石鼓文開始的。石鼓文的字體，世人多認為是籀文，楊守敬以《說文解字》所載籀文 214 字，而與石鼓文合者僅一「人」字為證，認為石鼓文非籀文。他認為石鼓文與《說文解字》中所言的大篆相合，從而得出結論：「是故鼓文為大篆無疑，大篆即古文亦無疑。小篆亦從大篆出，亦無疑也。」〔註4〕捋清了這幾種古文字之間的關係。

關於石鼓文年代，楊守敬認為其「論斷紛紜，有甚於《蘭亭》之聚訟」〔註5〕。他的《評碑記》、《學書邇言》評碑部分及《鄰蘇老人題跋》都考證了石鼓文的年代問題，但是隨著時間的推移、個人閱歷的豐富，所持觀點前後又有很大的不同。如 1867 年楊守敬寫作《評碑記》時，認為石鼓文為周宣王時期：「余以書體考之，似以為宣王時所作者有據。」並反對「成王說」：「《書品》、《書斷》，直以為史籀所作，亦非毫無所見，則謂為成王時者非也。」〔註6〕而在《鄰蘇老人題跋》的篇首，即寫於光緒丁未（1907 年）三月的《周石鼓文》跋中，他根據《竹書紀年》中「成王六年大狩歧陽」的記載，又十分肯定地認為是周成王時期：「石鼓出於歧陽，則為成王所作無可疑者。」〔註7〕但到了 1911 年寫作《學書邇言》時，他對「成王說」似又不太肯定：「近時有以為周成王時作者，差為近之。」〔註8〕總的來看，楊守敬還是認為石鼓文的年代為周成王時期。雖然目前關於石鼓文刻於秦前還是秦後，學術界尚無定論，但楊守敬的觀點可以聊備一說。

另外，關於《石鼓文》諸版本拓片的優劣，楊守敬認為「以阮氏重摹范氏天一閣北宋本為最，靈石楊氏刻本次之」〔註9〕。在《學書邇言》中，他還盛贊了兩位清代著名的石鼓文大家：「常熟楊沂孫學之，自稱歷劫不磨；

　　　　年，第 538 頁。

〔註4〕　《殷商貞卜文字考》跋，《鄰蘇老人題跋》，《楊守敬集》第八冊，湖北人民出版社、湖北教育出版社，1997 年，第 1112 頁。

〔註5〕　《評碑記》，《楊守敬集》第八冊，湖北人民出版社、湖北教育出版社，1997 年，第 538 頁。

〔註6〕　《評碑記》，《楊守敬集》第八冊，湖北人民出版社、湖北教育出版社，1997 年，第 538 頁。

〔註7〕　《鄰蘇老人題跋》，《楊守敬集》第八冊，湖北人民出版社、湖北教育出版社，1997 年，第 1067 頁。

〔註8〕　《學書邇言》，《楊守敬集》第八冊，湖北人民出版社、湖北教育出版社，1997 年，第 481 頁。

〔註9〕　《評碑記》，《楊守敬集》第八冊，湖北人民出版社、湖北教育出版社，1997 年，第 538 頁。

吾友吳倉石仿之，亦喧騰一時。」〔註10〕從中我們也知道楊守敬與吳昌碩交善。

此外，楊守敬在題跋中還提到《散氏盤》的情況，他認爲《散氏盤》自入內府後，「人間拓本，遂如星鳳」〔註11〕，重摹者無慮數本，故有原器、僞器兩種。他曾經得到全形拓本一通，辛亥年間卻遺失。

二、秦漢時期

對秦、漢時期的書法，楊守敬總評爲：「秦之小篆，漢之八分，各臻極則。」〔註12〕認爲中國書法發展至秦、漢時期，以秦小篆、漢八分爲標誌，已臻於完善。

秦代篆書，世傳有《泰山》、《琅琊》、《嶧山》、《芝罘》、《碣石》等石刻，據楊守敬考證：「秦篆碑刻，自《泰山殘石》、《琅琊碑刻》外，今無存者。」〔註13〕這與實際情況相符。《泰山刻石》，明嘉靖年間移於碧霞祠東廡，僅存二十九字，乾隆庚辰又毀於火。楊守敬認爲，這毀火之本亦非李斯原石。雖則如此，他仍認爲《泰山刻石》爲「吾中土刻石之始，當稱『墨皇』」。〔註14〕《泰山刻石》現存翻刻本，楊守敬稱共有四種：聶劍光本、阮芸臺本、梁芷林本、嚴可均本，他認爲「四本以阮刻爲最精」。〔註15〕《琅琊臺刻石》，楊守敬也給以很高評價：「嬴政之跡，惟此巍然。雖磨泐最甚，而古厚之氣自在，信爲無上神品。」〔註16〕但他不同意《琅琊臺刻石》爲「宇內第一碑」的說法，認爲這是不相信《石鼓文》爲周制的緣故。

漢代篆書，楊守敬認爲：「漢篆碑刻，自嵩山《少室》、《開母》外，間有各

〔註10〕 《學書邇言》，《楊守敬集》第八冊，湖北人民出版社、湖北教育出版社，1997年，第481頁。

〔註11〕 《鄰蘇老人題跋》，《楊守敬集》第八冊，湖北人民出版社、湖北教育出版社，1997年，第1113頁。

〔註12〕 《學書邇言》，《楊守敬集》第八冊，湖北人民出版社、湖北教育出版社，1997年，第477頁。

〔註13〕 《學書邇言》，《楊守敬集》第八冊，湖北人民出版社、湖北教育出版社，1997年，第481頁。

〔註14〕 《秦泰山二十九字刻石》跋，《鄰蘇老人題跋》，《楊守敬集》第八冊，湖北人民出版社、湖北教育出版社，1997年，第1072頁。

〔註15〕 《評碑記》，《楊守敬集》第八冊，湖北人民出版社、湖北教育出版社，1997年，第538頁。

〔註16〕 《評碑記》，《楊守敬集》第八冊，湖北人民出版社、湖北教育出版社，1997年，第538頁。

碑題額，亦不概見。」〔註17〕他推《嵩山開母廟石闕銘》爲「篆書科律」，因爲
「漢篆之存於今者，多磚瓦之文，碑碣皆零星斷石」〔註18〕，而《秦琅邪臺刻
石》字跡漫漶，多不得其下筆之跡，只有《嵩山開母廟石闕銘》字數稍多，雄
勁古雅。此外，他還建議借鑒一些新出土的古器物上的文字，如秦漢權量、詔
版、印章、瓦當、銅錢、銅器上的篆字，可作爲學篆者的新典範。

關於隸書，楊守敬論其起源、得名、現存狀況說：「隸書起於程邈，此謂
分書耳。隸書以徒隸得名。」〔註19〕「西漢分書，今亦罕存，東漢則林立百
數」〔註20〕。漢隸中，他最爲推崇《禮器碑》，在《學書邇言》中，他首先推
舉的就是被王澍、潘孺初、翁覃溪贊爲「分隸第一」的《禮器碑》。在《評碑
記》中，又將諸碑與其進行比較：「余按漢隸如《開通褒斜道》、《楊君石門
頌》之類，以性情勝者也；《景君》、《魯峻》、《封龍山》之類，以形質勝者
也；兼之者惟推此碑。要而論之，寓奇險於平正，寓疏秀於嚴密，所以難
也。」〔註21〕並稱：「《廟堂碑》、《醴泉銘》爲楷法極則，亦以此」。〔註22〕楊
守敬認爲，《禮器碑》之所以能成爲「分隸第一」，與《孔子廟堂碑》和《九
成宮醴泉銘》成爲「楷法極則」一樣，都是以性情與形質兼勝。《禮器碑》的
刻本，楊守敬薦有「揚州董氏北宋本」、「蘇州李氏南宋本」、「端方藏元拓本」
及「『廟』字不損本」，另外他還參合諸本刊刻一本，以「使天下學者皆得見
宋、元本矩度」。〔註23〕

有佳評的還有《楊震碑》，楊守敬用讚美王羲之書法的「翩若驚鴻，矯若
遊龍」來比附，認爲與《楊震碑》相比，「《石門頌》、《楊淮表》有其性情，

〔註17〕　《評碑記》，《楊守敬集》第八冊，湖北人民出版社、湖北教育出版社，1997
　　　　　年，第538頁。
〔註18〕　《評碑記》，《楊守敬集》第八冊，湖北人民出版社、湖北教育出版社，1997
　　　　　年，第541頁。
〔註19〕　《楷法溯源》凡例，《楊守敬集》第八冊，湖北人民出版社、湖北教育出版
　　　　　社，1997年，第15頁。
〔註20〕　《學書邇言》，《楊守敬集》第八冊，湖北人民出版社、湖北教育出版社，1997
　　　　　年，第481頁。
〔註21〕　《評碑記》，《楊守敬集》第八冊，湖北人民出版社、湖北教育出版社，1997
　　　　　年，第543頁。
〔註22〕　《評碑記》，《楊守敬集》第八冊，湖北人民出版社、湖北教育出版社，1997
　　　　　年，第543頁。
〔註23〕　《韓敕修禮器碑》跋，《楊守敬集》第十一冊，湖北人民出版社、湖北教育出
　　　　　版社，1997年，第545頁。

無其形質，眞傑作也。」〔註 24〕《楊震碑》也是靠性情與形質兼勝從而超過了大名鼎鼎的《石門頌》和《楊淮表記》。

　　楊守敬雖然按性情與形質兼勝的高標準來評價漢碑，但對於其他漢碑，他也能發現它們的各自優點。如評《萊子侯刻石》爲「漢隸之存者爲最古，亦爲最高」〔註 25〕；《開通褒斜道碑》「長短廣狹，參差不齊，天然古秀，若石紋然，百代而下，無從摹擬，此之謂神品」〔註 26〕；《景君碑》「隸法易方爲長，已開峭拔一派」〔註 27〕；《武梁祠畫像》「漢隸之小者，無過於此」，贊其「洵足楷式百代」〔註 28〕；《石門頌》「行筆眞如野鶴閒鷗，飄飄欲仙。六朝疏秀一派，皆從此出」〔註 29〕；《西狹頌》「方整雄偉，首尾無一缺失，尤可寶重」〔註 30〕；《聞熹長韓仁銘》「清俊秀逸，無一筆塵俗氣」〔註 31〕；《鄭固碑》「古健雅潔」、「尤少積習」，「《禮器》之亞也」〔註 32〕；《封龍山頌》「漢隸氣魄之大，無逾於此」〔註 33〕；《史晨碑》「昔人謂漢隸不皆佳，而一種古厚之氣自不可及，此種是也」〔註 34〕；《武榮碑》「漢碑佳品，亦分法正宗，不得以字少而忽之」〔註 35〕。獨對《乙瑛碑》、《曹全碑》、《白石神君碑》

〔註 24〕　《評碑記》，《楊守敬集》第八冊，湖北人民出版社、湖北教育出版社，1997年，第 545 頁。

〔註 25〕　《評碑記》，《楊守敬集》第八冊，湖北人民出版社、湖北教育出版社，1997年，第 539 頁。

〔註 26〕　《評碑記》，《楊守敬集》第八冊，湖北人民出版社、湖北教育出版社，1997年，第 540 頁。

〔註 27〕　《評碑記》，《楊守敬集》第八冊，湖北人民出版社、湖北教育出版社，1997年，第 542 頁。

〔註 28〕　《評碑記》，《楊守敬集》第八冊，湖北人民出版社、湖北教育出版社，1997年，第 542 頁。

〔註 29〕　《評碑記》，《楊守敬集》第八冊，湖北人民出版社、湖北教育出版社，1997年，第 542 頁。

〔註 30〕　《評碑記》，《楊守敬集》第八冊，湖北人民出版社、湖北教育出版社，1997年，第 546 頁。

〔註 31〕　《評碑記》，《楊守敬集》第八冊，湖北人民出版社、湖北教育出版社，1997年，第 547 頁。

〔註 32〕　《評碑記》，《楊守敬集》第八冊，湖北人民出版社、湖北教育出版社，1997年，第 543 頁。

〔註 33〕　《評碑記》，《楊守敬集》第八冊，湖北人民出版社、湖北教育出版社，1997年，第 544 頁。

〔註 34〕　《評碑記》，《楊守敬集》第八冊，湖北人民出版社、湖北教育出版社，1997年，第 544、545 頁。

〔註 35〕　《評碑記》，《楊守敬集》第八冊，湖北人民出版社、湖北教育出版社，1997

頗有微詞，認爲前者「波磔已開唐人庸熟一路」〔註36〕，後二者「古意稍漓」。〔註37〕

三、魏晉、南北朝時期

關於魏晉書法，楊守敬總評爲：「魏晉以下，行草代興，篆、分遂微。」〔註38〕認爲魏晉是行草興起、篆分衰微的分水嶺。

雖則如此，楊守敬仍對魏晉篆、分給以了很高評價。三國之篆，楊守敬首推《天璽紀功碑》（《天發神讖碑》），稱其「自創體格，前無古人，後無來者」。〔註39〕指出該碑原拓有二本：一爲翁覃溪故物，一爲李文田藏。重刻本有三本：一爲翁覃溪所摹；一剝落之痕絕似原石，而氣象甚弱；只有婺源俞氏刻於南海西湖書院之本，最得雄奇之慨。〔註40〕其次則爲《封禪國山碑》（《天紀碑》），楊守敬評曰：「雖漫漶之餘，尙存數百字。玩其筆法，即未必追蹤秦相，亦斷非後代所及。」〔註41〕認爲該碑僅次於李斯的小篆。

三國分書，楊守敬舉出《孔羡碑》、《范式碑》、《上尊號碑》、《受禪表》，盛贊它們「下筆如折刀頭，風骨凌厲，遂爲六朝眞書之祖」〔註42〕，即云這些碑刻具有從隸書轉向楷書的承先啓後的地位。晉人分書，楊守敬有佳評的僅有二碑：「《孫夫人》、《太公呂望表》，繼述漢人，應規入矩，未可以時代爲軒輊」。並認爲自《孫夫人碑》以後，「楷書爭鳴，隸法衰竭矣」。〔註43〕

年，第 547 頁。

〔註36〕 《評碑記》，《楊守敬集》第八冊，湖北人民出版社、湖北教育出版社，1997年，第 542、543 頁。

〔註37〕 《學書邇言》，《楊守敬集》第八冊，湖北人民出版社、湖北教育出版社，1997年，第 481 頁。

〔註38〕 《學書邇言》，《楊守敬集》第八冊，湖北人民出版社、湖北教育出版社，1997年，第 477 頁。

〔註39〕 《學書邇言》，《楊守敬集》第八冊，湖北人民出版社、湖北教育出版社，1997年，第 481 頁。

〔註40〕 《評碑記》，《楊守敬集》第八冊，湖北人民出版社、湖北教育出版社，1997年，第 553 頁。

〔註41〕 《評碑記》，《楊守敬集》第八冊，湖北人民出版社、湖北教育出版社，1997年，第 481 頁。

〔註42〕 《學書邇言》，《楊守敬集》第八冊，湖北人民出版社、湖北教育出版社，1997年，第 481 頁。

〔註43〕 《晉任城太守孫夫人碑》跋，《楊守敬集》第八冊，湖北人民出版社、湖北教育出版社，1997年，第 1076 頁。

晉代章草，楊守敬首推索靖，他認爲自《閣帖》外，索靖僅存《出師頌》、《月儀帖》、《急就篇》三通。《出師頌》墨蹟有二本，他定「文氏本」爲眞跡，稱「幼安精神，照耀几席」；《出師頌》的刻帖，則以「《三希堂》精甚，《來禽館》所刻亦沉厚，《戲鴻堂》所刻稍濁」〔註44〕。《急就篇》，他指出屢經臨摹傳刻，無復幼安筆縱；而《月儀》眞跡，今亦不傳，常見者爲《鬱岡齋帖》。

王羲之的草書，楊守敬評價最高是《行穰帖》：「余謂沈厚遒邁，輕者重之，重者輕之，當是右軍最上之品。」〔註45〕王羲之《十七帖》，楊守敬認爲以宋朝魏泰藏本爲最，明朝《餘清齋》所刻亦佳，《來禽館》刻本次之，《契蘭堂》、《海山仙館》翻刻不佳。《官奴帖》，楊守敬認爲《快雪堂》所刻爲最，《鬱岡齋》次之，《戲鴻堂》等帖最下。

王羲之楷書，楊守敬僅推重《霜寒帖》，稱「右軍楷法，僅存此耳」，並贊曰：「要之秀絕人寰，得此即足抵一眞《定武》。」〔註46〕《霜寒帖》諸法帖中，楊守敬稱《餘清齋》所摹可云神妙，下眞跡一等；《快雪堂》似即從《餘清齋》出，然亦不害其爲佳；《筠清館》以宋拓本重橅，他譏爲「純拙之極，眞堪噴飯」。〔註47〕王羲之小楷《樂毅論》，楊守敬稱傳世佳本不多，最好的當數漢陽葉氏所藏宋拓本，次則《餘清齋》所刻，最次爲《快雪堂》所刻。《東方朔畫贊》，楊守敬認爲「無佳刻」，他見過宋拓本，結體與宋拓《樂毅論》略同；《餘清齋》刻本上有米芾跋語定爲唐拓，楊守敬卻認爲是僞作：「特假元章（米芾）名以欺人耳」〔註48〕；《玉煙堂》刻本，他認爲是從宋拓翻出。《曹娥碑》，楊守敬稱《筠清館帖》從宋拓出，帖眉有唐人題字；其他翻刻本，因刪除唐人題字，他認爲自然不對。《黃庭經》，傳本很多，楊守敬稱見過宋拓本，與《樂毅論》筆法同；《玉煙堂》所刻，「稍有逸致」；《停雲

〔註44〕《評帖記》，《楊守敬集》第八冊，湖北人民出版社、湖北教育出版社，1997年，第591頁。

〔註45〕《評帖記》，《楊守敬集》第八冊，湖北人民出版社、湖北教育出版社，1997年，第592頁。

〔註46〕《評帖記》，《楊守敬集》第八冊，湖北人民出版社、湖北教育出版社，1997年，第593頁。

〔註47〕《評帖記》，《楊守敬集》第八冊，湖北人民出版社、湖北教育出版社，1997年，第593頁。

〔註48〕《評帖記》，《楊守敬集》第八冊，湖北人民出版社、湖北教育出版社，1997年，第609頁。

館》祖本，「清挺峻拔」；《餘清齋》所刻是褚遂良臨本；《詒晉齋》刻本爲唐人臨本。

　　王獻之的《鴨頭丸帖》，楊守敬評《餘清齋》刻本「清超絕塵」，而《淳化閣帖》刻本則「重濁不堪」。〔註49〕《洛神十三行》，世傳有柳公權跋者爲眞跡，楊守敬認爲不似晉人之筆，甚至懷疑是柳公權的臨本；康熙「玉石本」爲「綠玉本」，後又有人以白玉翻之，於是就有「綠玉」、「白玉」之分；之後又翻本百出，不下數十通，楊守敬提醒道：「要之，必非大令眞跡也。」〔註50〕

　　王羲之的從弟王洽，楊守敬對其存世的二帖《仁愛帖》、《辱告帖》評價甚高：「洽中年早逝，便已精到若此。」並贊同王羲之「弟書遂不減吾」的觀點，認爲觀此二帖「信非虛譽」。〔註51〕

　　南北朝書法，楊守敬總評爲：「南朝至齊、梁，北朝至魏、齊、周，所刻碑碣，皆具體分書，或雜篆書而用之，若《李仲璇》、《曹子建碑》是也。」〔註52〕對於南北朝的書風特點，楊守敬用了這樣的比擬：「南北朝碑碣大抵神情蕭散。」〔註53〕「神情蕭散」，是形容女子慵懶的美麗姿容，捨貌取神，在精神上與南北朝碑刻達到共鳴。

　　對於下列北碑，楊守敬譽之爲「北碑之傑作」：「《張奢》、《賈思伯》，醇古遒厚，雖剝蝕過甚，而所存完字，皆爲至寶；《大公廟碑》、《張猛龍碑》，整鍊方折，碑陰則流宕奇特；《李仲璇》間雜篆體而精勁絕倫；《敬使君碑》，化方爲圓，暗用篆筆，而流美無對；《孝文弔比干墓》，瘦削獨出，險不可近。」〔註54〕此外，他還稱賞雲峰鄭道昭諸碑「遒勁奇偉」。

　　北魏造像，楊守敬認爲：「南北朝碑碣所存不過數十通，惟造像不可紀

〔註49〕　《學書邇言》，《楊守敬集》第八冊，湖北人民出版社、湖北教育出版社，1997年，第496頁。

〔註50〕　《評帖記》，《楊守敬集》第八冊，湖北人民出版社、湖北教育出版社，1997年，第596頁。

〔註51〕　《評帖記》，《楊守敬集》第八冊，湖北人民出版社、湖北教育出版社，1997年，第597頁。

〔註52〕　《學書邇言》，《楊守敬集》第八冊，湖北人民出版社、湖北教育出版社，1997年，第477頁。

〔註53〕　《楷法溯源》凡例，《楊守敬集》第十三冊，湖北人民出版社、湖北教育出版社，1997年，第16頁。

〔註54〕　《學書邇言》，《楊守敬集》第八冊，湖北人民出版社、湖北教育出版社，1997年，第481、482頁。

數。」〔註 55〕他認爲「盈千累萬」的北魏造像中，最佳者爲《孫秋生》、《始平公》、《楊大眼》、《魏靈藏》、《高樹》五種，並認爲：「北魏人造像多此種筆法，而以此五種爲最工，結體別有一種風味，用筆尤斬釘截鐵，五種大致相同」。雖然筆法相同，他還是在風格上對它們加以區分：「《孫秋生》以勁健勝，《始平公》以寬博勝，《魏靈藏》以靈和勝，《高樹》以緊峭勝，《楊大眼》差不逮，亦不惡。」〔註 56〕

北魏墓誌，楊守敬也舉出五種，但其「面目各異」：「《刁遵》之行間茂密，《司馬昇墓誌》之務貴高古，《司馬景和妻》之風華掩映，《高湛》之骨格整鍊，《鄭道忠》之舒展自如。」〔註 57〕對於其中的《司馬景和妻墓誌》，楊守敬贊同馮魚山的觀點：「此誌筆跡，初觀似不可喜，諦玩之，乃信其深得書家三昧」〔註 58〕，認爲此墓誌已脫盡當時仿隸拙體，而又未染唐人間架習氣，贊之爲「散僧入聖」，「魏代石刻中僅見之跡」〔註 59〕。另外，他還稱道《崔敬邕墓誌》「文字並美」。

北齊的書法，楊守敬力推《泰山石經峪》：「以徑尺之大書，如作小楷，紆徐容與，絕無劍拔弩張之跡，擘窠大書，此爲極則」〔註 60〕。並認爲《西門豹祠堂》、《唐邕寫經》諸石刻，與《泰山石經峪》「皆是一家眷屬」，「皆是北齊傑作」〔註 61〕。

對於南朝書法，楊守敬也充滿了讚美之詞，他評《瘞鶴銘》：「是書之妙，宋元以來無異論。」關於《瘞鶴銘》的書銘之人，楊守敬贊同黃長睿的觀點，認爲是陶隱居（陶宏景），並非常肯定地說：「今以書法體格論之，當

〔註 55〕 見《楷法溯源》凡例，《楊守敬集》第十三冊，湖北人民出版社、湖北教育出版社，1997 年，第 16 頁。

〔註 56〕 《評碑記》，《楊守敬集》第八冊，湖北人民出版社、湖北教育出版社，1997 年，第 556 頁。

〔註 57〕 《學書邇言》，《楊守敬集》第八冊，湖北人民出版社、湖北教育出版社，1997 年，第 482 頁。

〔註 58〕 《評碑記》，《楊守敬集》第八冊，湖北人民出版社、湖北教育出版社，1997 年，第 557 頁。

〔註 59〕 《評碑記》，《楊守敬集》第八冊，湖北人民出版社、湖北教育出版社，1997 年，第 557 頁。

〔註 60〕 《學書邇言》，《楊守敬集》第八冊，湖北人民出版社、湖北教育出版社，1997 年，第 482 頁。

〔註 61〕 《學書邇言》，《楊守敬集》第八冊，湖北人民出版社、湖北教育出版社，1997 年，第 482 頁。

是也。」〔註62〕

　　魏碑小楷，楊守敬推《刁遵墓誌》及《鄭道忠墓誌》為冠。認為《刁遵墓誌》「有六朝之韻度而無其習氣，轉折迴環，居然兩晉風流」〔註63〕；《鄭道忠墓誌》「小字難於寬綽有餘，此獨疏宕縱逸，似欹反正」〔註64〕，認為此碑可證九宮之法。南朝小楷，楊守敬以陶宏景的《舊館壇碑》為傑作，他法眼精鑒地指出：「唯首一行為陶隱居親筆，然通體亦自高古絕倫。」〔註65〕

四、隋唐時期

　　隋代書法，楊守敬總評之曰：「隋書逐漸歸一體，開有唐之先聲。」〔註66〕「隋代混一南北，其書法亦有整齊氣象。」〔註67〕指出國家統一對書法的影響。

　　故此，楊守敬尤其強調隋代書法在中國書法史上承前啓後的影響：「上承魏、齊，下開唐代，合南北為一。」〔註68〕並舉例為證：「《龍藏寺》、《賀若誼》，已開虞、褚之先聲；《趙芬殘碑》、丁道護《啓法寺》，又為顏、柳之彌祖；《寧贙碑》一碑，體格與歐陽《化度》相似，余疑即歐陽中年之作；《張貴男》一誌與歐陽之《化度寺》、《醴泉銘》，神理吻合，不獨形似；他如《元公姬氏》、《尉富娘》，論者謂小楷絕詣，直足上接兩晉，籠罩三唐。」〔註69〕使人們通過一通通碑刻便可清晰歷史的承傳延續。由此我們知道，這些隋碑對唐楷有極大的影響，學唐楷可從這些隋碑入手。

〔註62〕　《評碑記》，《楊守敬集》第一冊，湖北人民出版社、湖北教育出版社，1997年，第555頁。

〔註63〕　《評碑記》，《楊守敬集》第八冊，湖北人民出版社、湖北教育出版社，1997年，第558頁。

〔註64〕　《評帖記》，《楊守敬集》第八冊，湖北人民出版社、湖北教育出版社，1997年，第558頁。

〔註65〕　《學書邇言》，《楊守敬集》第八冊，湖北人民出版社、湖北教育出版社，1997年，第482頁。

〔註66〕　《學書邇言》，《楊守敬集》第八冊，湖北人民出版社、湖北教育出版社，1997年，第477頁。

〔註67〕　《學書邇言》，《楊守敬集》第八冊，湖北人民出版社、湖北教育出版社，1997年，第482頁。

〔註68〕　《隋龍藏寺碑》跋，《楊守敬集》第八冊，湖北人民出版社、湖北教育出版社，1997年，第1082頁。

〔註69〕　《學書邇言》，《楊守敬集》第八冊，湖北人民出版社、湖北教育出版社，1997年，第482頁。

　　隋代書家中，楊守敬談得最多的是智永。他認為智永的《眞草千字文》，宋刻石尚在關中，但纖瘦不足觀；關中本為宋大觀己丑薛嗣昌撫刻，俗稱鐵門限本；舊拓又有劉雨若刻本，從墨蹟出，亦精；《寶墨軒眞草千字文》，相傳為王陽明破宸濠時所得，楊守敬認為勝關本十倍，「其草書直接《十七帖》，眞無上鴻寶也」。〔註 70〕他認為智永《千字文》現存不止一本，日本也有一冊，但疑為唐人所臨。

　　關於唐代書法，楊守敬為我們粗線條勾勒道：「有唐之初風格遒上，楷法之極軌；開、寶以下日趨圓美。」〔註 71〕並以實例為證：「至若虞之《廟堂》、歐之《醴泉》、褚之《聖教》，遂為楷法極則，顏、柳而後，不復能別出體裁。」〔註 72〕

　　對歐、虞、儲、薛「初唐四大家」，楊守敬都有具體評價：虞永興的《孔子廟堂碑》「風神凝遠」；歐陽詢的《九成宮醴泉銘》為「楷法極則」，《化度寺》「最為醇古」，《皇甫誕碑》「最為險勁」，《虞恭公碑》「平正婉和」；褚遂良的《雁塔聖教序》「下筆千斤」，《龍門佛龕碑》「寬博俊偉」，《孟法師碑》「方整和暢」；至於薛稷，因存碑甚少，楊守敬僅推薦《昇仙太子碑陰題名》和集帖中的《杳冥君銘》。薛稷的堂兄弟薛曜，雖僅存《石淙詩》和《石淙詩序》二通碑刻，楊守敬卻給予很高評價：「褚河南後，小變面貌，而險勁過之。亦初唐一大家也。」〔註 73〕

　　中唐顏眞卿的楷書，楊守敬認為《元次山》、《郭家廟》、《殷君夫人》、《李元靖》、《八關齋》諸碑「體格雖小有異同，而大致不殊」。對顏眞卿的其他作品，則褒貶不一：《臧懷恪碑》「稍嫌瘦削」；《顏氏家廟碑》、《東方畫贊碑》「字近櫛比，重開失眞」；《多寶塔碑》「雖為少作，實已別開生面」；獨對《大唐中興頌》有至評：「雄偉奇特，自足籠罩一代。」〔註 74〕柳公權的楷書，楊守

〔註 70〕《評帖記》，《楊守敬集》第八冊，湖北人民出版社、湖北教育出版社，1997年，第 599 頁。

〔註 71〕見《楷法溯源》凡例，《楊守敬集》第十三冊，湖北人民出版社、湖北教育出版社，1997 年，第 16 頁。

〔註 72〕《學書邇言》，《楊守敬集》第八冊，湖北人民出版社、湖北教育出版社，1997年，第 477 頁。

〔註 73〕《學書邇言》，《楊守敬集》第八冊，湖北人民出版社、湖北教育出版社，1997年，第 484 頁。

〔註 74〕以上引文見《學書邇言》，《楊守敬集》第八冊，湖北人民出版社、湖北教育出版社，1997 年，第 485、486 頁。

敬給以高評：「平原以後，莫與競者」，「雖有作者，不能自闢門戶矣」，認為楷書至柳公權以後已不能開宗立派。柳公權的《和尚碑》，楊守敬評曰：「天骨開張」；《苻璘碑》、《魏公先廟碑》、《劉沔碑》、《馮宿碑》「皆斂才就範，終歸淡雅」；而《高元裕碑》「尤爲完美」〔註75〕；不過他認爲《玄秘塔》與諸刻不類，「或以『金剛怒目』少之者」。〔註76〕

　　唐代的行書大家，楊守敬非常贊同董香光「右軍如龍，北海如象」的評語，稱李北海的書法「獨出冠時」。李氏諸碑中，他評《李思訓碑》「風骨高騫」，認爲「是刻瘦勁異常，北海自謂學我者死，當指此等」〔註77〕；《李秀碑》「雄渾深厚」；《麓山寺碑》則「用筆結體在二碑之間」；而《端州石室記》、《靈巖寺》二碑，「或石質不佳、或缺損過甚」，楊守敬不贊同學書者臨習〔註78〕。與李北海同時的宋儋，楊守敬也給以很高評價，認爲「當時若無李北海，固應獨步」〔註79〕，其《道安禪師碑》「體兼行楷，別出門庭，自是開元間體格，在各家後露頭角，故自不凡」〔註80〕。至於「當時之書名不在北海下」的徐季海，楊守敬褒貶兼有，稱其《不空和尚碑》、《大證禪師碑》「體近平實，無矯健不群之致」；《嵩陽觀》分書「雖豐碑巍峨，筆力實不足以赴之」。〔註81〕而對唐玄宗的《金仙長公主神道碑》卻有佳評：「筆法超縱，行書之能自闢門徑者。」〔註82〕他還稱讚《鐵元侹贊碑》「古勁異常，行書碑版之絕佳者」〔註83〕。

〔註75〕　以上引文見《學書邇言》，《楊守敬集》第八冊，湖北人民出版社、湖北教育出版社，1997 年，第 485 頁。

〔註76〕　《唐大達法師玄秘塔碑》跋，《鄰蘇老人題跋》，《楊守敬集》第八冊，湖北人民出版社、湖北教育出版社，1997 年，第 1095 頁。

〔註77〕　《評碑記》，《楊守敬集》第一冊，湖北人民出版社、湖北教育出版社，1997 年，第 576 頁。

〔註78〕　《評碑記》，《楊守敬集》第一冊，湖北人民出版社、湖北教育出版社，1997 年，第 576 頁。

〔註79〕　《評碑記》，《楊守敬集》第一冊，湖北人民出版社、湖北教育出版社，1997 年，第 577、578 頁。

〔註80〕　《學書邇言》，《楊守敬集》第八冊，湖北人民出版社、湖北教育出版社，1997 年，第 484 頁。

〔註81〕　《學書邇言》，《楊守敬集》第八冊，湖北人民出版社、湖北教育出版社，1997 年，第 484 頁。

〔註82〕　《評碑記》，《楊守敬集》第一冊，湖北人民出版社、湖北教育出版社，1997 年，第 579 頁。

〔註83〕　《評碑記》，《楊守敬集》第一冊，湖北人民出版社、湖北教育出版社，1997

　　唐代草書，楊守敬對孫過庭評價甚高：「二王草法，唯孫過庭為嫡嗣」，「觀《書譜》之作，捨之莫窺山陰門庭矣。」〔註84〕懷素的傳世草書，楊守敬認為以《苦筍帖》為最佳，《聖母帖》、《自敘帖》及《千字文》被米芾譏諷為「懸酒肆之書」，他客觀地評價道：「然名震一代，能自成一家，固未可廢也。」〔註85〕

　　唐人分書，楊守敬評曰「以整齊為工」。認為唐玄宗引領時尚，但有矯枉過正之弊：「書法豐腴，力矯當時枯槁之病，自此以後，唐人分法又一大變，雖過於濃濁，無漢人勁健之氣，而體格波法，無一苟且之筆，不得不謂唐隸中興，與六朝人功過相當也。」〔註86〕對於唐代分書四大家蔡有鄰、韓擇木、盧藏用、史惟則，楊守敬以蔡有鄰為最，韓、盧二人與之「恐未堪伯仲」，而「史惟則庸熟，不及梁昇卿，不知何以比肩蔡公？」〔註87〕欲以梁昇卿取代史惟則。

　　唐代篆書，楊守敬首推李陽冰，但批評其自恃甚高：「所謂『斯、喜之後，直至小生』，其自負不小。」〔註88〕對於唐代另一位篆書家瞿令問，楊守敬對其《峿臺銘》給以高評：「精勁之氣，如快劍砍陣，所向無前，在篆書可謂獨樹一幟。」並為瞿令問的被冷遇鳴不平道：「顧唐人咸推少監（李陽冰），而令問獨不一道及，何耶？」〔註89〕

　　關於五代書法，楊守敬認為楊凝式是承唐之餘緒的最後一位大書家。評其《韭花帖》「醇古淡雅，實足為三唐之殿」，《神仙起居法帖》「脫胎懷素，雖極縱橫而不傷雅道」〔註90〕。

　　　　　年，第 584 頁。
〔註84〕《陳香泉臨〈書譜〉》跋，《鄰蘇老人題跋》，《楊守敬集》第八冊，湖北人民出版社、湖北教育出版社，1997 年，第 1135 頁。
〔註85〕《日本人臨懷素千文》跋，《鄰蘇老人題跋》，《楊守敬集》第八冊，湖北人民出版社、湖北教育出版社，1997 年，第 1144 頁。
〔註86〕《激素飛清閣評碑記》，《楊守敬集》第八冊，湖北人民出版社、湖北教育出版社，1997 年，第 577 頁。
〔註87〕《評碑記》，《楊守敬集》第八冊，湖北人民出版社、湖北教育出版社，1997 年，第 578 頁。
〔註88〕《唐李少溫「聽松」二字》跋，《鄰蘇老人題跋》，《楊守敬集》第八冊，湖北人民出版社、湖北教育出版社，1997 年，第 1096 頁。
〔註89〕《評碑記》，《楊守敬集》第八冊，湖北人民出版社、湖北教育出版社，1997 年，第 584 頁。
〔註90〕《學書邇言》，《楊守敬集》第八冊，湖北人民出版社、湖北教育出版社，1997 年，第 500 頁。

五、宋元時期

宋元書法，楊守敬在《學書邇言》中有定評：「宋、元以下，行草或能自立面目，而楷書之風格替矣。」〔註91〕《評碑記自序》亦有類似評語：「宋、元以來，書家林立，惟行草差可觀，而真書云絕，無論篆隸。」並一語道破個中原因：「良由精於簡箚，略於碑版」〔註92〕，這是站在碑帖並重立場上的真知灼見。故而他認為宋、元楷書只能在唐朝的籠罩之下：「宋、元以下非無作者，格意愈卑，不能出唐人範圍。」〔註93〕

為此，他以蘇、黃、米、蔡「宋四家」的楷書書碑為例加以說明。認為蔡襄的《洛陽橋》「最為整飭」，「然以視魯公《中興頌》，邈乎遠矣」；蘇東坡的《羅池廟碑》「端莊流麗，兼而有之」；黃山谷「題名頗多而書碑不少概見」；米襄陽「雖名震一代，亦絕豐碑」〔註94〕。他批評「宋人書碑，多雜行草」。〔註95〕

宋代書家，楊守敬推蘇東坡「自是有宋第一，流傳既多，沾溉亦眾」，認為「《快雪》所刻諸箚，《經訓堂》所刻《楚頌帖》、《煙波疊嶂帖》，皆於『二王』後獨出冠時，別開生面」。〔註96〕楊守敬書宗蘇東坡，晚年在黃州東坡雪堂遺址旁築藏書樓「鄰蘇園」，並別署「鄰蘇老人」，其自印集帖亦名之曰《鄰蘇園帖》，可見對蘇東坡的特殊偏愛。對於黃山谷的書法，楊守敬認為「流傳者不如蘇書之多，而偽跡尤眾」〔註97〕（可為《砥柱銘》一棒喝！），認為黃山谷「最奇崛者，惟《伏波神祠》一帖」〔註98〕。但對習黃字者提出

〔註91〕　《學書邇言》，《楊守敬集》第八冊，湖北人民出版社、湖北教育出版社，1997年，第477頁。

〔註92〕　《激素飛清閣評碑記自序》，《楊守敬集》第八冊，湖北人民出版社、湖北教育出版社，1997年，第529頁。

〔註93〕　《楷法溯源》，《楊守敬集》第八冊，湖北人民出版社、湖北教育出版社，1997年，第16頁。

〔註94〕　《學書邇言》，《楊守敬集》第八冊，湖北人民出版社、湖北教育出版社，1997年，第508頁。

〔註95〕　《學書邇言》，《楊守敬集》第八冊，湖北人民出版社、湖北教育出版社，1997年，第485頁。

〔註96〕　《學書邇言》，《楊守敬集》第八冊，湖北人民出版社、湖北教育出版社，1997年，第508頁。

〔註97〕　《學書邇言》，《楊守敬集》第八冊，湖北人民出版社、湖北教育出版社，1997年，第508頁。

〔註98〕　《學書邇言》，《楊守敬集》第八冊，湖北人民出版社、湖北教育出版社，1997年，第508頁。

告誡：「山谷自贊其書，如餓鷹渴驥……然不善學之，便流爲粗獷，蓋不得其骨力，而皮相易似也。」〔註99〕對米芾書法，楊守敬褒中寓貶：「以懸肘書字，故超邁絕倫。然其率意不穩處，亦時現於紙上。」〔註100〕「余謂米老作書，飛動有餘，瘦勁不足。」〔註101〕但對其小楷卻有佳評：「縱橫跌宕，獨闢門庭。」〔註102〕

對於宋代的其他書家，楊守敬認爲王昇的《草千文》（刻於廣東潘氏）、張即之的《金剛經》（刻於焦山）、陳簡齋的詩翰（刻於《停雲館》）、陸放翁的手箚（刻於《鳳墅石刻》），「皆能自樹立，雖不逮蘇、黃，自足傳也。」〔註103〕

金人書法家，楊守敬獨標舉王筠庭的草書，稱他「具體顏平原。《古柏行》一碑，俗謂魯公書，非漫然也」〔註104〕。

關於元代書法，楊守敬簡評之曰：「篆、分寂然」。元代書家中，楊守敬推趙孟頫爲巨擘，認爲「有元一代書家，自鮮于伯機外，大抵皆在趙松雪範圍中」。〔註105〕

楊守敬評趙孟頫的書法「簡箚脫胎右軍，碑版具體北海，自是東坡後一人」〔註106〕，「足以上淩宋代，下視勝朝（指清朝）」〔註107〕。並認爲「元人書碑之存者，以趙松雪爲最多」〔註108〕，他透露趙孟頫的碑刻在當時尚存不

〔註99〕 《黃山谷〈梵志〉詩》跋，《鄰蘇老人題跋》，《楊守敬集》第八冊，湖北人民出版社、湖北教育出版社，1997年，第1131頁。

〔註100〕 《學書邇言》，《楊守敬集》第八冊，湖北人民出版社、湖北教育出版社，1997年，第507頁。

〔註101〕 《學書邇言》，《楊守敬集》第八冊，湖北人民出版社、湖北教育出版社，1997年，第603頁。

〔註102〕 《學書邇言》，《楊守敬集》第八冊，湖北人民出版社、湖北教育出版社，1997年，第508頁。

〔註103〕 《學書邇言》，《楊守敬集》第八冊，湖北人民出版社、湖北教育出版社，1997年，第508頁。

〔註104〕 《學書邇言》，《楊守敬集》第八冊，湖北人民出版社、湖北教育出版社，1997年，第508頁。

〔註105〕 《鄰蘇老人題跋》，《楊守敬集》第八冊，湖北人民出版社、湖北教育出版社，1997年，第1098頁。

〔註106〕 《學書邇言》，《楊守敬集》第八冊，湖北人民出版社、湖北教育出版社，1997年，第508頁。

〔註107〕 《學書邇言》，《楊守敬集》第八冊，湖北人民出版社、湖北教育出版社，1997年，第485頁。

〔註108〕 《學書邇言》，《楊守敬集》第八冊，湖北人民出版社、湖北教育出版社，

下數十通，而其墨蹟被收藏的，也指不勝屈。趙孟頫的楷書，楊守敬認爲《妙嚴寺記》不及後來的《膽巴碑》老健，「因年而進，雖大家亦然。然無一稚筆，所以獨有千古也」〔註109〕。但他認爲趙孟頫的楷書多爲行書，只有虞集的《劉公神道》獨爲正楷，其刻於《海山仙館》者「足以式靡流俗」〔註110〕。

　　元代的其他書家，楊守敬認爲趙孟頫的妻子管仲姬、其子趙雍「皆能傳其業」。此外，有佳評的還有下列諸人：「吳仲圭（鎮）之超逸，鮮于伯機（樞）之老勁，康里子山之飛動，鄧文原之沖和，饒介之之流麗，亦足稱也。」〔註111〕

六、明清時期

　　關於明代書法，楊守敬與其對宋元的評價基本相仿：「明代學者，大抵擅長行草，正書碑刻，無足傳者。雖以董香光邈視宋元，而所傳碑刻，第有行草，無一眞書。」〔註112〕

　　對於明代書法代表人物董其昌，楊守敬褒中寓貶：「天分既高，見聞亦廣，凌厲襄陽，平視吳興，實亦自信太過。然其學李北海，雄偉質厚，眞有北海如象之觀。」〔註113〕

　　明代的草書，楊守敬開列出下面諸人：「解大紳（縉）、張東海（弼）之草書，宋克之章草，皆有名於代。而解之僞書則尤多。至文徵仲父子、師弟，始一歸雅道。」〔註114〕然而，他對明代草書評價並不很高：「解大紳（縉）、張東海（弼）、祝枝山所謂草書者，皆旭、素支流，未足語晉人矩度也。」〔註115〕相對而言，他比較欣賞解縉：「大紳（解縉）以狂草名，兼工楷法」，

　　　　　　1997 年，第 485 頁。
〔註109〕《鄰蘇老人題跋》，《楊守敬集》第八冊，湖北人民出版社、湖北教育出版社，1997 年，第 1097 頁。
〔註110〕《學書邇言》，《楊守敬集》第八冊，湖北人民出版社、湖北教育出版社，1997 年，第 485 頁。
〔註111〕《學書邇言》，《楊守敬集》第八冊，湖北人民出版社、湖北教育出版社，1997 年，第 508 頁。
〔註112〕《學書邇言》，《楊守敬集》第八冊，湖北人民出版社、湖北教育出版社，1997 年，第 485 頁。
〔註113〕《學書邇言》，《楊守敬集》第八冊，湖北人民出版社、湖北教育出版社，1997 年，第 509 頁。
〔註114〕《學書邇言》，《楊守敬集》第八冊，湖北人民出版社、湖北教育出版社，1997 年，第 485 頁。
〔註115〕《學書邇言》，《楊守敬集》第八冊，湖北人民出版社、湖北教育出版社，

故此，他將解縉比之於唐代草、楷兼善的張旭：「然則如張長史草書冠一代，而所作《郎官題名記》亦復工楷絕倫。」〔註116〕楊守敬認為，只有具備了楷書的基礎，草書才能冠絕一代。

對於明中葉的書家，楊守敬稱許者有如下多人：「邵寶之學顏，李東陽之學褚，皆能自樹藩籬，獨標真諦。又若王寵之學鍾繇，祝枝山之學懷素，皆有獨至，惟偽託者多。至袁尚之、唐寅、王穉登、陸師道、陳繼儒，雖未能自闢門庭，而皆不傷雅道。」〔註117〕

然而，對於在中國書法史上居於重要地位的晚明浪漫主義書風，楊守敬在其主要書論著作《評帖記》及《學書邇言》中卻付之闕如，對其代表書家如徐渭、張瑞圖、黃道周、倪元璐、王鐸等也鮮有論及。不過在楊守敬的個別題跋中還是流露了一些蹤跡。如在《張二水書〈前赤壁賦〉》跋中，楊守敬對張瑞圖歷史上的污點進行客觀分析，批評他「特不能矯然自異，依阿苟容，世惡其為人，遂以下流之惡皆歸之」，對其書法仍給以很高的評價：「風骨高騫，與倪鴻寶、黃石齋相伯仲」。〔註118〕將其在書法藝術上的成就與倪元璐和黃道周相提並論。

對於自己所處的清朝的書法，楊守敬則給以很高評價：「國朝行草不及明代，而篆分則超軼前代，直接漢人。若鄧完白、楊沂孫之篆書，桂馥、陳鴻壽、黃易之分書，皆原本古先，自出機杼，未可以時代降也。」〔註119〕認為清代書法最主要的成就是篆、分二體。

清初書法，楊守敬認為尚處於發軔期，雖稱許陳香泉之「超脫」，何焯之「寬博」，汪士鋐之「老勁」，鄭簠之「飄逸」，但認為他們「固自可存，然皆未臻極詣」〔註120〕。雍正年間的書法也大致如此，他僅舉出兼習歐、褚的王澍和學習《唐石經》的蔣衡二人。

〔註116〕 1997年，第477頁。

《解大紳草書跋》，《鄰蘇老人題跋》，《楊守敬集》第八冊，湖北人民出版社、湖北教育出版社，1997年，第1136頁。

〔註117〕 《學書邇言》，《楊守敬集》第八冊，湖北人民出版社、湖北教育出版社，1997年，第509頁。

〔註118〕 《張二水書〈前赤壁賦〉》跋，《鄰蘇老人題跋》，《楊守敬集》第八冊，湖北人民出版社、湖北教育出版社，1997年，第1134頁。

〔註119〕 《學書邇言》，《楊守敬集》第八冊，湖北人民出版社、湖北教育出版社，1997年，第477頁。

〔註120〕 《學書邇言》，《楊守敬集》第八冊，湖北人民出版社、湖北教育出版社，1997年，第509頁。

　　乾隆以後清代書法逐漸步入高峰期，楊守敬舉出劉墉「用筆如棉裹裹鐵，卓然大家」〔註121〕。此外有佳評的還有「不受前人束縛，自闢蹊徑」的鄭板橋、金農，以及「學顏書如重規疊矩」的錢南園，學趙孟頫、歐陽詢「不失尺寸」的成親王，還有「不師古而亦無不合格」的張問陶和宋湘。對王夢樓和翁方綱二人則褒貶兼有，評王為「秀韻天成，而或訾為女郎書」，評翁為「雖質厚有餘，而超妙不足」〔註122〕。

　　對清代有成就的帖學、碑學大家，楊守敬都頗為稱賞。他稱讚帖學的「南北二梁」（梁同書和梁巘）的書論「誠為雙璧」〔註123〕，對碑派大家包世臣的《藝舟雙楫》也以「風靡天下」〔註124〕相嘉許。對碑帖兼融者更是讚賞有加，如評何紹基「行草如天花亂墜，不可捉摹；篆書純以神行，不以分佈為工；隸書學《張遷》，幾逾百本」〔註125〕；對翁同龢則極口贊道：「老蒼絕倫，無一稗筆，同、光間推為天下第一，洵不誣也。」〔註126〕

第二節　楊守敬書法史研究特點

　　楊守敬對中國古代書法有著比較深廣的認識和分析，於中可以看出他的歷史文化觀和藝術審美精神。

一、學者的獨特視角與寬廣視野

　　作為清末民初的著名學者，楊守敬以其學者的獨特視角與寬廣視野，對中國古代書法進行系統全面的觀照和考察，並將自己的金石、考據、版本、目錄之學用於書法史的研究。

〔註121〕《學書邇言》，《楊守敬集》第八冊，湖北人民出版社、湖北教育出版社，1997年，第509頁。
〔註122〕以上引文見《學書邇言》，《楊守敬集》第八冊，湖北人民出版社、湖北教育出版社，1997年，第509頁。
〔註123〕《學書邇言》，《楊守敬集》第八冊，湖北人民出版社、湖北教育出版社，1997年，第509頁。
〔註124〕《學書邇言》，《楊守敬集》第八冊，湖北人民出版社、湖北教育出版社，1997年，第496頁。
〔註125〕《學書邇言》，《楊守敬集》第八冊，湖北人民出版社、湖北教育出版社，1997年，第510頁。
〔註126〕《學書邇言》，《楊守敬集》第八冊，湖北人民出版社、湖北教育出版社，1997年，第510頁。

如在《寰宇貞石圖》中，楊守敬以其金石學和考據學的精深造詣，對中國歷代碑刻進行遴選。該書選錄了先秦到唐、宋碑刻共 300 餘種，雖無序跋和必要說明，但通過所選碑目，既可瞻文字與書法演進之軌跡，也可瞭解歷代碑刻之概貌，可謂「不著一字，盡得風流」。

下面，從《寰宇貞石圖》抽出部分碑目，便可見楊氏以學者眼光鑒選碑刻的旨趣：

周秦：《石鼓文》、《秦琅琊臺刻石》等。

兩漢：《萊子侯刻石》、《三老諱字忌日記》、《祀三公山碑》、《鄐君開通褒斜道石刻》、《嵩山三闕》、《石門頌》、《禮器碑》、《乙瑛碑》、《鄭固碑》、《張壽殘碑》、《衡方碑》、《孔宙碑》、《西狹頌》、《楊淮表紀》、《封龍山頌》、《魯峻碑》、《史晨碑》、《尹宙碑》、《白石神君碑》、《張遷碑》、《曹全碑》、《潘乾校官碑》、《孟孝琚碑》、《沈君闕》、《馮煥闕》等。

三國：《受禪表》、《上尊號奏》、《孔羨碑》、《曹真殘石》、《三體石經尚書君奭殘石》、《禪國山碑》、《谷朗碑》等。

晉：《太公呂望表》、《劉韜墓誌》、《爨寶子碑》、《高句麗好太王碑》等。

南北朝：《爨龍顏碑》、《劉懷民墓誌》、《瘞鶴銘》、《鄭文公碑》、《鄭道昭登雲峰山論經書詩》、《鄭道昭觀海童詩》、《龍門四品》（《始平公》、《孫秋生》、《楊大眼》、《魏靈藏》）、《暉福寺碑》、《弔比干文》、《張猛龍碑》、《馬鳴寺根法師碑》、《高貞碑》、《李仲璇修孔子廟碑》、《敬使君碑》、《李璧墓誌》、《刁遵墓誌》、《李超墓誌》、《西門豹祠堂碑》、《唐邕寫經碑》、《文殊般若經碑》、《西嶽華山神廟碑》等。

隋：《龍藏寺碑》、《曹子建碑》、《蘇慈墓誌》、《董美人墓誌》、《元公夫人姬氏誌》等。

唐：歐陽詢書《九成宮醴泉銘》、《皇甫誕碑》、《溫彥博碑》，虞世南書《孔子廟堂碑》（陝本），褚遂良書《伊闕佛龕碑》、《雁塔聖教序》，顏師古撰《等慈寺碑》，殷令名書《裴鏡民碑》，朱子奢撰《昭仁寺碑》，薛曜書《夏日遊石淙詩並序》、《秋日宴石淙序》，李北海書《李思訓碑》、《端州石室記》、《麓山寺碑》、《靈巖寺碑》，顏真卿書《多寶塔感應碑》、《東方朔畫贊》、《臧懷恪碑》、《元次山碑》、《大唐中興頌》、《宋州八關齋會報德記》、《李玄靖碑殘石》、《顏家廟碑》，李陽冰書《三墳記》、《怡亭銘》、《聽松》，徐浩書《不空和尚碑》，僧景淨撰《大秦景教流行中國碑》，柳公權書《玄秘塔碑》、《苻璘

碑》、《唐魏公先廟殘碑》，李行廉等撰《襄陽張氏墓誌十種》等。

上面開列的約百種碑刻，雖不及全書的一半，但都是古代書法發展史上的代表性作品。就書法而言，除草書以外的各種書體的典範作品俱在其內，在突出名家的同時，還兼顧了各種風格流派；就碑文內容而言，有的還有裨於考史，具有極高的史料價值，如《高句麗好太王碑》、《大秦景教流行中國碑》等。

在中國書法史上，自古以來一些書學概念就混淆雜用，相延上千年，使後人如墮五里霧中。對此，楊守敬用考據學的方法和歷史文化的眼光對這些概念作了科學的探源和界定，對歷代一些混淆不清的書學名詞正本清源、匡正謬誤。

如隸書，古人就有「秦隸」、「漢隸」、「八分」、「今隸」、「楷法」、「眞書」等說法，混淆不清。關於隸書與八分的關係，楊守敬對歐陽修《集古錄》因稱八分爲隸書遭到千古譏評，頗感疑惑：「若前人未嘗以分爲隸，歐公何遽武斷至此？」〔註127〕因此特向老師潘孺初請教，潘先生告訴他：「隸書者，徒隸之書也，無定名無定體也。簡篆之縈折而趨逕直，以便徒隸之用，故謂之隸書。八分著，分背之義也。蝌蚪飛白，皆象形命名，故知八分爲象形也。綜而言之，未有波磔之時，第謂之隸書，既有波磔之後，亦謂之八分。由八分而漸變爲眞書，更爲簡易矣，徒隸者又習之，故眞書亦謂之隸書。西漢之隸書，以爲徒隸之用也，至東漢而士大夫亦用之矣；東漢之眞書，亦以爲徒隸之用也，至魏晉而士大夫亦用之矣。字至眞書，其變已極，再變則爲行爲草，不用施之廊廟，故徒隸不敢用之，以是眞書之爲隸書，歷久不變。」〔註128〕受此啓發，楊守敬釐清了隸書和八分的界限：「第以八分爲隸書不可，第以隸書爲眞書亦不可。今必欲分定其名，則無波磔者爲隸書，有波磔者爲八分。」〔註129〕

再如楷書，楊守敬在《楷法溯源》凡例中指出：漢代稱今隸，至《晉書·衛恆傳》始有「楷法」之稱，故其《楷法溯源》初名爲《今隸篇》。他認爲：

〔註127〕 《評碑記》，《楊守敬集》第八冊，湖北人民出版社、湖北教育出版社，1997年，第540頁。

〔註128〕 《評碑記》，《楊守敬集》第八冊，湖北人民出版社、湖北教育出版社，1997年，第540頁。

〔註129〕 《評碑記》，《楊守敬集》第八冊，湖北人民出版社、湖北教育出版社，1997年，第541頁。

「隸書以徒隸得名，故楷書亦稱隸書，晉以後始稱楷書。」〔註130〕他以王羲之爲例說明之：「右軍之工草、隸，所云隸者，即今之楷書。」〔註131〕但認爲應把楷書和隸書加以區分：「眞書施之章奏詔策已久，不必仍蒙隸書之名矣。」〔註132〕

關於楷書的起源，楊守敬以「漢、魏之少波磔者」爲楷書的源頭，他在《楷法溯源》凡例中指出：「楷法之興，其在魏、晉之間。如《鄧太尉祠碑》、《爨寶子碑》、《中嶽靈廟碑》及兩晉磚文，皆二體（隸、楷）不分，蓋楷書之權輿矣。」〔註133〕在《學書邇言》中亦言：「眞書入碑版之最先者，在南則有晉、宋之大小《二爨》（即《爨龍顏碑》、《爨寶子碑》），在北則有寇謙之《華嶽》、《嵩高》二通，然皆雜有分書體格。」〔註134〕並認爲直到後來的《刁遵》、《高湛》等墓誌，才「漸趨整練」，具有純粹楷書的風貌了。由於「鍾、王之眞書，當時只以供簡帖，不以入金石」〔註135〕，同時「楷書雖起魏晉，而今存魏晉碑無楷書者。唐人所摹右軍諸帖，學者疑信參半」〔註136〕，故而他認爲還是以南朝劉宋的《爨龍顏碑》爲楷書鼻祖。

二、關注新出土的金石文字

楊守敬注重對書法史料的搜集、整理、分析和考證，在他的書法金石著作中，經常引用當時新出土的材料。如在《學書邇言》的「評碑」部分，就涉及了當時多種新出土材料：「秦篆有權量詔版，自劉喜海發之，近日出土尤多。山東陳壽卿之瓦量如新出型，端午橋（端方）之權量，幾數十事，實足爲秦篆大觀。漢篆有印章、瓦當及諸銅器，亦取材不盡。又如王莽之『十布』，

<hr />

〔註130〕《楷法溯源》凡例，《楊守敬集》第十三冊，湖北人民出版社、湖北教育出版社，1997年，第15頁。

〔註131〕《學書邇言》，《楊守敬集》第八冊，湖北人民出版社、湖北教育出版社，1997年，第477頁。

〔註132〕《評碑記》，《楊守敬集》第八冊，湖北人民出版社、湖北教育出版社，1997年，第541頁。

〔註133〕《楷法溯源》凡例，《楊守敬集》第十三冊，湖北人民出版社、湖北教育出版社，1997年，第15頁。

〔註134〕《學書邇言》，《楊守敬集》第八冊，湖北人民出版社、湖北教育出版社，1997年，第481頁。

〔註135〕《學書邇言》，《楊守敬集》第八冊，湖北人民出版社、湖北教育出版社，1997年，第481頁。

〔註136〕《宋爨龍顏碑》跋，《楊守敬集》第八冊，湖北人民出版社、湖北教育出版社，1997年，第1076頁。

精勁絕倫，爲鐵線之祖。學篆書者，縱極變化，不能出其範圍。」〔註137〕這裡列出的新出土的材料就有秦權量、詔版、瓦量，漢印章、瓦當、銅器，以及王莽時的十種布幣——「十布」等等。

此外，在《學書邇言》中楊守敬還提到漢晉墓磚，頗爲佳賞：「工拙不一，然時既近古，雖工匠爲之，亦有古意。此亦如漢印，雖寥寥數字，皆可作小碑版觀也。」〔註138〕其實，早在40多年前的《評帖記》寫作中，楊守敬就開始關注漢晉墓磚，認爲它們與王獻之的《保母帖》筆法相同，「雖多分書，而用筆多與此（《保母帖》）同，惜無姜堯章（姜夔）、趙子昂（趙孟頫）表章之耳。」〔註139〕認爲南宋姜夔（著《續書譜》）和元朝趙孟頫與之失之交臂。

雖然這些新出土的權量、詔版、漢印、瓦當、銅器、錢幣、墓磚上的文字，多出自民間工匠之手，楊守敬卻對它們情有獨鍾，都能慧眼獨具地發現其中的美。他還對新出土的北魏造像題記給以很高的評價：「鄉俗鄙陋不盡大雅所制，然天眞爛漫，風神超逸，良由去古未遠，故執筆者皆有篆隸意。」〔註140〕故在《楷法溯源》一書中，他大量收錄墓磚、墓誌和造像記中的「俗字」。顯然，楊守敬是以文字體制見於民間運用的實際爲原則，而不是以士大夫的所謂大雅爲準繩。以此爲宗，還帶來了書法思想觀念的一個根本性轉變。

《高句麗好太王碑》在清末被發現，楊守敬在得到《好太王碑》的初拓本後，便以金石學和考據學的睿智認識到此碑的價值，立即雙鈎此本存入篋中，並爲之題跋，從歷史學的角度對碑文進行了考證。同時，他還考慮此碑遠在邊地，又形存神亡，惟恐後人看不到此完本，於是在1909年將其雙鈎木刻印行。後來又在《學書邇言》中對其加以推介：「《好大王碑》（即《好太王碑》），近時出見，醇古整齊。」〔註141〕

〔註137〕 《學書邇言》，《楊守敬集》第八冊，湖北人民出版社、湖北教育出版社，1997年，第481頁。

〔註138〕 《學書邇言》，《楊守敬集》第八冊，湖北人民出版社、湖北教育出版社，1997年，第481頁。

〔註139〕 《評帖記》，《楊守敬集》第八冊，湖北人民出版社、湖北教育出版社，1997年，第596頁。

〔註140〕 《楷法溯源》，《楊守敬集》第十三冊，湖北人民出版社、湖北教育出版社，1997年，第16頁。

〔註141〕 《學書邇言》，《楊守敬集》第八冊，湖北人民出版社、湖北教育出版社，1997年，第481頁。

　　再如對甲骨文的研究。楊守敬於 1908 年初識甲骨文，1912 年在跋羅振玉的《殷商貞卜文字考》一文中，他稱羅振玉的甲骨文研究爲「絕學」，並大膽預言：「人將不信，則請以俟之後世子云〔註 142〕。」〔註 143〕楊守敬對甲骨文和甲骨學的價值判斷非常準確，尤其難能可貴的是，他成功地預言了甲骨文在中國學術史上的地位，稱之爲「絕學」。如今，甲骨學已成爲一大「顯學」，羅振玉也公認爲甲骨文研究的一代宗師。

三、在字體變化發展中考察書體形態

　　在《學書邇言》「緒論」中，楊守敬在幾千年的歷史大背景下縱論字體的發展與演變，同時在字體變化發展中考察書體形態，他把歷代字體的演進和書體的特色，用凝練的語言加以總結和概括，實爲一部最扼要的中國書法簡史：

　　　　三代古文尚矣，然高古絕倫，變化無方，今不適用，又不能盡識，故自漢以來以此名家者鮮。

　　　　秦之小篆，漢之八分，各臻極則。

　　　　魏晉以下，行草代興，篆分遂微。然右軍之工草隸，所云隸者，即今之楷書，而世傳《樂毅論》、《黃庭經》、《東方象贊》、《曹娥碑》等小楷書，結體與分書迥異。今以晉之《爨寶子》、劉宋之《爨龍顏》、前秦之《鄧太尉》、《張産碑》觀之，明是由分變楷之漸，而與右軍楷書則有古今之別。

　　　　晉人雖工行草，然但用之簡箚，未有施之金石者。

　　　　南朝至齊、梁，北朝至魏、齊、周，所刻碑碣皆具體分書，或雜篆書而用之，若《李仲璇》、《曹子建碑》是也。自今視之，頗爲駭怪，不知當時固未嘗判若鴻溝也。

　　　　有隋一代，遂漸歸一體，若《龍藏寺》、《寧贊碑》、《啓法寺碑》和《元公姬氏》、《尉富娘》等墓誌，已開有唐之先聲。至若虞之《廟堂》、歐之《醴泉》、褚之《聖教》，遂爲楷法極則。顏、柳而後，不復能別出體裁。

〔註 142〕子云：指揚雄，西漢著名哲學家、文學家、語言學家。
〔註 143〕《殷商貞卜文字考》跋，《鄰蘇老人題跋》，《楊守敬集》第八冊，湖北人民出版社、湖北教育出版社，1997 年，第 1113 頁。

　　唐人分書，以整齊爲工。韓擇木、盧藏用、蔡有鄰諸作，如出一手。惟李陽冰之篆書，推爲直接李斯，然今所傳《三墳記》、《棲先塋》諸刻，以視漢《嵩山少室》、《開母》諸碑，已有古今淳漓之辨，無論《泰山》、《琅邪》諸作也。

　　宋、元以下，行草或能自立面目，而楷書之風格替矣。故余所輯楷書，以唐人爲斷。

　　元明兩代，篆分寂然。唯吳炳《淮源廟碑》具體漢人，松雪之《復齋鐘鼎款識》不愧少溫，然已星鳳一毛矣。

　　明人大抵工行楷，解大紳、張東海、祝枝山所謂草書者，皆旭、素枝流，未足語晉人矩度也。

　　國朝（指清代）行草不及明代，而篆分則超軼前代，直接漢人。若鄧完白、楊沂孫之篆書，桂馥、陳鴻壽、黃易之分書，皆原本古先，自出機杼，未可以時代降也。〔註144〕

　　在書論著作中，楊守敬還注意聯繫不同時代的碑帖在用筆、結體、風格上的繼承及演變，探討字體的發展轍跡和書體的承繼關係，上下追索，時間跨度達千數百年，可謂書法的探源溯流之論。茲將其主要觀點歸納如下：

　　《石門頌》下垂之筆源於《五鳳刻石》，繼之者有《三公山碑》等。

　　《乙瑛碑》其波磔已開唐人庸俗一路，史惟則、梁昇卿諸人，未必不從此出。

　　《張遷碑》用筆開魏晉風采，此源於《西狹頌》，流爲「黃初三碑」（《上尊號奏》、《受禪表》、《孔羨碑》）之折刀頭，再變爲北魏眞書之《始平公》等。

　　《博陵太守孔彪碑》，當爲顏魯公所祖。

　　六朝眞書祖自《孔羨》、《范式》、《上尊號》、《受禪表》等三國分書，其疏秀一派，出自《石門頌》，而《石門銘》之飄逸有致出自《石門頌》。

　　謝安書學右軍，其用筆與右軍《官奴帖》相似。

　　北齊唐邕書似從《曹全碑》出。

　　《趙芬殘碑》、丁道護《啓法寺碑》爲顏、柳之彌祖。

　　《龍藏寺》、《賀若誼》開虞、褚之先聲，虞世南《孔子廟堂碑》、褚遂良《孟法師碑》皆脫胎於隋《龍藏寺碑》。

〔註144〕《學書邇言》，《楊守敬集》第八冊，湖北人民出版社、湖北教育出版社，1997年，第477頁。

歐陽詢書源自王薈書及《鄭固》、《景君》等碑，其左挑法多外向，爲《龍山公墓誌》之漸，非信本所創。

虞世南書法源於王獻之《蘭草帖》。虞之《破邪論》宋拓本與王羲之的《曹娥碑》相似。

褚遂良書似出自《高湛墓誌》，其《倪寬贊》胎息於《陳思王曹子建廟碑》，《文皇哀冊》似出自智永《歸田賦》。

王行滿《韓仲良碑》及昭陵諸碑出自《海陵郡公賀若誼碑》。

孫過庭書承王羲之《遠宦帖》。

陸柬之《五言蘭亭詩》脫胎於王羲之《官奴帖》。

包文該《兗公之頌》學習北魏。

元丹丘《玉眞公主受道靈壇祥應記》筆法與《老君石像碑》相似，古勁從《賈思伯》等碑出。

徐季海、顏眞卿書胎息於《刁遵墓誌》。

顏眞卿書本自《高植墓誌》，其《多寶塔》出自《淮安公趙芬殘碑》，行書多從王慈《柏酒帖》和王獻之《中秋帖》出。

史惟則、韓擇木、梁昇卿、盧藏用、蔡有鄰諸唐隸書脫胎於《乙瑛碑》、《大將軍曹眞碑》。

《隆闡大法師懷惲碑》從《懷仁集字聖教序》出。

楊凝式《神仙起居法》脫胎於懷素。

蘇東坡書祖自《根法師碑》、王僧虔《書王琰牒》以及《蕭憺碑》。

黃庭堅書得力於《瘞鶴銘》。

米元章書出自王次道（王志）書。

宋徽宗瘦金書脫胎於唐褚河南《雁塔聖教序》和薛曜《秋日宴石淙序》。

趙孟頫簡箚脫胎王右軍，碑版具體李北海。

鄧石如篆書出自《天發神讖碑》和《祀三公山碑》。

四、引介異域書法並進行跨國比較

楊守敬一方面致力於把中國書法傳播到海外，另一方面也用心把域外書法介紹到國內。在楊守敬的金石書法著作中，對鄰國日本、朝鮮的書法多有論及，並將優秀的異國書家和碑刻介紹到國內。而在當時，國內研究日本和朝鮮書法者寥寥，因此楊守敬可算是我國最早研究異域書法的學者之一，

填補了書法史的這一空白。這種情況，在民國時期也不多見，因此顯得彌足珍貴。

　　日本列島在清代的中國人看來尚是蠻夷之地，其書法是何等樣式及優劣得失，並沒有人去關心，華夏正統的傳統觀念使中國書法家們不屑於研究域外書法的發展態勢，其結果是冷落了日本同行多年。有清一代，將日本書法引進中國的有四人：葉志詵（1779～1863 年），他在《平安館金石文字》中輯錄了《多胡郡碑》碑文；潘祖蔭（1830～1890 年），著有《日本金石年表》；傅雲龍（1840～1901 年），光緒十五年（1889 年）著有《日本金石志》。再就是楊守敬，他在《學書邇言》、《望堂金石》、《寰宇貞石圖》、《楷書溯源》等著作中，將優秀的日本書家和碑刻介紹到國內，使國人較爲全面地看到了日本書壇的狀況。

　　在《學書邇言》的「評書」部分，楊守敬特別介紹了幾位日本書家和一些日本碑銘，並與中國書法進行跨國比較，體現了它們在歷史上的淵源關係。他評騭日本書家以空海爲第一，稱其「殊有晉人風」；「小野道風次之，行成卿、魚養又次之」。〔註145〕他還提到日本的《道澄寺鐘銘》、《銅燈臺銘》二金刻，並評《和銅題名》（即《多胡郡碑》）「最爲高古，神似顏魯公」，《佛足跡記碑》「雖屬和文，亦書法之別格，足自立者」。〔註146〕上述碑刻的金石拓本，大都收入楊守敬的《望堂金石》和《寰宇貞石圖》中。

　　在《望堂金石》中，楊守敬共收錄五種日本、朝鮮碑銘：《日本題名殘碑》、《日本佛足跡碑》、《日本道澄寺鐘銘》、《日本銅燈臺銘》及《高麗眞鑒禪師碑》，另外，「總目」中還列有一種未刻的《新羅眞興王定界碑》。楊守敬稱讚《日本題名殘碑》「書勢雄偉」，類似我國的《瘞鶴銘》。在給《高麗眞鑒禪師碑》作跋時，他特別介紹了該碑的書撰者新羅書家崔志遠的情況，並對該碑的朝鮮刻本後署「明崇禎紀元之九十八年」頗爲感慨。有感於朝鮮的不以存亡改節，楊守敬故復刻之，稱此舉「以見世道之昇降，禮教之流失，不第爲文字書法之異也」〔註147〕。

〔註145〕　《學書邇言》，《楊守敬集》第八冊，湖北人民出版社、湖北教育出版社，1997 年，第 509 頁。

〔註146〕　《學書邇言》，《楊守敬集》第八冊，湖北人民出版社、湖北教育出版社，1997 年，第 509 頁。

〔註147〕　《高麗眞鑒禪師碑》跋，《望堂金石》，《楊守敬集》第十一冊，湖北人民出版社、湖北教育出版社，1997 年，第 565 頁。

　　楊守敬的《寰宇貞石圖》共收錄了六種日本、朝鮮碑銘。其中朝鮮三通：
《新羅眞興王巡界碑》（《評碑記》亦錄）、《新羅朗空大師碑》、《高麗國大覺
國師碑》；日本三通：《多胡郡碑》、《釋迦佛足跡碑》、《修造多賀城碑》。

　　在《三續寰宇訪碑錄》卷一的上古部分，楊守敬輯錄的第一件金石碑銘
竟是傳爲五千年以上的《埃及古造像》，表明他確是將訪碑的目光指向「寰
宇」。《三續寰宇訪碑錄》還收錄了日本法隆寺的《造如意輪觀音大士像記》、
《造金堂藥師像記》、《造釋迦佛像記》、《法隆寺釋迦像背款識》，日本畿內道
《上太子藏聖德太子瑪瑙石記》、《道登建字治橋斷碑》、《小野朝臣毛人銅墓
誌》，以及《新田部碑》、《那須直韋提碑》、《藥師寺東塔檫名》、《文忌寸禰麻
呂銅墓版》、《威奈大邨銅墓誌銘》等大量的日本碑銘。

　　尤其難能可貴的是，在《楷書溯源》中，楊守敬還不以畛域爲限輯錄了
日本《多胡郡碑》中的文字。此碑有「日本第一名碑」之稱，成於奈良初期，
字體奇古，風格獨特，深受中國六朝書風的影響。在《壬癸金石跋》中，楊
守敬還爲日本《修造多賀碑》作跋，詳加考訂。

　　更令國人大開眼界的是，在楊守敬編集的 8 卷本《鄰蘇園法帖》中，其
第 8 卷爲日本書法專集，收入了日本書家藤三娘（即光明皇后）、空海、藤原
平子等人的作品，爲其他刻帖所不備。

　　此外，在楊守敬所編的《古泉藪》、《飛清閣錢譜》中，還收錄了日本、
高麗、安南、琉球等國的古泉。

　　楊守敬引介的上述日本、朝鮮碑銘，在當時的中國大多還沒有被著錄，
反映了楊守敬的開放眼光和世界胸懷。他不僅看到了這些碑銘的學術文獻價
值，而且還從國際文化交流的角度，看到了它們與中國金石書法的淵源關係。
在給日人西田直養的《日本金石年表》作跋時，他這樣評價日本金石：「日本
所存千年以上墨蹟，所見以數千計，金石刻則無甚古者，然金如《神護寺鐘
銘》、《南圓堂燈臺銘》、《道澄寺鐘銘》；石如《多胡郡碑》、《佛足跡碑》，又
未嘗不精妙可喜也。」這些評語，足見楊守敬眼界之開闊，對日本書法源流
瞭解之透徹。在楊守敬心中，沒有華夷之辨，更沒有文化本位主義的偏見。
楊守敬這種海納百川、不拘一格的思想，在他日本「訪書」的過程中也得到
了充分展現，在《留眞譜》一書中，他也收錄了朝鮮刻本的書影，充分體現
了他的國際文化視野。

第五章　楊守敬的書法批評論

　　楊守敬的書法思想富有批判精神。他曾在《評帖記》序言中亮明了自己的批評宗旨：「褒貶黜陟，折衷先民；於心未善，勿取苟同。」〔註1〕表明了自己持論客觀公允，不附時論、不從流俗的態度。這種獨立的批評精神使楊守敬在清末書壇卓然而立，允爲大家。

第一節　碑帖並重

　　楊守敬的批判精神突出體現在他的「碑帖並重」書法思想中。在晚清阮元、包世臣、康有爲所掀起的「尊碑抑帖」風潮中，楊守敬敢與這些碑學派大家相抗衡，揭起「碑帖並重」的大纛，主張「合之兩美，離之兩傷」，對晚清書壇有力挽狂瀾、撥亂反正、糾偏導正之功。

　　楊守敬注重碑學，精研漢碑南北朝碑刻書風的歷史演變，他的《評碑記》搜集了當時所能見到的名碑近三百種，並逐一加以點評，可謂一部金石書法史；但同時他又能夠客觀、全面地看待碑與帖，不因重視碑而排斥帖。

　　《楷法溯源》是楊守敬集錄唐以前碑刻字體而編成的一部具有書法字典性質的書，爲清末碑學中的力作。但是，在《楷法溯源》凡例中，楊守敬一方面肯定碑刻「皆古人精意所留」，另一方面對於當時盛行的阮元「南北書派論」和「北碑南帖論」，敢於逆勢而動，加以批駁。如阮元在《南北書派論》中主張「南派乃江左風流，疏放妍妙，長於啓牘」、「北派則是中原古法，拘

〔註1〕　《評帖記》，《楊守敬集》第八冊，湖北人民出版社、湖北教育出版社，1997
　　　　年，第 585 頁。

謹拙陋，長於碑榜」，認為「兩派判若江河」，「劃然不相謀」〔註2〕，理由是
今之所傳鍾、王法帖與北碑無一合者。楊守敬一語道破個中原因：「今之鍾、
王書皆轉經模刻，最高唐人臨寫耳，豈復當日手筆？」〔註3〕經過摹碑比較，
他發現書法並沒有南北地理位置產生的差異，便提出大膽的質疑：「安在南碑
不同北朝？」〔註4〕

　　為此，楊守敬舉出了南北書法相類的實例糾正阮說。如公元 514 年刻於
江蘇鎮江的焦山《瘞鶴銘》（見下左圖）與公元511 年刻於山東掖縣的《鄭道
昭論經書》（見下右圖），兩碑南北地理位置雖殊，但筆意相似，異曲而同工。
通過對兩碑進行仔細比較，我們只能深服其言。

　　他還舉出另一組例證來，認為位於江蘇南京的南朝名碑《蕭憺碑》（亦稱
《始興王碑》）與位於山東德州的北魏《馬鳴寺根法師碑》也極為相似。

《瘞鶴銘》　　　　　　　　　　《鄭道昭論經書》

〔註2〕 見阮元《揅經室集三集》卷一，世界書局出版社，1982 年。
〔註3〕 《楷法溯源》凡例，《楊守敬集》第十三冊，湖北人民出版社、湖北教育出
　　　　版社，1997 年，第 17 頁。
〔註4〕 《楷法溯源》凡例，《楊守敬集》第十三冊，湖北人民出版社、湖北教育出
　　　　版社，1997 年，第 17 頁。

《蕭憺碑》(《始興王碑》)　　　　《馬鳴寺根法師碑》

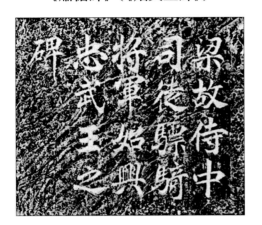 

　　不僅同代如此，跨朝代也有此類現象。楊守敬認爲唐朝顏眞卿、徐季海的書法脫胎於 200 年前的北魏《刁遵墓誌》。在《評碑記》中，他解釋道：「蓋此書（《刁遵墓誌》）有六朝之韻度而無其習氣，轉折迴環，居然兩晉風流。」〔註5〕也就是說碑帖兼融，不僅在唐代的顏眞卿、徐季海時就有了，甚至可以一直上溯到後魏時期的《刁遵墓誌》。這一結論是楊守敬經過長期摹碑所得，出自古碑實據，信而有徵。

　　正因爲長期實證研究，才使得楊守敬對碑與帖的認識都是辯證的，絕不追隨時議搞「一邊倒」。他評碑論帖沒有南北之界，絕不厚此薄彼。如他評價南朝《瘞鶴銘》「是書之妙，宋元以來無異論」〔註6〕。對北碑也極口讚揚，如評《張奢碑》、《賈思伯碑》「醇古遒厚，雖剝蝕過甚，而所存完字，皆爲至寶」，《太公廟碑》、《張猛龍碑》「整鍊方折，碑陰則流宕奇特」，《李仲璇碑》「間雜篆體而精勁絕倫」，《敬使君碑》「化方爲圓，暗用篆筆，而流美無對」，《孝文弔比干墓文》「瘦削獨出，險不可近」〔註7〕。

〔註 5〕　《評碑記》，《楊守敬集》第八冊，湖北人民出版社、湖北教育出版社，1997年，第 558 頁。

〔註 6〕　《評碑記》，《楊守敬集》第八冊，湖北人民出版社、湖北教育出版社，1997年，第 555 頁。

〔註 7〕　《學書邇言》，《楊守敬集》第八冊，湖北人民出版社、湖北教育出版社，1997

《刁遵墓誌》

　　正是由於書法思想和主張的不同，楊守敬評碑論帖就與康有爲大異其趣。如對於《嵩高靈廟碑》，康有爲十分欣賞此碑，在《廣藝舟雙楫》中將其碑陰文字列爲「神品」，說「南碑奇古之《寶子》，則有《靈廟碑》似之」，認爲此碑堪比《爨寶子碑》，極贊道：「渾金璞玉，皆師元常（鍾繇），實承中郎（蔡邕）之正統。」〔註8〕而楊守敬卻持不同觀點：「近來金石家多以爲佳。以余觀之，儉陋最甚，不足貴也。頗與《爨寶子碑》相似，此尤草率。」〔註9〕從兩人的觀點我們可以看出：康、楊都認爲《嵩高靈廟碑》與《爨寶子碑》風格十分接近，但由於二人所處的立場不同，對此碑的態度也就有了天壤之別。康有爲襃揚北碑，然其識見偏執，多崇碑之磅薄渾實，抑帖之清和婉暢，故而著意擡高此碑。而楊守敬雖也力主碑學，卻還從兼顧帖學的思路來看待北碑，故有「儉陋」一說，顯得更加客觀和全面。通過對下面兩碑的部分拓片進行比較鑒賞，相信孰是孰非不難得出結論。

　　　　年，第481、482頁。
〔註8〕　《廣藝舟雙楫注》，崔爾平校注，上海書畫出版社，1981年，第156、157頁。
〔註9〕　《評碑記》，《楊守敬集》第八冊，湖北人民出版社、湖北教育出版社，1997年，第556頁。

《嵩高靈廟碑》　　　　　　　　　《爨寶子碑》

　　再如對「揚州八怪」書法革新的看法，金農、鄭板橋融合碑帖和諸體，分別創出了「漆書」和「六分半書」，不蹈古人舊轍，個人風格十分突出。康有爲站在碑學片面的立場上認爲他們是失敗的：「冬心（金農）、板橋，參用隸筆，然失則怪，此欲變而不知變者。」〔註10〕而楊守敬卻能從碑帖兩方面看問題，肯定了他們的創新之舉：「鄭板橋（燮）之行楷，金壽門（農）之分隸，皆不受前人束縛，自闢蹊徑。」〔註11〕

　　在《舊館壇碑》的跋語中，楊守敬一語道破了其倡導「碑帖並重」的目的：「爾來金石家痛詆集帖，指《黃庭》、《樂毅》爲宋人所亂，激而求之北朝，洵稱先覺。然謂二王微旨盡於梵碣造像之中，亦恐有間。懸此書（指《舊館壇碑》）以救北碑之偏，以證集帖之誤，山陰矩矱，其庶幾乎？」〔註12〕這段話指出當時的碑派書家們因《淳化閣帖》將王羲之《黃庭經》、《樂毅論》等帖輾轉傳摹失眞，於是起而效法北碑，楊守敬對《淳化閣帖》也深爲不

〔註10〕　《廣藝舟雙楫注》，崔爾平校注，上海書畫出版社，1981年，第35頁。

〔註11〕　《學書邇言》，《楊守敬集》第八冊，湖北人民出版社、湖北教育出版社，1997年，第509頁。

〔註12〕　《望堂金石》，《楊守敬集》第十一冊，湖北人民出版社、湖北教育出版社，1997年，第530頁。

滿，肯定碑派此舉爲「先覺」；但他反對碑派書家過於拔高北碑，甚至認爲只有在梵碣造像中才能討二王消息的做法。因此，他特地將具有二王遺風的陶隱居的《舊館壇碑》選刻進《望堂金石》一書中，以「救北碑之偏」、「證集帖之誤」。

爲了「救北碑之偏」，楊守敬先後於 1892 年和 1893 年兩次刊刻了《鄰蘇園帖》。在《鄰蘇園帖》的序言中，楊守敬說：「近人好北碑，遂棄集帖於不顧，不知碑版雖古，不必皆爲書家之筆，集帖則非大家不能預也。此集所刻之帖，自晉及唐，非歷代劇跡流傳有緒者不錄，使承學者不執磨泐之余以爲古也，亦救偏之一道也。」指出不能棄帖的一重要原因，就是帖多爲大家所爲。可以看出在碑學籠罩書壇的情況下，他爲帖學大聲疾呼、力糾碑學之偏的良苦用心。

對於包世臣、康有爲「尊魏卑唐」的觀點，楊守敬也加以糾偏。在《廣藝舟雙楫》中，康有爲力排唐碑，極力鼓吹魏碑的「十美」、「十六宗」。楊守敬雖然也推崇漢魏六朝碑刻，但沒有包、康二人的偏激，表現出了對於唐碑應有的重視和極大的關注。在《〈楷法溯源〉凡例》中，楊守敬對唐代楷書有如下評價：「有唐之初風格遒上，楷法之極軌；開、寶以下日趨圓美，蘇武功、王士則柔媚尤甚。」〔註 13〕對唐楷做到了一分爲二、有理有據的評價，明顯比康氏客觀。他對唐代楷書諸大家也讚賞備至：「至若虞之《廟堂》、歐之《醴泉》、褚之《聖教》，遂爲楷法極則，顏、柳而後，不復能別出體裁。」〔註 14〕故其所著《評碑記》、《楷法溯源》、《望堂金石》、《寰宇貞石圖》、《鄰蘇園法帖》皆以唐代爲斷。在楊守敬的金石書法論著中，唐碑始終占居重要位置。《評碑記》共評碑 288 種，其中僅唐碑就佔了 111 種。在《學書邇言》的「評碑」部分，唐碑又佔了一半。《寰宇貞石圖》中，他選入大量北碑，但也沒有「尊魏卑唐」，唐碑入選仍然不少。他認爲：「北朝、唐碑各有體格，一碑又有一碑之體格。有可合用者，有必不容出入者，神而明之，可以兼擅諸家之長。若使一字北朝，一字唐碑，豈復成章法？此書之作，欲使學者通書法之變；及其成功，其胸中各自有書，方稱作手。」〔註 15〕體現了相容並包、持論平

〔註 13〕 見《楷法溯源》凡例，《楊守敬集》第十三冊，湖北人民出版社、湖北教育出版社，1997 年，第 16 頁。

〔註 14〕 《學書邇言》，《楊守敬集》第八冊，湖北人民出版社、湖北教育出版社，1997 年，第 477 頁。

〔註 15〕 《楷法溯源》凡例，《楊守敬集》第十三冊，湖北人民出版社、湖北教育出

正的治學態度和學術風範。

　　「證集帖之誤」，是楊守敬「碑帖並重觀」的另一方面。楊守敬收藏有各種版本的王羲之《十七帖》不下十餘通，可見他對帖的喜愛和重視。但是，對於帖學積弊，他也痛下針砭，毫不留情。在《評碑記》自序中，他批評「染翰之家，又或專注《集帖》，不復上窺漢魏」，指出帖學弊端：「宋元以來，書家林立，惟行草差可觀，而眞書云絕，無論篆隸。良由精於簡箚，略於碑版。故特著此篇，以矯其弊。」〔註16〕指出寫作《評碑記》的目的就是矯正帖學積弊。他譏笑那些沉溺於帖學卻連北魏《韓陵碑》都沒有見過的人：「浸假至於勝國文（徵明）、董（其昌）之儔，名高一代，侈談黃麻（指《襖帖》），莫悟粉本，目不睹《韓陵》片石，自詡會稽（王羲之）如面，良可嗤也！」〔註17〕

　　在《評帖記》序言中，楊守敬還對被奉爲帖學經典的宋代第一部集帖《淳化閣帖》痛加貶斥：「昇元以降，首創集帖，逮及有宋，斯風愈熾。而王著之徒，學疏識淺，考證亦乖，鑒別亦舛。《潭》、《絳》、《汝》、《利》，遞相祖述，莫悟厥非。矧舊拓罕存，贋本淆亂。即遇祖刻，價等球圖，尋其譜系，多是重鐫，安在皆足貴乎？」〔註18〕並對《淳化閣帖》的鈎刻不精、眞僞不辨深表不滿：「眞僞雜糅，米襄陽、黃長睿已疵議之，董香光尤所不滿。蓋以所見墨蹟對校，即眞者知其鈎刻亦不精也。」〔註19〕他以唐朝宋儋的《道安禪師碑》爲例：「《淳化閣帖》收其（宋儋）一帖，雜於魏晉人中，知王著之陋也。」〔註20〕另一方面，對於《淳化閣帖》的價值他仍給以應有評價：「然歷代名跡多載其中，神理雖亡，匡廓猶存。」〔註21〕並指出《淳化閣

版社，1997年，第17頁。

〔註16〕《激素飛清閣評碑記自序》，《楊守敬集》第八冊，湖北人民出版社、湖北教育出版社，1997年，第529頁。

〔註17〕《熒陽鄭氏碑》序，《楊守敬集》第十冊，湖北人民出版社、湖北教育出版社，1997年，第11頁。

〔註18〕《激素飛清閣評帖記序》，《楊守敬集》第八冊，湖北人民出版社、湖北教育出版社，1997年，第585頁。

〔註19〕《學書邇言》，《楊守敬集》第八冊，湖北人民出版社、湖北教育出版社，1997年，第493頁。

〔註20〕《學書邇言》，《楊守敬集》第八冊，湖北人民出版社、湖北教育出版社，1997年，第484頁。

〔註21〕《學書邇言》，《楊守敬集》第八冊，湖北人民出版社、湖北教育出版社，1997年，第493頁。

帖》「在宋時已不知翻刻幾本」，在《淳化閣帖》的諸種翻刻本（「銀釘本」、「馬糟本」、「肅府本」、「王覺斯本」、「畢士安本」）中，他認為以乾隆年間用內府所藏重摹的「畢士安本」最佳，「選石既精，復以御製墨拓之，固應為《閣帖》之冠。」〔註22〕這既不同於李兆洛〔註23〕所謂《閣帖》「足以慰饑渴」，英和〔註24〕的「得數行學之，便可名世」，吳榮光的「日日摩挲」及其「虛和朗潤」說，也不同於碑學大家何紹基以《閣帖》為「玩物」的觀點以及康有為「帖學大壞」論。

在《學書邇言》的評帖部分，楊守敬堅持以「子孫」、「翁靈」的評帖原則對歷代法帖進行評點。他認為明末董其昌輯印的《戲鴻堂帖》是「明代集帖之最下者」，批評道：「香光見聞既博，抉擇亦精。初本木刻已多失真，後又為石刻，尤為重濁。」〔註25〕而楊守敬最欣賞的集帖，是明吳用卿輯刻的《餘清齋帖》，評云：「大抵皆以墨蹟上石，又得楊明時鐵筆之精，故出明代諸集帖之上。其石乾嘉間尚存，無翻刻者。余極力搜得三部，以一部售之日本山本竟山，家存二部，今未卜存亡，惜哉！」〔註26〕這部被楊守敬譽為明代最佳的集帖，他竟一口氣收藏了三本，可見他對佳帖是何其寶愛。明末馮銓所輯《快雪堂帖》，楊守敬也非常喜愛，贊曰：「摹刻之精，當時目為鬼斧神工。」〔註27〕並推薦三種版本：淡墨拓的「涿拓」、重墨拓的「建拓」、內府拓的「內拓」，認為其中尤以「涿拓」為貴。

正是由於堅持了正確的「碑帖並重」觀，在評碑論帖中，楊守敬才能沒有門戶之見，即如流派林立的清代書壇，楊守敬也能實事求是地給以客觀評價。如承襲帖學一派的劉墉，楊守敬頗為讚賞：「余嘗見其少作，實從松雪入手，中年以後始專精《閣帖》，尤得力於尚書《宣示帖》，故雄渾雅絕，冠冕

〔註22〕《學書邇言》，《楊守敬集》第八冊，湖北人民出版社、湖北教育出版社，1997年，第493頁。

〔註23〕李兆洛（1769～1841年），字申耆，晚號養一老人，陽湖人。清代學者、文學家。推崇《閣帖》，尤善行草。

〔註24〕英和（1771～1840年），索綽絡氏，滿洲正白旗人，隸內務府。工詩文，善書法，推崇《閣帖》。

〔註25〕《學書邇言》，《楊守敬集》第八冊，湖北人民出版社、湖北教育出版社，1997年，第494頁。

〔註26〕《學書邇言》，《楊守敬集》第八冊，湖北人民出版社、湖北教育出版社，1997年，第494頁。

〔註27〕《學書邇言》，《楊守敬集》第八冊，湖北人民出版社、湖北教育出版社，1997年，第494、495頁。

一代。」〔註28〕對於乾嘉時期以寫帖著稱的「南北二梁」也有佳評：「梁山舟（同書）領袖東南，梁聞山（巘）昌明北學」，「誠爲雙璧」，並稱讚他們的書論「皆可稱度書金鍼矣」〔註29〕。而對於被尊爲碑版書法開山鼻祖的鄧石如，楊守敬也極口讚揚：「博大精深，包愼伯推其直接斯、冰，非過譽也。」〔註30〕同時，對於碑派大家，楊守敬也大膽指出其不足，決不爲尊者諱。如對於北碑派重鎭楊峴（1819～1896 年）的書法，楊守敬就認爲他江郎才盡：「初學《禮器》，信爲能者；晚年流爲頹唐，款題行書，尤爲俗格。」〔註31〕而對於碑帖兼融者，楊守敬就批評較少，蓋其收「合之兩美」之效。

楊守敬的「碑帖並重」觀，對清末民初的書法發展貢獻巨大。他沒有因爲當時書壇碑學大興而棄帖於不顧，對帖學積弊也並不視而不見，而是「救北碑之偏」、「證集帖之誤」，一方面對唯碑主義的偏執進行糾偏，另一方面又對單純帖學或技法主義進行撥正，從而使兩者「合之兩美」，對當時書壇碑帖兩派都起到了很好的平衡作用，有利於清末書法的健康發展。他的碑帖並重、碑帖兼融的書法思想與實踐，其更重要的意義在於，它有力地證明了以中國傳統審美中的「中和」原則指導書法理論和實踐，是確保中國書法正確發展的根本保證。

第二節　品高學富

「品高學富」是楊守敬在《學書邇言》卷首中開宗明義闡述的第一要義，可見他對其重要性的認識。他認爲一名合格的書法家：「一要品高，品高則下筆妍雅，不落塵俗；一要學富，胸羅萬有，書卷之氣，自然溢於行間。」〔註32〕在對歷代書家的評論中，楊守敬始終秉持「品高學富」的觀點，對歷代書家進行評騭。

〔註28〕《劉石庵楷書跋》，《鄰蘇老人題跋》，《楊守敬集》第八冊，湖北人民出版社、湖北教育出版社，第 1135 頁。

〔註29〕《學書邇言》，《楊守敬集》第八冊，湖北人民出版社、湖北教育出版社，1997年，第 509 頁。

〔註30〕《學書邇言》，《楊守敬集》第八冊，湖北人民出版社、湖北教育出版社，1997年，第 510 頁。

〔註31〕《學書邇言》，《楊守敬集》第八冊，湖北人民出版社、湖北教育出版社，1997年，第 509 頁。

〔註32〕《學書邇言》，《楊守敬集》第八冊，湖北人民出版社、湖北教育出版社，1997年，第 477 頁。

　　楊守敬的「品高學富」論繼承了中國傳統的德才觀，其實質即「德」、「才」二字。關於「德」「才」關係問題，司馬光在《資治通鑑》中有精闢闡述：「才者德之資也，德者才之帥也。」〔註33〕它既說明了兩者的相依關係，也說明了兩者本末不可倒置的原則。

　　同樣，楊守敬也把「品高」作為品評歷代書家的首要原則。在《唐顏魯公論座位稿》跋中，他感慨顏真卿的《論座位稿》刻石「堅於金鐵，每日捶拓之聲聞於宮外，故歷數百年而完好無缺」，對顏真卿的崇敬之情油然而生，大聲贊道：「要之魯公精神，更歷數十世而不弊，惟有此石可斷言也。」〔註34〕對顏真卿的書法，他亦以人論書曰：「氣體質厚，如端人正士，不可褻視。」〔註35〕

　　對人品卑劣者，楊守敬更是深惡痛絕。唐代書法家蘇靈芝曾有一段投靠叛軍安祿山的不光彩歷史，楊守敬在評其《易州刺史田仁琬德政碑》時，針對後人把蘇靈芝比作虞永興、褚遂良、徐季海，斷然加以否定，並對其品格痛加貶斥：「余嘗謂靈芝非特不敢望虞、褚，並不及當時之無名人書，蓋書雖不工，尚秉先輩矩度，靈芝則直趨軟媚，格卑品污，至斯已極。」〔註36〕但為什麼還要將此碑選入《評碑記》中呢？楊守敬答曰：「因今世稱之者尚眾，故辟之。」〔註37〕選錄該碑，就是要樹立一個反面的樣板，讓那些稱讚蘇靈芝的人有所警醒。在《學書邇言》評宋人書碑時，「宋四家」雖豐碑不多，楊守敬均有所論及，而蔡京雖然「碑間有存者」，楊守敬卻故意置之不論，以其「人品不足錄矣」〔註38〕。

　　楊守敬還對明末董其昌的人品頗有微辭，進而影響到了他對董其昌書法藝術上的評價。他認為董其昌「天分既高，見聞亦廣，凌厲襄陽，平視吳

〔註33〕　《資治通鑑》（上），中國文聯出版社，2000年第1版，第4頁。

〔註34〕　《鄰蘇老人題跋》，《楊守敬集》第八冊，湖北人民出版社、湖北教育出版社，1997年，第1106頁。

〔註35〕　《學書邇言》，《楊守敬集》第八冊，湖北人民出版社、湖北教育出版社，1997年，第484頁。

〔註36〕　《評碑記》，《楊守敬集》第八冊，湖北人民出版社、湖北教育出版社，1997年，第579頁。

〔註37〕　《評碑記》，《楊守敬集》第八冊，湖北人民出版社、湖北教育出版社，1997年，第579頁。

〔註38〕　《學書邇言》，《楊守敬集》第八冊，湖北人民出版社、湖北教育出版社，1997年，第485頁。

興，實亦自信太過」〔註 39〕。董其昌「天分」、「多見」這些條件具佳，但楊
守敬還是認爲他過於狂妄，連米芾、趙孟頫都不放在眼裏，人品不能謂之
高。在《學書邇言》的評帖部分，他獨對董其昌的《戲鴻堂帖》深爲不滿：
「香光見聞既博，抉擇亦精。初本木已多失眞，後又爲石刻，尤爲重濁。」
他贊同王澍的觀點，定董氏的《戲鴻堂帖》爲「明代集帖之最下者」〔註40〕。
如按照楊守敬「子孫」、「芻靈」的評帖標準，此帖當屬於低劣的「芻靈」
之類。

　　關於「學富」，楊守敬認爲「學富」能使書法充溢書卷之氣，「胸羅萬有，
書卷之氣，自然溢於行間」。〔註41〕在《學書邇言》評書部分，他所列舉的
50 餘位書家大都是歷史上有名的學者和文人。如評宋初書法，他對當時最有
名的書法家徐鉉和李建中隻字不提，只是列舉了梅聖俞、蘇舜欽、王禹偁、
歐陽修、文彥博五人，稱他們「皆能有書名」，這五人都是當時有名的詩人和
學者，他們並不以書法名世。評宋代書法，楊守敬認爲北宋文學家蘇東坡
「自是有宋第一」〔註42〕。而對「宋四家」中另一位文章學問遠遜於蘇東坡
的米芾卻多有微詞：「其率意不穩處，亦時現於紙上，故劉石庵（墉）疵爲
俗。」〔註43〕米芾的「俗」，絕不僅僅是其超越法度的技法問題，更重要的
是書卷氣不足。南宋書家，楊守敬特別提到了陸游，對其刻於《鳳墅石刻》
的手箚頗爲稱許：「皆能自樹立，雖不逮蘇、黃，自足傳也。」〔註44〕陸游的
書法之所以能在南宋書壇「自立」、「足傳」，顯然與其「學富」帶來的書卷氣
有關。

　　再如評明代中葉的書家，楊守敬稱許者有如下數人：「邵寶之學顏，李東
陽之學褚，皆能自樹藩籬，獨標眞諦。……至袁尚之、唐寅、王穉登、陸師

〔註39〕　《學書邇言》，《楊守敬集》第八冊，湖北人民出版社、湖北教育出版社，1997
　　　　　年，第 508 頁。
〔註40〕　《學書邇言》，《楊守敬集》第八冊，湖北人民出版社、湖北教育出版社，1997
　　　　　年，第 494 頁。
〔註41〕　《學書邇言》，《楊守敬集》第八冊，湖北人民出版社、湖北教育出版社，1997
　　　　　年，第 477 頁。
〔註42〕　《學書邇言》，《楊守敬集》第八冊，湖北人民出版社、湖北教育出版社，1997
　　　　　年，第 508 頁。
〔註43〕　《學書邇言》，《楊守敬集》第八冊，湖北人民出版社、湖北教育出版社，1997
　　　　　年，第 508 頁。
〔註44〕　《學書邇言》，《楊守敬集》第八冊，湖北人民出版社、湖北教育出版社，1997
　　　　　年，第 508 頁。

道、陳繼儒，雖未能自闢門庭，而皆不傷雅道。」〔註45〕這七人多是當時的文人學者，其書法高者可以「自樹藩籬」，次者也能「不傷雅道」，蓋書卷氣使然也。清代書家，在《學書邇言》中，楊守敬提到了下面這些善書的著名學者：陳奕禧、何焯、汪士鋐、桂馥、錢坫以及乾嘉學者張船山、宋芷灣等人。

　　楊守敬的「品高學富」論，繼承了中國古代書法理論的優秀成果。如黃庭堅在《山谷文集》中所說的「學書要胸中有道義，又廣以聖哲之學，書乃可貴！」可謂是對「品高學富」的最好注解。明清書家日益重視學養，從明代董其昌的「讀萬卷書、行萬里路」，到清代劉熙載提出「書以士氣為上」，再到楊守敬的「品高學富」論，強調「書卷之氣」，說明自明清以後，在講求書法藝術性的同時，更強調書家的學者化了。明清以來，書法儘管未脫離實用，然而事實上，它的審美功能已使一些文人騷客有心將其發展為把玩於几案、陳設於廳堂的藝術形式。尤其是乾嘉以來形成的書家往往首先是一位樸學考據學者的風氣，都促使書家們重視加強自身的內美修能，將過去視為「字外功」的「品高學富」當成「字內功」去追求，這是時代的一種進步。可惜的是，進入近現代以後，尤其是當代，這種好傳統不僅沒有得到發揚，反而喪失殆盡。

第三節　剛柔相濟

　　在書法風格上，楊守敬無疑傾向於陽剛一派，崇尚古勁雄強，反對姿媚軟弱。這一特點在他的青年時期表現得尤為突出。如《評碑記》中，他評《開業寺石佛堂碑》「書法雄偉如龍蛇」〔註46〕，《張軫墓誌》為「蒼勁無一弱筆」〔註47〕。關於學習書法，他認為三國的《孔羨》、《范式》、《上尊號》、《受禪表》「下筆如折刀頭，風骨凌厲，遂為六朝真書之祖」，主張「學分書者，從之入手，絕少流弊。」〔註48〕但對《孔羨碑》略有微詞，認為「此碑

〔註45〕　《學書邇言》，《楊守敬集》第八冊，湖北人民出版社、湖北教育出版社，1997年，第509頁。

〔註46〕　《評碑記》，《楊守敬集》第八冊，湖北人民出版社、湖北教育出版社，1997年，第577頁。

〔註47〕　《評碑記》，《楊守敬集》第八冊，湖北人民出版社、湖北教育出版社，1997年，第578頁。

〔註48〕　《學書邇言》，《楊守敬集》第八冊，湖北人民出版社、湖北教育出版社，1997年，第481頁。

以方正板實勝，略不滿者，稍帶寒儉氣。六代人分楷多宗此種，惟北齊少似之者」〔註49〕。他評黃庭堅學《瘞鶴銘》「腕弱」，主張「血氣之勇」：「山谷一生，得力於此，然有其格無其韻。蓋山谷腕弱，用力書之，不能無血氣之勇也。」〔註50〕

　　楊守敬的書法審美觀在其對「二王」書法的品評中得到充分體現。「二王」書法，楊守敬總的看法是羲不如獻。在《評帖記》中，他這樣評價王獻之的《送梨帖》：「大令此帖，與篆隸出入，高古絕倫，自謂與乃父固當不同，賴有此耳。」並贊同米芾《書史》的觀點：「《書史》亦謂子敬天眞超逸，豈父可比。」〔註51〕他稱頌王獻之的《中秋帖》為「天下子敬第一帖」，因其「運筆如火箸畫灰，連續無端，如不經意，所謂一筆書」〔註52〕。對王羲之的書法，他只對其古拙遒厚之作大加稱賞，如評《行穰帖》：「余謂沉厚遒邁，輕者重之，重者輕之，當是右軍最上之品。」〔註53〕評《姨母帖》：「知右軍亦以古拙勝，不專尙姿致也。」〔註54〕相反，對《平安帖》則評價不高：「氣骨較小，非右軍之至者。」〔註55〕

　　按照這一審美原則，楊守敬頗為北周《華嶽廟碑》鳴不平：「如古松怪石，絕不作柔美之態，亦命世創格，宜其名震一代。惟習之者少，遂至聲稱寂然。」〔註56〕並將其與同時代的《曹恪碑》合評道：「用筆如斬釘截鐵，結體尤古，皆命世之英也。」〔註57〕對《敬使君顯雋碑》也有類似佳評：「余謂

〔註49〕　《評碑記》，《楊守敬集》第八冊，湖北人民出版社、湖北教育出版社，1997年，第552頁。

〔註50〕　《評碑記》，《楊守敬集》第八冊，湖北人民出版社、湖北教育出版社，1997年，第555頁。

〔註51〕　《評帖記》，《楊守敬集》第八冊，湖北人民出版社、湖北教育出版社，1997年，第595頁。

〔註52〕　《評帖記》，《楊守敬集》第八冊，湖北人民出版社、湖北教育出版社，1997年，第595頁。

〔註53〕　《評帖記》，《楊守敬集》第八冊，湖北人民出版社、湖北教育出版社，1997年，第592頁。

〔註54〕　《評帖記》，《楊守敬集》第八冊，湖北人民出版社、湖北教育出版社，1997年，第594頁。

〔註55〕　《評帖記》，《楊守敬集》第八冊，湖北人民出版社、湖北教育出版社，1997年，第594頁。

〔註56〕　《學書邇言》，《楊守敬集》第八冊，湖北人民出版社、湖北教育出版社，1997年，第482頁。

〔註57〕　《學書邇言》，《楊守敬集》第八冊，湖北人民出版社、湖北教育出版社，1997

六朝人正書多隸體，此獨有篆意，古意精勁，不肯作一姿媚之筆，自是老成典型。」〔註58〕

　　顏眞卿的《爭座位帖》，楊守敬給以書法史上的極高評價：「行書自右軍後，以魯公此帖爲創格，絕去姿媚，獨標古勁。何子貞至推出《蘭亭》之上。」〔註59〕他不僅認爲《爭座位帖》爲王羲之後歷代行書中的最爲創格之作，而且大有贊同何紹基的觀點，欲拔《爭座位帖》於《蘭亭》之上。楊守敬如此推崇《爭座位帖》，蓋因《爭座位帖》的書風完全符合他的審美標準，這就是「絕去姿媚，獨標古勁」。

　　再如對李北海書法的評價，楊守敬認爲李書有三體：「一爲《李思訓》、《任令則》，以瘦勁勝；一爲《李秀》、《法華寺》、《麓山寺》，以雄偉勝；一爲《端州石室記》、《靈巖寺》，以古厚勝。」他認爲「三體之中，衣被後人者，尤以《李秀》、《法華》、《麓山》爲最，故趙松雪、董香光皆嘗取法。」〔註60〕楊守敬認爲李北海影響最大的書風爲「雄偉」一類，可見其審美趨向。

　　對於姿媚之作，楊守敬均評價不高。他對「清四家」中的王文治頗有揶揄：「秀韻天成，而或訾爲女郎書。」〔註61〕楊守敬雖未對別人譏諷王文治書法爲「女郎書」作進一步評論，顯然是贊同此觀點的。對於漢隸，楊守敬大都有甚高評價，獨對漢末的《曹全碑》、《白石神君碑》評價不高，認爲「已至漢季，古意稍漓」〔註62〕，究其原因是因爲《曹全碑》「流美有餘，古勁不足」〔註63〕。他還將《曹全碑》比附爲趙（孟頫）、董（其昌）書風，並贊同潘孺初的觀點：「分書之有《曹全》，猶眞、行之有趙、董。」〔註64〕可見，

年，第 482 頁。

〔註58〕《評碑記》，《楊守敬集》第八冊，湖北人民出版社、湖北教育出版社，1997年，第 559 頁。

〔註59〕《學書邇言》，《楊守敬集》第八冊，湖北人民出版社、湖北教育出版社，1997年，第 498 頁。

〔註60〕《鄰蘇老人題跋》，《楊守敬集》第八冊，湖北人民出版社、湖北教育出版社，1997 年，第 1092 頁。

〔註61〕《學書邇言》，《楊守敬集》第八冊，湖北人民出版社、湖北教育出版社，1997年，第 509 頁。

〔註62〕《學書邇言》，《楊守敬集》第八冊，湖北人民出版社、湖北教育出版社，1997年，第 481 頁。

〔註63〕《漢曹全碑跋》，《鄰蘇老人題跋》，《楊守敬集》第八冊，湖北人民出版社、湖北教育出版社，1997 年，第 1074 頁。

〔註64〕《評碑記》，《楊守敬集》第八冊，湖北人民出版社、湖北教育出版社，1997

對於偏柔美的趙、董書風，他也是貶抑的。

然而，楊守敬也並非一味讚賞古勁。如他在《學書邇言》中，評北齊的《泰山石經峪》「紆徐容與，絕無劍拔弩張之跡」，主張「擘窠大書，此爲極則」。〔註65〕歐陽詢的《皇甫誕碑》，王世貞認爲該碑較《九成宮醴泉銘》尤險勁，意在抑《醴泉》而伸《皇甫》。楊守敬雖然也認爲「歐書《皇甫誕碑》最爲險勁，張懷瓘《書斷》稱其『森焉如武庫矛戟』，此等是也」〔註66〕，但與王世貞的觀點恰恰相反，認爲「其（《皇甫》）不及《醴泉》處，正以純用險勁，無其清峻之度」〔註67〕。他甚至提出將歐陽詢的《化度寺碑》置於《醴泉》之上，因爲《化度寺碑》「奇橫險峭之中，仍自豐腴悅澤，溫文爾雅，其下筆直如漢鑄銅印。昔人且有謂在《醴泉》以上者以此」〔註68〕。從以上對歐陽詢書法的評價，可以看出楊守敬是反對純用險勁的。

再如對歐陽詢的兒子歐陽通的書法，楊守敬贊其有乃父之風，其《道因法師碑》「碑森焉如武庫矛戟，眞堪移贈」〔註69〕。但他不同意張懷瓘《書斷》中評歐陽通書法「瘦怯於父」的觀點，認爲歐陽通的書法「瘦峭異常」，但「所不及乃翁者，乏清峻之度耳。」〔註70〕楊守敬認爲歐陽通書法不及歐陽詢處，恰在於缺少了「清峻之度」。

類似的觀點還體現在對柳公權書法的評價上。在《學書邇言》中，楊守敬評柳公權的《和尚碑》「天骨開張，雖不善學者，流爲獷悍」，而《苻璘碑》、《魏公先廟碑》、《劉沔碑》、《馮宿碑》「皆斂才就範，終歸淡雅」〔註71〕，獨對《高元裕碑》評價甚高，贊爲「尤爲完美」，因爲兼具了上述二者的特點。

年，第549頁。

〔註65〕 《學書邇言》，《楊守敬集》第八冊，湖北人民出版社、湖北教育出版社，1997年，第482頁。

〔註66〕 《學書邇言》，《楊守敬集》第八冊，湖北人民出版社、湖北教育出版社，1997年，第482頁。

〔註67〕 《評碑記》，《楊守敬集》第八冊，湖北人民出版社、湖北教育出版社，1997年，第565頁。

〔註68〕 《評碑記》，《楊守敬集》第八冊，湖北人民出版社、湖北教育出版社，1997年，第566頁。

〔註69〕 《評碑記》，《楊守敬集》第八冊，湖北人民出版社、湖北教育出版社，1997年，第571頁。

〔註70〕 《評碑記》，《楊守敬集》第八冊，湖北人民出版社、湖北教育出版社，1997年，第571頁。

〔註71〕 《學書邇言》，《楊守敬集》第八冊，湖北人民出版社、湖北教育出版社，1997年，第485頁。

對柳公權最著名的《玄秘塔碑》，楊守敬卻認為與《和尚碑》一樣，都犯了「天骨開張」的毛病——「天骨開張，與諸刻不類，或以『金剛怒目』少之者。」〔註72〕因此，楊守敬的美學主張是：僅有「天骨開張」而缺乏「淡雅」的中和，只能是「金剛怒目」的蠻力，只有兩者結合方為「完美」。

由此可見，楊守敬的書風雖屬於陽剛一派，但他真正的書法審美主張卻是剛柔相濟，這體現了中國傳統的「中和」美學思想，這在他晚年的書法思想中表現得尤為明顯。他雖然讚賞顏真卿「絕去姿媚，獨標古勁」一類的作品，但更欣賞的還是「圓美之間，自有一種風骨」的顏真卿《多寶塔感應碑》，稱其「斷非他人所及」〔註73〕。他極力推崇初唐殷令名的《裴鏡民碑》，因其「虞之沖和，歐之峻拔，兼而有之」，贊為「無上鴻寶」〔註74〕。他還非常欣賞清代劉墉的書法，稱其「用筆如棉裏裹鐵，卓然大家」〔註75〕。這「棉裏裹鐵」之語，實為「剛柔相濟」之贊辭。再如他評唐明皇的《鶺鴒頌》，雖然明皇碑版已開圓熟之派，但因「此帖柔而有骨，故自可傳」〔註76〕。「柔而有骨」，則是「剛柔相濟」的又一種表達。最能體現楊守敬書法審美思想的是他對《酸棗令劉熊碑》的評價：「是碑古而逸，秀而勁，疏密相間，奇正相生，神明變化，擬於古文。」〔註77〕故《劉熊碑》是「剛柔相濟」的典範之作。

那麼，怎樣才能達到書法創作中「剛柔相濟」的高境界呢？在評陸機的《平復帖》中楊守敬一語道破玄機：「無一筆姿媚氣，亦無一筆粗狂氣，所以為高。」〔註78〕認為去掉書法中的「姿媚氣」和「粗狂氣」，才是「剛柔相濟」

〔註72〕 《唐大達法師玄秘塔碑》跋，《鄰蘇老人題跋》，《楊守敬集》第八冊，1997年，第 1095 頁。

〔註73〕 《評碑記》，《楊守敬集》第八冊，湖北人民出版社、湖北教育出版社，1997年，第 582 頁。

〔註74〕 《學書邇言》，《楊守敬集》第八冊，湖北人民出版社、湖北教育出版社，1997年，第 483 頁。

〔註75〕 《學書邇言》，《楊守敬集》第八冊，湖北人民出版社、湖北教育出版社，1997年，第 509 頁。

〔註76〕 《學書邇言》，《楊守敬集》第八冊，湖北人民出版社、湖北教育出版社，1997年，第 499 頁。

〔註77〕 《評碑記》，《楊守敬集》第八冊，湖北人民出版社、湖北教育出版社，1997年，第 551 頁。

〔註78〕 《評碑記》，《楊守敬集》第八冊，湖北人民出版社、湖北教育出版社，1997年，第 591 頁。

的最高標準。不過，對於學書者，楊守敬認爲還是先從「剛」處入手：「學書須從斬釘截鐵入手，方不穉弱。」〔註79〕然後再進入「柔」的境界：「欲學醇厚，先須清矯，苟不如此，流入臃腫一路，終身爲門外漢矣，此學書一大關頭也。」〔註80〕

第四節　尚古重今

　　楊守敬崇尚古風，他精研金石，上溯三代，下逮漢唐，追本求源，獨得神會，書法也古茂恣肆，直逼漢魏。其日本弟子水野疏梅這樣賦詩贊曰：「夏彝周鼎精稽古，秦碣漢碑遠溯源。」〔註81〕從中可見楊守敬好古敏求的精神。

　　對於古人書法，楊守敬有這樣的精辟之論：「古人字非一覽便可盡知」〔註82〕；相反，「凡物之一覽即盡者，必非精詣也」。〔註83〕於此可見他對古人書法的推崇。

　　在美學主張上，楊守敬總的評價爲「古今淳漓」。在品評古代碑帖時，一般而論，他也是認爲古勝於今，在淳漓中見古今。唐徐浩所書的《嵩陽觀記聖德感應頌》，有人認爲極似漢隸，推爲唐隸第一。楊守敬卻認爲此碑「可謂工極，而以視漢人，則天淵矣」〔註84〕。對唐代李陽冰的篆書，他也持相似觀點，認爲李陽冰的《三墳記》、《棲先塋》諸刻，與漢嵩山《少室》、《開母》諸碑相比，「已有古今淳漓之辨，無論《泰山》、《琅邪》諸作也。」〔註85〕言下之意，漢《少室》、《開母》也不如秦《泰山》、《琅邪》諸作。

　　因此，楊守敬往往「以古爲則」來評碑論帖。如評《萊子侯刻石》「漢隸

〔註79〕　《後周華嶽廟碑》跋，《鄰蘇老人題跋》，《楊守敬集》第八冊，湖北人民出版社、湖北教育出版社，1997年，第1077頁。

〔註80〕　《評帖記》，《楊守敬集》第八冊，湖北人民出版社、湖北教育出版社，1997年，第608頁。

〔註81〕　《鄰蘇老人年譜》，《楊守敬集》第一冊，湖北人民出版社、湖北教育出版社，1997年，第26頁。

〔註82〕　《楊守敬學術年譜》，宜昌政協文史委編，湖北人民出版社，2004年，第328頁。

〔註83〕　《評碑記》，《楊守敬集》第八冊，湖北人民出版社、湖北教育出版社，1997年，第569頁。

〔註84〕　《評碑記》，《楊守敬集》第八冊，湖北人民出版社、湖北教育出版社，1997年，第581頁。

〔註85〕　《學書邇言》，《楊守敬集》第八冊，湖北人民出版社、湖北教育出版社，1997年，第477頁。

之存者爲最古，亦爲最高」〔註86〕；評《史晨碑》「昔人謂漢隸不皆佳，而一種古厚之氣，自不可及，此種是也」〔註87〕。他評王羲之小楷《樂毅論》諸版本，也以是否有古意論高低，認爲最好的當數漢陽葉氏所藏宋拓本，因其「古厚渾淪」；其次爲《餘清齋》所刻；再次爲《快雪堂》所刻，因其「毫無古意」。他還這樣評價唐人寫經：「余嘗謂唐人寫經，在當時不過傭書者流，未必與於書家品騭。至今日則有極天下之選，盡一生之聰明才力，尚不能追其格度。古今人不相及，所爲有世道昇降之慨也。」〔註88〕不僅書法今不如古，甚至連世道人心也如此。而對於不入時人眼的漢晉墓磚文字，雖爲工匠所刻，因爲有古意，他也給以很高評價：「然時既近古，雖工匠爲之，亦有古意。」〔註89〕

楊守敬尚古，又以崇尚六朝書風爲最。他這樣評價《張猛龍碑》：「書法瀟灑古淡，奇正相生，六代所以高出唐人者以此。或謂其不佳，眞俗眼也。」〔註90〕在與日本書家松田雪柯筆談時，他對六朝書風極口贊道：「六朝絕佳者甚多，他日觀其全，始知唐人不及也。小小造像有絕精者。」並認爲自己最欽仰的蘇東坡的書法亦來源於六朝書風：「余謂坡公無一筆俗氣，乃知其浸淫於六代深也。」〔註91〕其實，這也是楊守敬的夫子自道，他本人於六朝書風亦浸淫甚深。

楊守敬崇尚六朝書風，從他的金石收藏中也可窺一斑。其所收藏的金石以漢碑六朝爲最，唐碑次之。他常用唐碑舊本與友人交換六朝新本，如用明初的《九成宮》拓本換取北周的《曹恪碑》。

當然，楊守敬尚古，也並非一味的唯古是尊。在《學書邇言》中，他借評《太公呂望表》亮明自己的宗旨：「繼述漢人，應規入矩，未可以時代爲軒

〔註86〕《評碑記》，《楊守敬集》第八冊，湖北人民出版社、湖北教育出版社，1997年，第538頁。

〔註87〕《評碑記》，《楊守敬集》第八冊，湖北人民出版社、湖北教育出版社，1997年，第544、545頁。

〔註88〕《唐成都府大慈寺〈淨土經〉跋》，《壬癸金石跋》，《楊守敬集》第八冊，湖北人民出版社、湖北教育出版社，1997年，第1037頁。

〔註89〕《學書邇言》，《楊守敬集》第八冊，湖北人民出版社、湖北教育出版社，1997年，第481頁。

〔註90〕《評碑記》，《楊守敬集》第一冊，湖北人民出版社、湖北教育出版社，1997年，第559頁。

〔註91〕《評碑記》，《楊守敬集》第一冊，湖北人民出版社、湖北教育出版社，1997年，第555頁。

輕。」〔註 92〕不以時代為軒輊，反映了楊守敬對待古今的態度。元人吳炳用八分書重寫的《淮源桐柏廟碑》，楊守敬雖也贊同朱彝尊「不及漢人之古厚」的評語，但仍給以很高評價：「然自分法久亡，炳生千載後，獨能力追漢魏。」並贊曰：「斷不在唐人下也，國朝諸公，皆未能及。」〔註 93〕這一點還充分體現在他對清代書法的評價上。楊守敬古今並重，認為：「國朝（清朝）行草不及明代，而篆分則超軼前代，直接漢人。若鄧完白、楊沂孫之篆書，桂馥、陳鴻壽、黃易之分書，皆原本古先，自出機杼，未可以時代降也。」〔註 94〕他認為清人篆、分二體已超軼前代、直接漢人，這是因為，這些書家都能做到既「原本古先」以取法乎上，又「自出機杼」形成個人風格，使久已淡出實用舞臺的古老字體重新煥發出新的藝術靈光。「未可以時代降也」，表明楊守敬不薄今人愛古人。

　　應該看到，楊守敬的書法思想經歷了一個發展演進過程。早年的楊守敬書法思想確有偏激的一面。如在日本刊印的《評帖記》敘言中，保留了他當初寫下的評帖宗旨：「與古為仇」、「纖微畢載」，言辭激烈決絕，反映了早年楊守敬的年輕氣盛和片面極端的一面；而後來的稿本中他就改為「每與古違」、「所見畢載」，心態就平和得多，觀點也較為客觀全面。

　　再如關於碑帖關係問題，楊守敬確也說過崇碑貶帖之類過激的話。如1881 年，他在為日本書法家日下部鳴鶴刊刻的《熒陽鄭氏碑》作序時，首先指出帖學面臨的危局：「乃知《潭》、《絳》、《汝》、《利》，遞經祖述，既悲神喪，又覺形離。」進而提出：「問途八法，捨吉金樂石，莫窺蹊徑。」〔註95〕認為「永字八法」只能向古器物和古石刻中討消息，儼然北碑派的口吻。應該看到，這種言論是他在特殊歷史背景下的激憤之語，目的是在日本推廣北碑，並頗有對帖學「哀其不幸，怒其不爭」的意味，不能作為他書法思想的代表。

〔註 92〕　《學書邇言》，《楊守敬集》第八冊，湖北人民出版社、湖北教育出版社，1997
　　　　　年，第 481 頁。
〔註 93〕　《評碑記》，《楊守敬集》第八冊，湖北人民出版社、湖北教育出版社，1997
　　　　　年，第 544 頁。
〔註 94〕　《學書邇言》，《楊守敬集》第八冊，湖北人民出版社、湖北教育出版社，1997
　　　　　年，第 477 頁。
〔註 95〕　《熒陽鄭氏碑》序，《楊守敬集》第十冊，湖北人民出版社、湖北教育出版社，
　　　　　1997 年，第 11 頁。

　　同樣，楊守敬的書法審美觀也經歷了一種前後大異其趣的嬗變。如關於宋代書家的評價，在 1868 年他 30 歲寫作《評帖記》時，認爲宋代書法以宋高宗爲第一：「余嘗謂光堯（趙構封號）翰墨，爲有宋一代第一，即趙松雪猶應俯首下拜。蓋其下筆如生龍活虎，老勁無敵，顛倒橫軼，無不如志。書格至此，已不勝其高。」並極評之曰：「無美不臻。」〔註96〕此時的楊守敬正值血氣方剛的盛年，只看到宋高宗書法「生龍活虎，老勁無敵」的一面，便以偏概全爲「無美不臻」，反映了他的書法審美觀尚不成熟。而到了 1911 年他73 歲寫作《學書邇言》時，則推蘇東坡書法爲「有宋第一」，認爲蘇東坡「於『二王』後獨出冠時，別開生面」，並贊同郭尚先〔註97〕對蘇書「老熊當道，百獸震懾」的評價爲「適善形狀」〔註98〕。而對宋高宗，在《學書邇言》中則隻字不提。

　　由此我們可以看出，楊守敬青年時代崇尚的書風爲宋高宗式的「生龍活虎，老勁無敵」，以古勁雄強爲尚；至晚年則是蘇東坡式的「老熊當道，百獸震懾」〔註99〕，主張剛柔相濟了。從以純剛爲主發展爲剛柔相濟的相反相成的美學觀，標誌著楊守敬書法思想逐步走向成熟和完善。這一點，在楊守敬的書法藝術發展中也得到了充分體現。楊守敬的書法以宣統元年前後爲界分爲中青年期和晚年期。其前期作品偏於雄強堅勁、力追險絕，而後期作品則趨於平淡天眞，走向蒼潤渾樸、含蓄多情的藝術風貌。

　　必須看到，作爲乾嘉學派的重要學者，楊守敬的書法思想還有其歷史局限性和不完善的一面。但綜觀其書法思想，雖千慮一失，或所不免，然其窮源溯委、考據精覈，詞必有徵、力創新見，在清末民初的書家中可謂卓然獨立矣。

〔註96〕《評帖記》，《楊守敬集》第八冊，湖北人民出版社、湖北教育出版社，1997年，第 608 頁。

〔註97〕郭尚先（1785～1832 年），字符聞，號蘭石，福建莆田人。精鑒別，書似歐陽詢，以骨力勝，間作小楷，頗深別趣。臨摹諸家，悉可亂眞。高麗、日本爭相購致。

〔註98〕《學書邇言》，《楊守敬集》第八冊，湖北人民出版社、湖北教育出版社，1997年，第 508 頁。

〔註99〕王家葵的《近代書林品藻錄》也以「老羆當道，百獸震懾」形容楊守敬的書風，山東畫報出版社，2009 年，第 500 頁。

第六章　楊守敬對學習書法的認識

　　楊守敬不僅是著名的書法理論家，也是傑出的書法藝術家。在書法實踐中他積累了豐富的經驗，提出了許多眞知灼見，使他的書法思想更加豐富和全面。楊守敬總結了歷代書家的成功經驗，並爲自己的書法找到了一個合適的定位，也爲學書者提供了一種可資學習借鑒的門徑，可謂啓迪後學的學書津要。這主要體現在他關於書家素質修養的「學書五要」，書法創作中的碑帖兼融、繼承創新問題，以及筆法論等方面。

第一節　「學書五要」

　　「學書五要」是楊守敬在《學書邇言》卷首論述的第一個問題。在《學書邇言》「緒論」中，楊守敬首先徵引了梁同書《答張芑堂書》中所提出的學書「三要」：「天分第一，多見次之，多寫又次之。」他對前輩書家的觀點完全贊同，認爲「此定論也」，接著申論其言道：「嘗見博通金石，終日臨池，而筆跡鈍穉，則天分限之也；又嘗見下筆敏捷，而墨守一家，終少變化，則見少之弊也；又嘗見臨摹古人，動合規矩，而不能自名一家，則學力之疏也。」在此基礎上，楊守敬又增以「二要」：「一要品高，品高則下筆妍雅，不落塵俗；一要學富，胸羅萬有，書卷之氣，自然溢於行間。古之大家，莫不備此，斷未有胸無點墨而能超軼等倫者也。」〔註1〕從而在前人學書「三要」的基礎上發展爲「學書五要」。

〔註 1〕《學書邇言》，《楊守敬集》第八冊，湖北人民出版社、湖北教育出版社，1997年，第 477 頁。

　　《學書邇言》是楊守敬 1911 年避居上海時，爲日本門人水野疏梅所編著的學書講義。作爲對學書者進行指導的一部著作，楊守敬首先強調學書者必須具備的素質和修養。梁同書所說的天分、多見、多寫這「三要」，是歷代學書經驗的總結。「三要」中，「天分」最爲重要。「天分」是書家的先天稟賦，但是，「天分」絕不能片面理解爲一個人與生俱來的智商，而是書家悟性和對書法具有的聰慧敏捷的感性認識。因此，「天分」既有先天賦予的一部分，又有後天通過培養訓練補救的一部分，可以理解爲腦要勤。「多見」、「多寫」，是指書家學書的努力和勤奮的程度。「多見」，就是多閱碑帖；「多寫」，就是勤於臨寫，也就是眼要勤、手要勤。凡此「三要」，是學書者應該具備的基本條件與基本功夫，似應很齊備了。然而，楊守敬在前人「三要」的基礎上更進一步，提出自己獨創性的見解——「品高學富」，既抓住了書法藝術最本質的東西，又完善豐富了學習書法應具備的條件，頗富創見。「品高學富」，即學書者人品要高尚，學識要豐富。學書絕不僅僅是單憑「天分」、「多見」、「多寫」，而要不斷地增強自身的品德修養、學識積累。人品高，則字品就高；學問富，則書卷氣就足。「品高學富」對書法有著潛移默化和深層次的影響，是書法能否上一個更高境界的關鍵所在。從而使人們對書法學習的認識由一個形而下的技術層面，躍升到一個形而上的高度，即：能夠反映書者的學養性情和精神氣格的、蘊涵著深刻民族文化內涵的藝術。

　　下面，分別闡述一下楊守敬關於「學書五要」的主要觀點。

　　關於「天分」，楊守敬與前人一樣認爲極其重要，因爲它決定了書家的悟性和接受能力。在《學書邇言》評書部分，他舉出了乾嘉年間的兩位天才型書家張問陶和宋湘，二人書法「純不依傍古人，自然古雅」，楊守敬認爲這是由於他們「天分獨高，故不師古而亦無不合格」〔註2〕。張、宋二人的天分之高，使他們不依傍古人便能得古人書法的精髓和意蘊。在與日本書家巖谷一六的筆談中，楊守敬還舉出了當時另一位天分極高的書家鄧石如——「其人天分高絕，遂爲篆法大宗」，並道出了天分高的書家不師古而自古的原因：「用筆千古不易，天分高者自然暗合。」〔註3〕天分高的人可以通過自己的悟性和天資，與古人的筆法暗合，從而把書法創作的奧旨一語道破。

〔註 2〕　《學書邇言》，《楊守敬集》第八冊，湖北人民出版社、湖北教育出版社，1997年，第 509 頁。

〔註 3〕　《楊守敬學術年譜》，宜昌政協文史委編，湖北人民出版社，2004 年，第 320頁。

　　「天分」不是人人都可以具有的先天條件，天分差的人即使後天再努力，
也只是一般性的書寫，很難達到一定的高境界。在評王獻之《蘭草帖》時，
楊守敬稱頌王獻之的書法「平淡天成，虛婉靈和」，但認爲這種書法的至高境
界非常人可以企及，「學者悟此，安能有一筆積習？然此境關乎天授，非人力
也。」〔註4〕楊守敬認爲「天分」即是書家的先天稟賦，天分高的人創造的書
法高境界，非常人所能企及。這並不是唯心論的觀點，雖然我們都贊成愛迪
生的「天才是百分之一的靈感，百分之九十九的血汗」這句話，但往往是那
百分之一的靈感才起到質變的決定作用。尤其在藝術創作中，天分的作用至
關重要，它往往成爲決定大師和匠人的重要條件。天分不夠，即使多見、多
寫也難以達到書法藝術的最高境界。

　　楊守敬對「清四家」中的翁方綱多有批評，認爲他天分不高。他這樣評
價翁方綱其人其字：「見聞既博，復考究於一筆一畫之間，不爽毫釐，小楷尤
精。」接著又批評道：「究嫌天分差遜，雖質厚有餘，而超妙不足。」〔註5〕
楊守敬認爲翁氏「多見」（「見聞既博」）、「多寫」（「復考究於一筆一畫之間」）
這些條件都具備了，但天分稍遜，故很難達到書法的超妙之境。他還指陳翁
方綱書法思想的弊端，號召大家破除對見多識廣的翁方綱的迷信：「大抵覃溪
（翁方綱）論書，專尚質厚，而其弊遂以朧腫古拓爲高，前人駭其所見之博，
遂不敢異議。」〔註6〕他還對翁方綱左祖《秘閣》，詆毀《樂毅論》餘清齋絹
本爲僞大爲不滿：「大抵覃溪不知用筆，見聞雖博，校刻雖精，於書道實無所
解，故第以古刻爲貴也。」〔註7〕「不知用筆」、「於書道實無所解」，反映了
翁方綱在天分上的欠缺。包世臣也有類似的評價：「宛平（翁方綱爲北京宛平
人）書只是工匠之精細者耳……無一筆是自己也。」〔註8〕

　　關於「多見」，楊守敬在與日本書家日下部鳴鶴筆談中說：「大抵作書，
不可無法，亦無定死法。多讀書者自能作文，多見名跡自能書，無徒拾前

〔註4〕《評帖記》，《楊守敬集》第八冊，湖北人民出版社、湖北教育出版社，1997
　　　年，第595頁。
〔註5〕《學書邇言》，《楊守敬集》第八冊，湖北人民出版社、湖北教育出版社，1997
　　　年，第509頁。
〔註6〕《唐皇甫誕碑》跋，《楊守敬集》第八冊，湖北人民出版社、湖北教育出版社，
　　　1997年，第1087頁。
〔註7〕《評帖記》，《楊守敬集》第八冊，湖北人民出版社、湖北教育出版社，1997
　　　年，第606頁。
〔註8〕馬宗霍《書林藻鑒》卷第十二，文物出版社，1984年版，第216頁。

人牙慧，斯爲得耳。」〔註9〕在這裡，楊守敬強調「多見」的重要性，如同「書讀百遍，其義自現」一樣，多見古人名跡即自能作書，這實際上是一種潛移默化的作用。反之，少見則眼界狹小，創新無源，難以形成個人風格，正如他所言：「又嘗見下筆敏捷，而墨守一家，終少變化，則見少之弊也。」〔註10〕另外，在強調「多見」的同時，楊守敬還指出要舉一反三、觸類旁通地「善學」，他認爲「窺見一斑，可以想其全豹，是在善學者」〔註11〕。

楊守敬也十分強調「多寫」的重要性。他以何紹基爲例：「何子貞（紹基）以顏書爲宗，其行草如天花亂墜，不可捉摸，篆書純以神行，不以分佈爲工，隸書學《張遷》，幾逾百本。論者謂子貞書純以天分爲事，不知其勤筆若此。然學之者，不免輕佻，則胸襟自殊也。」〔註12〕楊守敬認爲何紹基的高超書藝並不全靠天分，他在「多寫」上下了很大工夫，告誡那些不明就裏盲目學習何紹基的人，如果功夫不備，學習何紹基只能流於輕佻，難免有效顰之譏。這也可以用何紹基自己的話來佐證，何氏有言：「余學書四十餘年，溯源篆、分，楷法則由北朝求篆、分入眞楷之緒。」〔註13〕可見，何紹基在書法上下了何等的功夫。

在前人「三要」的基礎上，楊守敬提出了著名的「品高學富」論。人品學識，過去被認爲是書家的「字外功」，楊守敬認爲是比筆墨技巧更爲重要的「字內功」，將其納入到「學書五要」。顯然，他是贊同趙之謙的「內功讀書，外功畫圈（指書法技法）」觀點的。這是楊守敬的過人之處，也是他對中國書法的重大貢獻。

「品高」，即書家的品格修養。歷代書法家多以人品高下作評書的重要標準之一，提倡「書德並重」，甚至把品德修養放在第一位，強調「立藝先立德」。如傅山的「作字先做人」，劉松年的「書畫清高，首重人品」，朱和羹的「學書不過一技耳，然立品是第一關頭」，等等。中國書法史之所以極力推崇顏眞

〔註9〕 見《三人的益友》，（日）日下部鳴鶴《鳴鶴先生叢話》。

〔註10〕 《學書邇言》，《楊守敬集》第八冊，湖北人民出版社、湖北教育出版社，1997年，第477頁。

〔註11〕 《評碑記》，《楊守敬集》第八冊，湖北人民出版社、湖北教育出版社，1997年，第566頁。

〔註12〕 《學書邇言》，《楊守敬集》第八冊，湖北人民出版社、湖北教育出版社，1997年，第510頁。

〔註13〕 何紹基《跋道因碑拓本》，《何紹基詩文集·東洲草堂文鈔》卷十，嶽麓書社，1992年，第889頁。

卿，其中一個重要原因就是他人品高尚。

那麼，「品高」是如何影響書法藝術的水準呢？楊守敬認爲：「品高則下筆妍雅，不落塵俗。」﹝註14﹞品德高尚的人其下筆自然高雅脫俗。他這樣評價人品不高的蘇靈芝的書法：「大抵書之好醜，格之高下，皆於神氣上見。」﹝註15﹞認爲人品、字品交互影響，彼此都可在「神氣」上見高下。清代書家中，楊守敬非常敬仰錢灃的人品，認爲歷史上學顏字的人，都沒有錢灃學得像。他進而分析道：「自來學前賢者，未有不變其貌而能成家，惟錢南園（錢灃）學顏書如重規疊矩。此由人品氣節，不讓古人，非可襲取也。」﹝註16﹞錢南園平生仰慕顏眞卿的爲人，書亦法之。時和珅用事，他曾當面指責；又上疏彈劾陝西總督畢沅、山東巡撫國泰等人的貪污營私案，對此《清史稿》記載他「以直聲震海內」。楊守敬認爲，這是由於錢灃的人品氣節達到了顏眞卿的高度，所以學顏字才能極其逼肖，品行不備的人是無法刻意求得的。再如對好友鄧鐵香書法的評價，鄧鐵香曾稱豐坊爲「書家豪傑」，楊守敬認爲這是由於鄧鐵香與豐坊品性相近，故惺惺相惜，指出鄧鐵香「風骨嶙峋，不可一世，與南禺（豐坊）筆法有合，故品騭如此。」﹝註17﹞人品相近的人筆法容易相合，這才是人品與書品關係的眞諦。

「學富」，是指一個人的文化底蘊和學識修養，楊守敬認爲：「胸羅萬有，書卷之氣，自然溢於行間」。﹝註18﹞「學富」帶給書家的是「書卷之氣」，脫去的是「俗氣」。他在《陳白沙（陳獻章）書》跋中，這樣評價明代這位著名的思想家、教育家和詩人的書法：「常謂魁人傑士，其功業學術，能籠罩一代者，其書跡不斤斤與學者論工拙，必有非常之慨，使人忘而生敬。」﹝註19﹞「學富」甚至可以彌補技法之不足，使其書法「忘而生敬」、「超軼等倫」。

﹝註14﹞ 《學書邇言》，《楊守敬集》第八冊，湖北人民出版社、湖北教育出版社，1997年，第477頁。

﹝註15﹞ 《評碑記》，《楊守敬集》第八冊，湖北人民出版社、湖北教育出版社，1988年，第579頁。

﹝註16﹞ 《學書邇言》，《楊守敬集》第八冊，湖北人民出版社、湖北教育出版社，1997年，第509頁。

﹝註17﹞ 《豐考功書》跋，《楊守敬集》第八冊，湖北人民出版社、湖北教育出版社，1997年，第1140頁。

﹝註18﹞ 《學書邇言》，《楊守敬集》第八冊，湖北人民出版社、湖北教育出版社，1997年，第477頁。

﹝註19﹞ 《陳白沙書》跋，《楊守敬集》第八冊，湖北人民出版社、湖北教育出版社，1997年，第1139頁。

　　楊守敬關於「學富」的論述，同樣繼承了前輩書畫理論家的觀點。如張懷瓘《書議》中所言：「論人才能，先文而後墨。」黃庭堅對蘇東坡書法的評價：「學問文章之氣郁郁芊芊，發於筆墨間。」蘇軾論書詩：「退筆如山未足珍，讀書萬卷始通神。」明初畫家王紱《書畫傳習錄》中語：「要得腹中有百十卷書，俾落筆免塵俗耳。」這些論述異曲同工，都精闢地道出了文化修養在書法創作中的重要性。一幅好的書法作品，不僅體現於有形的點畫、結體、章法及其師承、流派、風格這些筆墨功夫，也能體現書者那無形的只可會意的文化底蘊、學識修養和藝術趣味等。這些無形的藝術氣息在作品中流露出的就是「書卷氣」。「書卷氣」就是文人氣息，是文人精神的呈現，是文人審美情調的折射。「腹有詩書氣自華」，書卷氣來自書卷，來自讀書和學識修養；不讀書則無從談書卷氣，書讀得不多則散溢不出書卷氣。一個人學識修養的深淺，往往決定著其書法作品藝術效果的高下。「一身書卷氣，出手翰墨香」，在書法的研習和創作中，對「書卷氣」的追求，就是要不斷地提高學識修養，做到「胸羅萬有」，捨此別無他途。故楊守敬斷言：「古之大家，莫不備此，斷未有胸無點墨而能超軼等倫者也。」〔註20〕

　　楊守敬在前人基礎上提出「學書五要」，並將「品高學富」作為書家「字內功」來要求，具有重要現實意義。這說明他已充分認識到書法不單純是一種難以駕馭的技藝，同時更是一種具有深刻民族文化精神內涵的藝術形式，既反映書家的見識、學養，也反映書家的精神氣格。中國書法是在與中國文化和傳統道德的互動關係中呈現出持續發展的歷史，這種唇齒相依的關係使得中國書法體現為文化性和精神性的特徵。中國的傳統文化和道德修養是書法藝術的精髓和靈魂，失去了傳統文化和道德修養的滋養，書法藝術將失去根基和生命，這也是區別書家與「寫字匠」的顯著標誌。書法家不僅需要書寫的技巧，更需要人文素養、精神境界在作品中的直接流露。文化修養，既是書法創作的必備條件，同時也是提高書藝的有效催化劑。而高尚的品格，則可以內化提升書法作品的境界，使書法作品「不落塵俗」。從書法史來考察，那些被後人稱頌不絕的經典之作如《蘭亭序》、《祭姪稿》、《黃州寒食詩帖》等，無一不是抒寫性靈、書文並茂的楷模，其作者也堪稱人品道德的

〔註20〕《學書邇言》，《楊守敬集》第八冊，湖北人民出版社、湖北教育出版社，1997年，第477頁。

典範。

　　可是，在當代書法的發展中，書法越來越遠離文化和精神，徒存一些表面的形式。在展覽、活動表面的轟轟烈烈之後，人們很難看到書法與中國文化和人文精神的關聯。當代日益濃厚的職業化書寫，已使書法在日漸技術化的過程中淪於工藝化，書法的人文和精神內涵日見蒼白，書法已從廣闊的文化、精神領域退到純粹性書寫，追求外在的形式感與點畫的視覺刺激，中國傳統文化中的「禪境」、「蕭散」、「中和」、「清靜」、「自然」、「澹泊」的審美意象已蕩然無存。當代書法不能僅停留在筆墨線條的變化和平面構成上，而應以積極的態度去挖掘古代書法中的傳統文化和民族精神。顯然，失去了人文和精神內涵，書法是難以表現其本體意義的，相反只會成為一種消解本體的力量。這也是中國書法前進道路上的障礙。這一障礙不是個體性的，而是群體性的，它反映了當代中國書法的基礎問題。而要清除這一障礙，就要從源頭上的基礎問題抓起，重新發現和探索中國書法的文化底蘊和民族精神。楊守敬的「品高學富」論及其德藝雙馨的書法藝術成就給我們以啟示，它告訴我們，全面提高書法工作者的文化素養和道德修養，才是中國書法可持續發展的強有力的保障。

第二節　碑帖兼融

　　碑帖兼融，是楊守敬「碑帖並重」書法思想在其書法實踐中的具體應用和體現。楊守敬的書法研究與實踐互為表裏，高度統一。他主張「集帖之與碑碣，合之兩美，離之兩傷」，這是他持論高人之處，也是其書法高人之處。歷代書家重視南帖，楊守敬還注重對北碑的研習；清代碑學大興，又有人拒絕南帖，把碑、帖對立起來，楊守敬卻始終碑帖兼融，吸取眾長，終於自立門戶，成為大家。1906 年，他在《集帖目錄》中總結自己的學書經驗道：「余以為篆隸古樸，誠不能捨漢、魏碑碣別尋蹊徑；而行草精妙，又何能捨山陰、平原誤入歧途？」〔註21〕認為碑碣與集帖各有所長，只有汲取各自的精華，以碑強其骨，以帖養其氣，才能「合之兩美」，走出書法的創新發展之路。

〔註21〕　《集帖目錄序》，《楊守敬集》第五冊，湖北人民出版社、湖北教育出版社，1997 年，第 1184 頁。

　　在北碑派的積極鼓吹下，當時學書自碑入手已成爲不二法門。何紹基就曾說過：「余學書從篆分入手，故於北碑無不習，而於南人簡箚一派不甚留意。」〔註22〕在《學書邇言》評《龍門四品》中，楊守敬記錄了當時書壇的狀況：「邇來學北碑者，大抵皆從此（指《龍門四品》）入手。」〔註23〕在《評碑記》中，他在評《孫秋生》、《始平公》、《楊大眼》、《魏靈藏》、《高樹》這五種龍門造像時，指出由於受阮元「南北書派論」的影響，「邇來學六朝者，多宗此等，而皆走入板滯軟弱一路，則不善學之過也。」〔註24〕敏銳的楊守敬已經看到，僅學碑而不臨帖，其書法就容易走入板滯軟弱。由於阮元將唐以前的書法分爲「劃然不相謀」的南北二派，從而限制了學書者對南帖的學習。在跋李北海的《法華寺碑》中，他還對何紹基的「南北之界」觀點加以批駁。針對何紹基斷言李邕與顏眞卿「書律皆根矩篆分，淵源河北，絕不依傍山陰」的觀點，楊守敬分析道：「今日所傳右軍眞跡何如唐代？今日所傳北碑又何如李、顏二公所見？」指出「依人門戶，不自立面目，安能籠括一代？」認爲只有「智過其師，方堪傳授」，從而得出結論：「山陰、河北皆在合離間，此李、顏所以歷劫不磨者也。」〔註25〕認爲李邕、顏眞卿正是由於博采南北之長，所以才能「籠括一代」、「歷劫不磨」。從而爲書法的創新發展指出一條必由之路。

　　楊守敬還主張各種書體之間的相互補益，其實質也就是碑帖兼融。他說：「原夫鍾鼎遺文，誠爲邃古，篆隸草章，並起秦漢，體勢雖異，淵源斯同，各有專長，豈容偏廢？」〔註26〕這段話已道出了碑帖融合的實質——以各自之長補對方之短：從鍾鼎遺文中汲取古意，篆隸草章雖體勢各異，但淵源相同，兼融並蓄，方爲大美。和實生物，這是中和美的傳統。四體相雜，或數體相雜，融各體之長於一爐，這才是書法的至美所在。我們知道，由篆而隸，由隸

〔註22〕 何紹基《跋國學蘭亭舊拓本》，《明清書法論文選》，崔爾平編，上海書店版，第837頁。

〔註23〕 《學書邇言》，《楊守敬集》第八冊，湖北人民出版社、湖北教育出版社，1997年，第482頁。

〔註24〕 《評碑記》，《楊守敬集》第八冊，湖北人民出版社、湖北教育出版社，1997年，第556頁。

〔註25〕 《望堂金石》之《法華寺碑》跋，《楊守敬集》第十一冊，湖北人民出版社、湖北教育出版社，1997年，第560頁。

〔註26〕 《激素飛清閣評帖記序》，《楊守敬集》第八冊，湖北人民出版社、湖北教育出版社，1997年，第585頁。

而草或正，是一脈相承的。南北朝之前各書體，古法森嚴，質樸自然，此誠碑之精華所在。故習篆隸者或許其真正的目的並不在篆隸的形態，而在於得其古意。而從篆隸中汲得古意，再施之於楷書、行草之中，則楷、行、草也皆能古意盎然。從形式意義上講，碑帖之融合，一方面使線條更具張力，即得碑之渾實古質；另一方面也使結字乃至整篇布白具有更多的對比性與耐看性，即在行草之中參以篆隸之拙或在篆隸之中雜以行草之靈，使其具有單體所不能包容的特質。從技巧上講，碑帖融合比單純的寫碑或單純的寫帖具有更多的複雜性與難度，它使用筆、結字等不再單純地用慣常的方法，而必須將各體的特性達到既突出又中和的目的。事實上，當單純的寫碑或單純的寫帖使技法不能適用之時，更能體現碑帖融合這一中和理念的重要性與必要性。楊守敬深悟此理，將碑帖融於一爐，這在他的書法中也展露無遺。

　　楊守敬碑帖雙修，於帖學、碑學均浸淫日久。他在摹碑上下了很大工夫，其書法饒有金石氣。早年潘孺初曾指導楊守敬臨摹《鄭文公碑》，後來為了刊行《望堂金石》、《楷法溯源》等金石著作，楊守敬又雙鈎摹刻了大量的古代碑刻。日本書家日下部鳴鶴在為楊守敬手摹的歐陽詢《虞恭公碑》題跋時，讚道：「鈎摹之精能存其神采，矛戟森嚴，猶見中郎虎賁。」〔註27〕同時，楊守敬也注重臨帖，書宗唐楷大家歐陽詢、虞世南、顏真卿，並用力研習蘇東坡的書法，於王羲之《蘭亭序》也下了很大功夫。他在任黃岡教諭期間，曾自撰一聯為：「洗硯春波臨禊帖，啓窗秋爽讀漢書」，可以作為他的生活寫照。另據楊守敬《自書〈蘭亭序〉》跋記載，在 1913 年和 1914 年，他還兩次於垂暮之年為日本友人臨寫《蘭亭序》。〔註28〕

　　楊守敬長年周旋於碑帖之間，其書法融北碑、南帖於一體，並四體兼能：楷書醇厚端莊，篆書樸茂恣肆，隸書古奧嚴謹，行書蒼勁秀逸。清代以來，擅四體書者亦不少，但如楊守敬四體皆能自成一派，且格調高古者，仍為數極少。四體之中，楊守敬又以行草書最具特色，其出神入化的行草書可謂是碑帖兼融的典型範例，堪稱標誌一個歷史時期書法風貌的傑出代表。從楊守敬的行草書中可以看出，他也是由篆、隸和南北朝楷書入行草的，這注定了他的行草書具有很濃重的碑意。如楊守敬的行草書字形多扁，形扁為隸變後

〔註27〕《望堂金石》，《楊守敬集》第十一冊，湖北人民出版社、湖北教育出版社，1997 年，第 551 頁。

〔註28〕《鄰蘇老人題跋》，《楊守敬集》第八冊，湖北人民出版社、湖北教育出版社，1997 年版，第 1145 頁。

八分書的基本特徵，南北朝楷書從隸變而來，故也多呈扁形；再如楊守敬的行草字多欹側，這也是從奇崛一路碑風中汲取的對結字美的領悟。除卻結字的奇崛及線條的堅質凝練爲碑意外，其點畫之間的承傳映帶則完全得自帖學，同時多數點畫在結筆處皆出勢，形成鮮活的生命感覺。由於深厚的帖學功底，其使轉堅勁之中見柔婉，用筆凝重之中見放逸，絲毫不見碑派書家易致的生硬拙笨。故其書法既有碑刻的蒼勁高古，又有法帖的秀逸瀟灑。劉熙載在《遊藝約言》中有言：「書要有金石氣，有書卷氣，有天風海濤、高山深林之氣。」〔註29〕此語正是楊守敬書法的最好注腳。

楊守敬的行草書是碑帖融合較爲典型的範例，比起晚清其他書家，他在碑帖融合的程度上和效果上更爲深刻和成熟。下面以他的行書中堂〔註30〕（見下頁圖）爲例加以說明。

此軸書法淳雅樸厚，能陶鑄碑帖，寓漢隸之韻，法魏碑風規，行筆略帶滯澀之勢，峭拔古勁。從行筆上看又不盡是六朝筆法，字裏行間有很濃的帖味，極具恣肆跳宕之勢。其碑帖融合的方法是：行筆澀多於疾，留多於行，力求顯示出特殊的力感；在結字布白方面，穩中有險，平中求奇，巧中帶拙，使活潑秀潤的作品中帶有魏碑的不事雕琢、渾然天成的特徵。從風格上看，楊守敬的行草書蘊涵著李北海、顏眞卿、蘇東坡、黃庭堅等多種因素，形態上又有漢隸的濃重特徵，同時以骨勢峻拔的北魏意趣來籠罩整體，博採眾長，化眾有爲一身。因此，在他筆下，已沒有純粹的帖，也沒有純粹的碑，而是將北碑南帖溶於一爐。此作寫於光緒戊申年（1908年）九月，爲楊守敬的晚年代表作。楊守敬的書法至老益進，爐火純青。日本書法史家眞田但馬、宇野雪村在其所著的《中國書法史》中評價說：「楊守敬在宣統前後的作品可說是已達成熟期，有不少佳作。」〔註31〕

〔註29〕 見《劉熙載集》，劉熙載撰，陳文和、劉立人點校，華東師範大學出版社，1993年第一版。

〔註30〕 此行書中堂正文 42 字選自酈道元《水經注》卷三十七夷水條。款中所指的「紹宸都護大人」爲王英楷。王英楷於光緒戊申年即 1908 年 9 月，以欽差身份到武昌、南京等地視察兩江防務，此時楊守敬正在端方寓所爲其藏品作鑒定，於是爲他書寫了此幅中堂。楊守敬知王英楷是甲午中日戰爭海城戰役中英勇善戰、果敢殺敵的勇士，又是一位酷愛文學、尊重知識、敬重人才的雅士，對於他的人格品行極爲推崇，故稱其爲「都護大人」。都護大人並不是晚清的官職，而是漢代人的稱謂，漢代人將朝廷重臣或封疆大吏稱都護大人。

〔註31〕 《中國書法史》（下），（日）眞田但馬、宇野雪村著，陳振濂譯，人民美術出版社，1998年，第216頁。

楊守敬書作《水經注》夷水條

　　楊守敬碑帖融合的成功實踐，大大地拓展了他書法的表現天地。他溶北碑南帖於一爐，故其書風既有高古、質樸的一面，也有秀逸、深遠的一面。他的行草書，雄厚處超於唐人，用筆的方峻、斬截源於魏碑。雖然在體態的寬舒上貌似顏眞卿，但在舒展處則又有漢碑的影響，而其牽連的揮運、氣勢的貫通，當主要來源於帖學的傳承。所以，楊守敬行書，毋寧說是一種綜合而成的書體，是一種「邊緣體」。「邊緣體」特有的審美屬性，使楊守敬的行書散發出動人的魅力，爲晚清書壇增添了一道異彩。

第三節　應規入矩與創新求變

　　在學習書法中，楊守敬既強調「應規入矩」，同時又強調創新求變。他主張：「乃知飛行絕跡，皆從應規入矩來也。」〔註32〕認爲學習書法應先從規矩入手，然後再依個人興趣變化，形成個性化書風。在楊守敬的書論著作中，

〔註32〕　《學書邇言》，《楊守敬集》第八冊，湖北人民出版社、湖北教育出版社，1997
　　　　　年，第484頁。

極力強調規矩即法度的重要性，告誡學書者遵循規矩，不要走捷徑。

　　學習篆書，楊守敬主張要嚴守古法，嚴守規矩。他認為唐篆除李陽冰之外，只有尹元凱的《美原神泉詩碑並序》「差有準繩」，而《碧落碑》「謬傳神奇，亦非正軌也」。〔註33〕而對於為當時學書者廣泛臨習的宋僧夢英的篆書《千字文》，他諄諄告誡道：「實是魔道，流俗好異，多效法之，學者斷不可涉筆也。」〔註34〕對於明人作篆以剪刀去筆尖，楊守敬更是認為「甚惡，不可取」，他還批評清代的王澍和錢坫的篆書，「以禿毫使勻稱，非古法也。」〔註35〕相反，對於嚴守古法的鄧石如篆書則大加讚揚：「惟鄧完白（石如）以柔毫為之，博大精深，包慎伯推其直接斯、冰，非過譽也。」〔註36〕楊守敬以禿毫寫篆為魔道，主張用長鋒羊毫為之，反對投機取巧，這對我們當前的篆書創作仍具有指導意義。〔註37〕

　　分書學習，楊守敬同樣嚴格強調規矩法度。他認為東漢的《孔宙碑》堪稱典範：「波撇並出，八分正宗，無一字不飛動，仍無一字不規矩。」〔註38〕《孔宙碑》的「飛動」來源於「規矩」故而佳。晉人分書，楊守敬對《孫夫人碑》、《太公呂望表》有好評：「繼述漢人，應規入矩，未可以時代為軒輊。」〔註39〕雖然分書入晉已日漸式微，但因二碑淵源有自，遵循法度，楊守敬仍給以肯定。對於清朝分書，楊守敬給以極高評價，他標舉桂馥、伊秉綬、陳鴻壽、黃易四家，「皆根底漢人，或變或不變，巧不傷雅，自足超越唐、宋。」〔註40〕認為這四人的分書不管變還是不變，都是從漢代八分中

〔註33〕　《學書邇言》，《楊守敬集》第八冊，湖北人民出版社、湖北教育出版社，1997年，第481頁。

〔註34〕　《學書邇言》，《楊守敬集》第八冊，湖北人民出版社、湖北教育出版社，1997年，第481頁。

〔註35〕　《學書邇言》，《楊守敬集》第八冊，湖北人民出版社、湖北教育出版社，1997年，第510頁。

〔註36〕　《學書邇言》，《楊守敬集》第八冊，湖北人民出版社、湖北教育出版社，1997年，第510頁。

〔註37〕　《學書邇言》，《楊守敬集》第八冊，湖北人民出版社、湖北教育出版社，1997年，第509頁。

〔註38〕　《評碑記》，《楊守敬集》第八冊，湖北人民出版社、湖北教育出版社，1997年，第544頁。

〔註39〕　《學書邇言》，《楊守敬集》第八冊，湖北人民出版社、湖北教育出版社，1997年，第481頁。

〔註40〕　《學書邇言》，《楊守敬集》第八冊，湖北人民出版社、湖北教育出版社，1997年，第509頁。

來，沒破規矩。

　　對於草書，楊守敬仍認爲應以規矩爲重，「觀《十七帖》所收，皆謹嚴之作，唯《吳會》一帖，差超俊，仍自出風入雅。乃知鼓努爲力，標置成體者，非右軍嫡嗣也。」〔註41〕「鼓努爲力」破壞草法，就不是王羲之的正脈。

　　楷書的學習亦然。楊守敬非常讚賞清代的錢灃：「自來學前賢者，未有不變其貌而能成家，惟錢南園灃學顏書如重規疊矩。」〔註42〕學像前人就很不容易了，即使不破前人的規矩也是好的。

　　對於不守規矩的造作之作，楊守敬痛下貶斥。他批評北齊的《涿鹿寺雷音洞佛經》碑：「書法亦清勁，惟間帶隸體，反覺可厭。」並指出：「用筆純無隸意，忽以一二波畫襲其面貌，適增其醜耳。」〔註43〕在古代著名書法家中，楊守敬對米芾多有批評，主要是針對其不守規矩的方面：「（米芾）以懸肘書字，故超邁絕倫。然其率意不穩處，亦時現於紙上。」〔註44〕他還批評米芾所臨王羲之的《大道帖》（見下頁圖）：「耶字直豎長而逾制，收處亦不合法。」〔註45〕

　　楊守敬強調規矩，但反對拘泥陳法，食古不化，主張學習前人，要學中有變，創新自立，自成一家。在楊守敬的書論著作中，多次提到「變」，「變」即創新。他說：「自來學前賢者，未有不變其貌而能成家。」〔註46〕「余謂書法固應以古爲則，豪傑之士必當自闢蹊徑，斷不寄人籬下。」〔註47〕反對「臨摹古人，動合規矩，而不能自名一家」〔註48〕，認爲如果刻意與前人書法「筆

〔註41〕　《評帖記》，《楊守敬集》第八冊，湖北人民出版社、湖北教育出版社，1997年，第605頁。

〔註42〕　《學書邇言》，《楊守敬集》第八冊，湖北人民出版社、湖北教育出版社，1997年，第509頁。

〔註43〕　《評碑記》，《楊守敬集》第八冊，湖北人民出版社、湖北教育出版社，1997年，第563頁。

〔註44〕　《學書邇言》，《楊守敬集》第八冊，湖北人民出版社、湖北教育出版社，1997年，第507頁。

〔註45〕　《評帖記》，《楊守敬集》第八冊，湖北人民出版社、湖北教育出版社，1997年，第611頁。

〔註46〕　《學書邇言》，《楊守敬集》第八冊，湖北人民出版社、湖北教育出版社，1997年，第509頁。

〔註47〕　《唐大達法師玄秘塔碑》跋，《鄰蘇老人題跋》，《楊守敬集》第八冊，湖北人民出版社、湖北教育出版社，1997年，第1095頁。

〔註48〕　《學書邇言》，《楊守敬集》第八冊，湖北人民出版社、湖北教育出版社，1997年，第477頁。

米芾臨王羲之《大道帖》

筆求肖，字字求合，終門外漢也」〔註49〕。提出「依人門戶，不自立面目，安能籠括一代？」只有「智過其師，方堪傳授」〔註50〕。他這樣評價晉代分書《太公呂望表》：「是碑變漢人體格，而一種古茂峭健之致，撲人眉宇，以之肩隨漢魏，良無愧也。自此以後，北魏失之儉，北齊失之豐，隋以下蕩然矣。」〔註51〕認爲《太公呂望表》是分書變法出新的典範。

楊守敬創新求變的思想在其《楷法溯源》中得到充分展現。《楷法溯源》洋洋十四卷，顧名思義，就是探尋楷法的源流，尋找文字變革、書法創新的軌跡。在《楷法溯源》的凡例中，他認爲前代的字書，如洪氏《隸釋》、婁氏《字源》、劉氏《隸韻》、顧氏《隸辨》，皆依韻分篇，然偏旁錯雜，「不足以見八法之變。」〔註52〕「見八法之變」，就是他輯錄《楷法溯源》一書的宗旨，

〔註49〕　《楷法溯源》，《楊守敬集》第十三冊，湖北人民出版社、湖北教育出版社，1997年，第17頁。

〔註50〕　跋李北海《法華寺碑》，《望堂金石》，《楊守敬集》第十一冊，湖北人民出版社、湖北教育出版社，第448頁。

〔註51〕　《評碑記》，《楊守敬集》第八冊，湖北人民出版社、湖北教育出版社，1997年，第554頁。

〔註52〕　《楷法溯源》，《楊守敬集》第十三冊，湖北人民出版社、湖北教育出版社，1997年，第15頁。

目的是「使學者通書法之變，及其成功，其胸中各自有書，方稱作手」〔註53〕。楊守敬如此反復地闡述「書法之變」，其創新意識充溢於字裏行間。

　　在書法實踐中，楊守敬主張只有創新求變才能形成自家特色，他說：「大抵作書不可無法，亦無定死法……無從拾前人牙慧斯爲得耳。」〔註54〕並認爲：「變化無方，方能意味無窮。古人之字所以不令人一覽而盡也。」〔註55〕王珣的《伯遠帖》，楊守敬肯定其力變二王父子的成效：「《宣和書譜》稱其家世學，草聖有傳。今不見其草跡，即此眞行，已足名家。觀其下筆，力變右軍父子，而無一筆詭於正，所謂縱任自喜，古雅有餘者也。」〔註56〕他對《天發神讖碑》也有極高的評價：「此碑創造筆法，奇而不詭於正，前無古人，後無來者，可謂命世豪傑。」〔註57〕肯定其「創造筆法」之變。對唐代宋儋的《道安禪師碑》的創變也有佳評：「體兼行楷，別出門庭，自是開元間體格，在各家後露頭角，故自不凡。」〔註58〕楊守敬非常喜歡元代楊鐵崖（楊維禎）的書法，讚賞其「變」：「惟鐵崖自出機杼，別開生面」。他所見楊鐵崖的墨蹟甚多，尤愛其《補書張南軒城南詩》，評曰：「如天花亂墜，眞所謂不食人間煙火者。」〔註59〕對明代中葉一批在繼承中創新的書家也加以肯定，如讚揚學顏眞卿的邵寶、學褚遂良的李東陽「皆能自樹藩籬，獨標眞諦」〔註60〕，稱學鍾繇的王寵、學懷素的祝枝山「皆有獨至」。他還稱讚清代的何紹基「不耳食《禊序》（《蘭亭序》），故能獨出手腕」〔註61〕，肯定他的

〔註53〕《楷法溯源》，《楊守敬集》第十三冊，湖北人民出版社、湖北教育出版社，1997年，第17頁。

〔註54〕見楊守敬與日下部鳴鶴筆談，《楊守敬學術年譜》，宜昌政協文史委編，湖北人民出版社，2004年，第329頁。

〔註55〕見楊守敬與日下部鳴鶴筆談，《楊守敬學術年譜》，宜昌政協文史委編，湖北人民出版社，2004年，第328頁。

〔註56〕《評帖記》，《楊守敬集》第八冊，湖北人民出版社、湖北教育出版社，1997年，第597頁。

〔註57〕《跋劉聚卿所藏舊拓天發神讖碑》，《壬癸金石跋》，《楊守敬集》第八冊，湖北人民出版社、湖北教育出版社，1997年，第1052頁。

〔註58〕《學書邇言》，《楊守敬集》第八冊，湖北人民出版社、湖北教育出版社，1997年，第484頁。

〔註59〕《鄰蘇老人題跋》，《楊守敬集》第八冊，湖北人民出版社、湖北教育出版社，1997年，第1093頁。

〔註60〕《學書邇言》，《楊守敬集》第八冊，湖北人民出版社、湖北教育出版社，1997年，第509頁。

〔註61〕《法華寺碑》跋，《楊守敬集》第十一冊，湖北人民出版社、湖北教育出版社，

創新精神。

　　同時，楊守敬還認爲只有創新求變才能形成個人風格的多樣化，這種「變」是對自己的「變」。他在《漢曹全碑跋》中有云：「余謂古人兼長，未可以一律論。如《禮器》碑陰與碑陽不同，碑側又與碑陰不同。唐代若歐陽信本之《九成》、《化度》、《皇甫》，皆各一體；褚河南之《龍門三龕》、《孟法師》、《聖教序》，亦整暇不同。後人專習一家，便成奴隸，不知古人變化無方也。」〔註62〕他在《唐大達法師玄秘塔碑》跋語中亦言：「古之大家，非惟不襲前人，即一人所書，亦各有面目。歐陽信本《醴泉》之與《皇甫》不同，顏魯公之《千福寺》、《家廟》各異。李北海之兩《雲麾》，是其明徵矣。」〔註63〕

　　對於別具一格的書法，只要創新得法，楊守敬就加以肯定。他認爲元代的中峰和尚「下筆如柳葉，於尋常波磔中獨開生面，故自可喜」。〔註64〕即使是異域書法的創格之舉，他也不帶偏見地加以肯定。日本的《佛足跡記碑》，楊守敬認爲：「雖屬和文，亦書法之別格，足自立者」。〔註65〕甚至連日本書家濱野章吉用反書臨懷素的《千字文》，他也頗爲嘉許：「濱野此作，殊爲創格，眞所謂集千古而無對者。」〔註66〕

　　繼承與創新是書法藝術的永恆主題，楊守敬強調繼承是創新的基礎。如他評褚遂良的《伊闕佛龕碑》：「蓋猶沿陳隋舊格，登善（褚遂良）晚年始力求變化耳。」肯定了褚遂良在繼承基礎上的創新，進而得出結論：「又知嬋娟婀娜，先要歷此境界」。〔註67〕對於鄭板橋的「六分半書」、金農的「漆書」，楊守敬雖然讚賞他們的創新精神，認爲他們「皆不受前人束縛，自闢蹊

　　　　　1997 年，第 460 頁。

〔註62〕《鄰蘇老人題跋》，《楊守敬集》第八冊，湖北人民出版社、湖北教育出版社，1997 年，第 1074 頁。

〔註63〕《唐大達法師玄秘塔碑》跋，《鄰蘇老人題跋》，《楊守敬集》第八冊，湖北人民出版社、湖北教育出版社，1997 年，第 1095 頁。

〔註64〕《學書邇言》，《楊守敬集》第八冊，湖北人民出版社、湖北教育出版社，1997 年，第 508 頁。

〔註65〕《學書邇言》，《楊守敬集》第八冊，湖北人民出版社、湖北教育出版社，1997 年，第 509 頁。

〔註66〕《日本人臨懷素千文》跋，《鄰蘇老人題跋》，《楊守敬集》第八冊，湖北人民出版社、湖北教育出版社，1997 年，第 1144 頁。

〔註67〕《評碑記》，《楊守敬集》第八冊，湖北人民出版社、湖北教育出版社，1997 年，第 568 頁。

徑」，但不主張學書者去學習他們，警告說：「然以之師法後學，則魔道也。」
〔註68〕顯然認爲他們的書風個性太強，學習者容易走火入魔。

第四節　筆法論

　　自古以來，書學界關於筆法的論述可謂汗牛充棟，卻又玄虛莫辯。由於長期的書法實踐，楊守敬對筆法有其獨到的見解。他首先強調用筆的重要性，在與日本書家嚴谷一六筆談時說：「大抵執筆尙在其次，而以用筆爲要。」〔註69〕此說與衛夫人的「三端之妙，莫先用筆」，王羲之的「書字貴平正安穩，先需用筆」，以及張懷瓘的「夫書第一用筆，第二識勢，第三裹束」的觀點完全一致。

　　在筆法論中，楊守敬認爲「古人用筆法千變萬化」，他廓清千古陳說，並新人耳目地提出：「魯公所說如錐畫沙、如印印泥，是沉著之謂，至折釵股乃是用筆法。」〔註70〕而所謂的「沉著之謂」即藏鋒，他說：「大抵藏鋒者，沉著之謂。」又言：「藏鋒者，力透紙背之謂也。如有浮滑，筆立不住，便不是藏鋒。藏鋒之說最妙。如粗獷者以硬筆爲力，非藏鋒；嫩稱者以浮滑爲美，亦非藏鋒。藏鋒者，如直道之士深沉不露，而其中藏不可測度，不使人一覽而盡；又如深山大澤中藏龍虎，不使人一望而知，豈無巖谷鋒棱之謂乎？我朝亦有爲藏鋒之說所誤者，其字如土木偶人，不出鋒便土木偶矣。」
〔註71〕楊守敬非常形象地用深沉不露的「直道之士」和藏在深山大澤中的「龍虎」來比喻藏鋒，並指出不出鋒是藏鋒之說的誤區。今天我們欣賞楊守敬的書法，觀其用筆的靈活虛和，沉著痛快而不失天趣，可知其筆法超絕高妙之處。

　　楊守敬的筆法論，最主要體現在其側鋒用筆的論述上。關於側鋒用筆，歷來是眾說紛紜，莫衷一是。及至明清，特別是清末，書壇在興起一股「唯

〔註68〕《學書邇言》，《楊守敬集》第八冊，湖北人民出版社、湖北教育出版社，1997年，第509頁。
〔註69〕見楊守敬與嚴谷一六筆談，《楊守敬學術年譜》，宜昌政協文史委編，湖北人民出版社，2004年，第328頁。
〔註70〕見楊守敬與嚴谷一六筆談，《楊守敬學術年譜》，宜昌政協文史委編，湖北人民出版社，2004年，第328頁。
〔註71〕見楊守敬與嚴谷一六筆談，《楊守敬學術年譜》，宜昌政協文史委編，湖北人民出版社，2004年出版，第328頁。

中鋒論」的同時，卻大肆詆毀側鋒行筆。康有爲主張執筆要「手腕豎管」，肆意攻擊蘇東坡的側鋒用筆：「古今書法家，以蘇東坡爲最劣，不知用筆，若從我學書，當先責手心四十下。」〔註72〕究其原因，就是當時很多人尙未徹底搞清中鋒、正鋒、側鋒、偏鋒等名稱之間的關係及其用筆原理和科學道理，隨波逐流，不求甚解，卻煞有介事地一味大談「筆筆中鋒」，鄙棄側鋒，以標榜自己是書學正宗。這種現象的產生，有其複雜的歷史原因，從古人「唯中鋒用筆才是正法」的論說，到唐柳公權的「心正則筆正」，加之書學界對所謂筆法多「秘不傳人」，以及古人在書學論述中將這幾種筆法混用不清，從而造成了中鋒、正鋒、側鋒和偏鋒等筆法在名稱及應用上的混淆，並被一些人蒙上了一層神秘的面紗，從而長期困擾著學書人。這種情況正如楊守敬所指出的，「近年來中土學者皆攻院體，古人用筆法幾乎滅絕。姑勿論不善書者不知此，即一向號稱能書者，也似若明若昧。」〔註73〕

從歷史上看，側鋒之名首見於宋桑世昌的《蘭亭考》：「凡傍卷微曲蹙筆，累走而進之。直則眾勢失力，滯則神氣怯散，夫努須側鋒，顧右潛趨，輕挫其揭」。〔註74〕《翰林粹言》認爲「側鋒取妍，此鍾、王不傳之秘」〔註75〕。但把側鋒視爲異端的卻大有人在。如馮武在《書法正傳》中說：「今以側筆取妍者，皆異端也。學書斷斷乎不可使邪魔外道盤踞胸中，使終身陷入妖俗而不自知也。戒之哉，戒之哉！」〔註76〕其實馮武這段話誤把偏鋒理解爲側鋒。偏鋒用筆的原理是筆杆嚴重傾倒，以筆腹著紙行筆，故偏鋒只是相對於正鋒提出來的一個名稱。明代王世貞在《藝苑卮言》中說：「正鋒偏鋒之說，古今無之，……蘇、黃全是偏鋒，旭、素時有一二筆，即右軍行草中，亦不能盡廢，蓋正以立骨，偏以取態。」〔註77〕這段話又把側鋒誤爲偏鋒。同樣犯這種錯誤的，還有元李溥光《雪庵八法·八法解》：「偏鋒者不可使其筆正，正

〔註72〕見鄭逸梅《藝林散葉》，中華書局，2005年出版。

〔註73〕見楊守敬與嚴谷一六筆談，《楊守敬學術年譜》，宜昌政協文史委編，湖北人民出版社，2004年出版，第328頁。

〔註74〕見（宋）桑世昌《蘭亭考》，臺灣商務印書館，中華民國75年（1986年），文淵閣四庫全書影印本。

〔註75〕見蘇霖《書法鉤玄》第四卷。

〔註76〕見馮武編《書法正傳·翰林密要》，上海書畫出版社，1985年第1版，第3頁。

〔註77〕王世貞《藝苑卮言》，崔爾平《明清書法論文選》，上海書店，1994年，第162頁。

鋒者不可使其筆偏。」還有宋曹的《書法約言》：「有偏正，偶用偏鋒亦以取勢，然正鋒不可使其筆偏，方無王伯雜處之弊。」〔註78〕

正是由於古人在側鋒、偏鋒概念的使用上發生了混淆和錯誤，常常使許多學書人一頭霧水，莫知所從。楊守敬在長期大量的書法實踐和研究中，認眞總結了行筆過程中的實際原理，論述了自己對中鋒和側鋒用筆的心得，大膽破除了「唯中鋒論」。他在《馬鳴寺根法師碑》評語中，對於董香光譏笑蘇東坡的掩筆（即側鋒用筆），頗不以爲然，引用其師潘孺初的話反駁道：「大抵六朝書法，皆以側鋒取勢。所謂藏鋒者，並非鋒在畫中之謂，蓋即如錐畫沙、如印印泥、折釵股、屋漏痕之謂。後人求藏鋒之說而不得，便創爲中鋒以當之。其說亦似甚辨，而學其法者，書必不佳。且不論他人，試觀二王，有一筆不側鋒乎？惟側鋒而後有開闔、有陰陽、有向背、有轉折、有輕重、有起收、有停頓，古人所貴能用筆者以此。若鋒在畫中，是信筆而爲之，毫必無力，安能力透紙背？且亦安能有諸法之妙乎？」〔註79〕這段話把作書過程中的側鋒行筆進行了科學的論述，確實起到了撥雲見日的作用，對前人「筆筆中鋒」、「用筆千古不易」的觀點是一個顚覆性的撞擊，破除了明清以來的「唯中鋒論」。應該看到，楊守敬並非反對中鋒，而是反對對中鋒的迷信，這是用矛盾統一的辯證思想提出的用筆原理。

從以上的論述我們知道，楊守敬的側鋒用筆應得之於對六朝書法的臨習及其恩師潘孺初的傳授。據《激素飛清閣碑目記》記載，1865 年楊守敬第二次赴京會試，潘孺初即向其「授以古人用筆之法」，楊守敬「深韙（「韙」：贊同之意）其言」。〔註80〕在與巖谷一六筆談中，楊守敬亦言：「聞於潘君者頗有端緒。」〔註81〕

在《學書邇言》中，楊守敬對側鋒用筆予以充分肯定。他這樣評價蘇東坡的書法：「《洞庭春色》、《中山松醪》，頗用側鋒，然是坡公本色。」〔註82〕

〔註78〕　見宋曹《書法約言》，上海古籍出版社，1995 年，續修四庫全書影印本。

〔註79〕　《評碑記》，《楊守敬集》第八冊，湖北人民出版社、湖北教育出版社，1997年，第 558、559 頁。

〔註80〕　《評碑記》，《楊守敬集》第八冊，湖北人民出版社、湖北教育出版社，1997年，第 527 頁。

〔註81〕　《楊守敬學術年譜》，宜昌政協文史委編，湖北人民出版社，2004 年出版，第318 頁。

〔註82〕　《學書邇言》，《楊守敬集》第八冊，湖北人民出版社、湖北教育出版社，1997年，第 508 頁。

並批評董其昌「處處以掩筆（側鋒）疵東坡」〔註83〕。對於另一位善用側鋒的大家包世臣，楊守敬也讚賞有加：「愼伯以側筆取妍，可謂能自樹立者。」〔註84〕不僅如此，對於學包世臣的一批書家也有佳評：「包愼伯以側鋒爲宗，……承其學者，有吳熙載（讓之）、趙撝叔（之謙），皆爲世所重，而讓之遠矣。」〔註85〕在《評帖記》中，他對王羲之《二謝帖》的筆法有極高評價：「陰陽向背，轉折起止之妙，宣洩已盡。學者從此尋玩，可悟用筆之法」。〔註86〕《二謝帖》使用了大量的側鋒用筆，非此則無法曲盡其妙。在《評碑記》中，他還稱賞側鋒用筆的唐《薛公阿史那忠碑》「筆意絕佳」，說：「又足證古人無一筆不側鋒之說」〔註87〕

　　在書法實踐中，楊守敬主張「筆筆皆側鋒」。楊守敬的行草書法度森嚴，端莊雄渾，圓潤蒼勁，剛健險勁。觀其行筆，其最大的特點是在正鋒行筆的同時，多用側鋒取勢，且於筆畫的波磔中呈現隸勢。其隸書亦縱逸跌宕，樸實自然。故馬宗霍（1897～1976 年）稱：「惺吾宗法信本（歐陽詢），行書略帶縱筆。」〔註88〕其所謂的「縱筆」，即側鋒用筆。用縱筆，旨在取勢。在一件書法作品裏，如果每個字都整齊劃一，即使寫得再好，從整體看，也活像算子，雖整齊如一，但黯然無味。如稍帶縱筆，恰到火候，整幅作品立刻就會產生一種動勢，也使得每個字都活躍起來。故凡出鋒之處，楊守敬皆善用側筆峻發之，使其所書之字顯現出方勁犀利、神彩外耀的特點，這些都與古人「側鋒出筆」的道理相吻合。

　　如上所述，楊守敬的側鋒運筆來自六朝碑刻。觀六朝碑刻，實亦多用側鋒。下面以楊守敬用力甚勤的北碑《張猛龍碑》（見下頁圖）爲例，該碑使用了很多的切鋒落筆的筆法，即以側鋒入紙，切出有兩個帶棱角的方筆起首，旋即翻腕拈管轉鋒進入正鋒行筆（此時行筆要沉著運筆，勿滑，澀進，古人

〔註83〕《評碑記》，《楊守敬集》第八冊，湖北人民出版社、湖北教育出版社，1997年，第 558 頁。

〔註84〕《學書邇言》，《楊守敬集》第八冊，湖北人民出版社、湖北教育出版社，1997年，第 496 頁。

〔註85〕《學書邇言》，《楊守敬集》第八冊，湖北人民出版社、湖北教育出版社，1997年，第 510 頁。

〔註86〕《評帖記》，《楊守敬集》第八冊，湖北人民出版社、湖北教育出版社，1997年，第 592 頁。

〔註87〕《評碑記》，《楊守敬集》第八冊，湖北人民出版社、湖北教育出版社，1997年，第 573 頁。

〔註88〕見馬宗霍《書林藻鑒》卷第四十二，文物出版社，1884 年版，第 244 頁。

《張猛龍碑》

又稱之為盈中），這樣寫出的點畫有棱有角，在正鋒的行筆過程中又使得筆力充盈，筆墨圓潤而富有立體感。總而言之，寫橫和捺畫時就向下切鋒旋即向外翻腕拈管轉鋒進入正鋒行筆；寫豎和撇畫時則向右切鋒旋即向內翻腕拈管轉鋒進入正鋒行筆。以此類推，根據各種角度走向不同的筆畫，來選擇切鋒下筆時的正確角度。至於拈管和轉鋒筆法的目的則是為了調正筆鋒，理順鋒毫，使之進入正鋒狀態。

　　書寫中，楊守敬效法六朝碑刻，下筆如鋼刀斫木，沉著痛快，同時又極有姿質而無媚骨，金石氣息濃厚，令人久看不厭。側鋒的運用還使楊守敬的書法體現出方圓兼備的特點。正鋒為圓筆，側鋒為方筆。提筆即為正鋒行筆，頓筆即為側鋒用筆，一正一側，一圓一方，中含與外拓，相輔相成。楊守敬的書法所展現出的正是以正鋒求其質實，以側鋒求其勢險，正側雙用，所書之字方中見圓，圓中寓方，方圓兼施，形神兼備，自然內美，其鋒正則骨立，涵蘊氣味；鋒側則神揚，外耀鋒芒。其實客觀地說，歷代書家大家，大多都自覺或不自覺地用到側鋒，否則其字將鈍，鈍則生氣全無。此外，還有一點需要說明的是，有人鑒於楊氏關於「筆筆皆側鋒」的述論，錯誤地理解為其作書全用側鋒。實際上，楊氏作書是在以正鋒行筆為主的同時，在一筆畫之

中，常常用到側鋒。

我們從楊守敬的書法作品中也很容易找到側鋒用筆的實例。觀其於宣統紀元正月（1909 年）所書的一副對聯（見下圖），側鋒運筆極其明顯，結字的許多點畫的起筆、落筆處、轉折處及收筆（包括掠起）處均可清晰地看到側鋒行筆的特徵，甚至有隨勢塌落之筆（如起首點、短橫多用此法）。楊守敬實踐他的「鋒有八面」的主張，在用筆追求重澀效果的同時，能夠很好地調整筆鋒，不拘泥於筆鋒是在筆畫中間，還是在筆畫的兩邊，其切翻的速度掌握及拈管轉鋒進入正鋒的沉著行筆，均爐火純青。側鋒運筆，使其書法充滿了縱逸之勢，並頗有異人之趣的筆意。

尤爲難能可貴的是，楊守敬強調側鋒，並沒有否定中鋒。在《學書邇言》中，他讚揚梁巘的論中鋒用筆，「獨諦眞言」，「可稱度書金鍼矣」。〔註 89〕的確，在《清史稿·梁巘傳》中，錄有大段梁巘對其弟子段玉裁關於筆法的論

楊守敬書作

〔註 89〕《學書邇言》，《楊守敬集》第八冊，湖北人民出版社、湖北教育出版社，1997年，第 509 頁。

述：「如此捉筆，則筆心不偏，中心透紙，紙上颯颯有聲。直畫粗者濃墨兩分，中如有絲界，筆心爲之主也。如此捉筆，則必堅紙作字，軟薄紙當之易破。其橫、直、撇、捺皆與今人殊，筆鋒所指，方向迥異，筆心總在每筆之中，無少偏也。古人所謂屋漏痕、折釵股、錐畫沙、印印泥者，於此可悟入。」〔註90〕可見，楊守敬的學術上的開放與相容。

　　關於中鋒，楊守敬也有他獨特的理解。在與巖谷一六筆談中，他說：「中鋒最宜善體會，非鋒在畫中之謂也。八面出鋒始可謂之中鋒。惟中故能八面出鋒，若非中則僅能一二面也。」〔註91〕他以何紹基寫橫而鋒在下爲例，指出：「若鋒在畫中，無此巧妙。變化無方，方能意味無窮。古人之字所以不令人一覽而盡也。」「先下筆則鋒在上，既轉則鋒在裏，既頓而鈎，則鋒在中。觀古人墨蹟，無不鋒芒畢露者，六朝碑尤顯然。」〔註92〕自米芾提出「八面出鋒」以來，一直對此爭議頗多，可謂仁者見仁，智者見智。楊守敬認爲中鋒即「八面出鋒」之謂，其本身就包涵了正鋒和側鋒等多種鋒法，並將「出鋒」之鋒理解爲「鋒芒畢露」。這與劉熙載在《藝概·書概》中認爲八面鋒爲「中鋒、側鋒、藏鋒、露鋒、實鋒、虛鋒、全鋒、半鋒」的理解不同，劉氏認爲中鋒只是八面鋒中的一鋒，而楊守敬認爲中鋒即爲八面出鋒。因爲要保持中鋒行筆，就不可能只有一個鋒面，「八面出鋒」就是要根據不同筆畫的不同走向，使用不同的鋒面，這樣才能使筆鋒始終保持中鋒行筆。

〔註90〕　見《清史稿》列傳二百九十，《清史稿（下）》，趙爾巽等著，中州古籍出版社，1998 年。

〔註91〕　《楊守敬學術年譜》，宜昌政協文史委編，湖北人民出版社，2004 年出版，第328 頁。

〔註92〕　《楊守敬學術年譜》，宜昌政協文史委編，湖北人民出版社，2004 年出版，第328 頁。

第七章　楊守敬書法思想的特點

　　自清代以來，書法理論的發展是以技法解析與述史爲基幹，作爲藝術理論應有的抽象思辨性，在清代書論中很少得以展現。理論的參與者多是書法創作者，因此書法理論最直接也最方便的表現形態，即是書家創作實踐經驗的記錄，這就是清代書法理論的傳統。儘管清代碑學從某種意義上來說，已不完全限於技法的範圍，而有風格評判的濃鬱成分在內，不過它還是非思辨性的。其批判性很強，但抽象思維能力並不很強，在舊文化中浸淫甚深的清代書法理論家還無法從一個新的立足點去審視書法活動的規律。

　　楊守敬的書法思想建立了比較龐大的理論體系，立論高遠，公允平正。當然，從其理論形態上看，他所使用的研究方法和模式也還不能擺脫前人的窠臼，因此他還是古典書論的繼承者，但是與前代和同時代者不同的是，楊守敬的書法思想已孕育了某些現代思想的光芒，其鴻篇巨製、彪炳千秋的書法金石著作，在清末民初可謂獨樹一幟。歸納起來，楊守敬的書法思想主要體現爲以下三方面的特點：

第一節　注重實證和考察，不尚空談

　　楊守敬書法思想的突出特點是不尚空談，注重實證和考察，這既與他的學術背景有關，也與他的自身經歷和人生遭際相關。楊守敬一生廣泛訪碑問帖，經常親赴碑刻原地氈拓調查，這爲他日後寫作金石書法論著打下了雄厚的基礎，也培養了他重實證的研究方法。他將其金石學重實證的研究方法引

入書學，突破了傳統書論直覺感悟式的抽象點評方式〔註1〕，首次確立了實證主義的研究方法，在書論史上具有重要的方法論意義。正是由於楊守敬從實物出發，對歷代碑帖都進行仔細審閱和考證，所以其書論著作才內容翔實，觀點客觀。

如為了寫作《評碑記》，楊守敬廣泛搜求碑刻原拓，他對許多碑刻的出土地都做了實地考察和調研，對於碑刻的撰文者與書寫者，何種書體、刻於何時、立於何地、原石存廢情況、版本流傳情況等，都詳加交待，體現了一個金石考據學家嚴謹紮實的學術作風。他為《評碑記》的寫作規定了「三不錄」的原則：一、對於未敢信以為真者，如《岣嶁碑》（相傳夏禹王書）、延陵《季子墓碑》（相傳孔子篆書）、《比干墓題字》（相傳孔子篆書）、《紅崖古字》（俗稱諸葛誓苗碑，在貴州）、《錦山摩崖》（相傳為箕子書，在朝鮮）、《張飛破張郃銘》（在四川渠縣）、《嶧山碑》（直是徐鉉書），皆不錄；二、對於未見的古碑，如《楊量買山記》、《永元食堂記》、《文叔陽食堂畫像題字》，皆不錄；三、對於字數太少者，如畫像題字（凡十餘種），筆畫不精及剝蝕太甚者，如《李禹表》、《魯相謁孔廟殘碑》、《吹角壩摩崖》、《侍中楊公闕》、《侍御史季公闕》、《石廥村刻石》，皆不錄。〔註2〕

同樣，在《評帖記》中，楊守敬也規定了實事求是的選帖標準：「傳橅失真者不錄，寧嚴勿濫也；石久佚者不錄，為其不易得也。李唐以前，所見畢載；趙宋而後，僅擇其尤。」〔註3〕《評帖記》所選多為「名篇劇跡」，至於那些沒有親見的名帖，楊守敬絕不妄加評論，坦陳「其有不備，以俟他日，且願來者」〔註4〕。楊守敬曾藏有衛夫人巾廂本楷書，雖然「較《閣帖》所刻夫人書，有天淵之別」〔註5〕，他不敢信以為真，但也不能決其為偽，故錄入《評帖記》中，並以「今世豈有衛夫人書耶？」為問，表示對此帖存疑，以

〔註1〕 傳統的直覺感悟式書論，具有抽象與唯美，長於概括與總結，善用比喻、隱喻點評書法等特點。如梁武帝評王羲之書法為「龍跳天門，虎臥鳳閣」。

〔註2〕 《評碑記》，《楊守敬集》第八冊，湖北人民出版社、湖北教育出版社，1997年，第551頁。

〔註3〕 《激素飛清閣評帖記序》，《楊守敬集》第八冊，湖北人民出版社、湖北教育出版社，1997年，第585頁。

〔註4〕 《激素飛清閣評帖記序》，《楊守敬集》第八冊，湖北人民出版社、湖北教育出版社，1997年，第585頁。

〔註5〕 《評帖記》，《楊守敬集》第八冊，湖北人民出版社、湖北教育出版社，1997年，第591頁。

示對讀者負責。

　　《三續寰宇訪碑錄》是楊守敬金石學集大成之作，共收錄了楊守敬自同治癸亥（1863年）至宣統二年（1910年）近五十年所訪金石近萬種。該書不僅收羅甚富，且對許多碑刻都交待書體、撰者姓氏、建碑年月、收藏者或現存地以及原石存廢情況、版本流傳情況等資料。這些資料多是楊守敬現場踏訪所得，他稱：「皆流傳有自，不敢據方志傳錄也」〔註6〕，體現了一個金石考據學家嚴謹務實的學術作風。

　　楊守敬評論書法作品，還注重把評品書藝與考據學問相結合，在科學實證的基礎上分析評判，而不是人云亦云。他曾對《魏三體石經》進行考證，糾正了歷史上相沿一千多年的三體石經為漢時的錯誤說法。據范曄的《後漢書・儒林傳》記載：漢熹平四年，漢靈帝詔諸儒「為古文、篆、隸三體」石經。范曄誤以為三字石經為漢，以一字石經為魏，後人多襲此說。楊守敬通過縝密考證認為：「自來考古經者，知漢有五經、六經、七經之分，不知三字經只有兩經（指《尚書》、《春秋左氏傳》二部）。若以三字為漢，而謂漢只兩經，可乎？此亦三字為魏刻之確證。」從而得出《三體石經》為魏時所刻，並且斷言「碑字絕不似偽作」〔註7〕。如今他的觀點已成為學術界的定論。

　　鍾繇書法，楊守敬認為「真跡盡亡」，其《賀捷表》、《薦季直表》皆為贗作。他以唐太宗《羲之傳贊》稱「鍾書體則古而不今，字則長而逾制」〔註8〕為據，證明現在所存鍾繇書皆扁非長，必為偽跡。通過史料證偽，顯示了他考據學的功夫。

　　再如對隋大業《寧贙（xuàn）碑》（見下頁左圖）的考證。此碑於清道光六年（1826年）秋被發現，世人疑為偽作，後經楊守敬鑒定，認為甯氏父子事蹟載《隋書》、《新唐書》、《北史》，斷非偽作，眾疑始息。1911年在《學書邇言》中，楊守敬還進而推測「《寧贙碑》體格與歐陽《化度碑》相似，可能是歐陽中年之作」〔註9〕。一年後又在《隋元智並夫人姬氏墓誌》再跋中，進

<hr />

〔註6〕　《三續寰宇訪碑錄》序，《楊守敬集》第八冊，湖北人民出版社、湖北教育出版社，1997年，第621頁。

〔註7〕　《魏三體石經殘字跋》，《壬癸金石跋》，《楊守敬集》第八冊，湖北人民出版社、湖北教育出版社，1997年，第993、994頁。

〔註8〕　《評帖記》，《楊守敬集》第八冊，湖北人民出版社、湖北教育出版社，1997年，第590頁。

〔註9〕　《學書通言》，《楊守敬集》第八冊，湖北人民出版社、湖北教育出版社，1997年，第482頁。

一步加以考證道：「求與信本矩度相近者，當以寧越郡欽江縣（今廣西欽州）《寧贙碑》，尚有虎賁之似。」〔註10〕他考證歐陽詢的父親歐陽頠曾於陳、梁間督師嶺南，陳時爲東衡州刺使鎮守含洭（今廣東英德市），與寧越郡接壤。甯氏世爲欽江縣雄長，歐陽詢少時跟父親在一起，與甯氏交往相熟。到隋大業時正議大夫寧贙去世，其族人請求歐陽詢書碑，於情事相合。至於碑上沒有歐陽詢的屬名，楊守敬認爲因隋時書碑，或題名，或不題名，無足怪也。並以宋拓《化度寺碑》與此碑對勘，二碑具體而微，不同目類而已。

　　楊守敬的很多書法思想和觀點都來源於其書法活動和實踐。他通過廣泛搜集漢魏六朝的金石文字，以雙鈎存神之法刻爲《望堂金石》，並經過反復比較鑒別，發現下筆如折刀頭、風骨淩厲者，才是六朝眞書之本。對於歷代「最爲學者所宗」的唐懷仁和尙《集右軍聖教序》，楊守敬提出了一個大膽且頗耐人深思的問題：「夫右軍之書，在唐代雖流傳甚多，何能集爲一碑，大小咸宜？

《寧贙碑》　　　　　　　　　宋拓《化度寺碑》

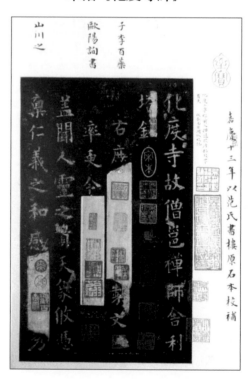

〔註10〕　《鄰蘇老人題跋》，《楊守敬集》第八冊，湖北人民出版社、湖北教育出版社，1997 年，第 1083 頁。

知其必多假借。惟懷仁等筆力既高，書學亦邃，遂爾風靡一時。」〔註11〕楊守敬曾親自集字而成《楷法溯源》一書，深知集字之不易，感同身受，固有此懷疑，顯然不是空穴來風。雖然這一觀點並未得到學術界廣泛認同，也可聊備一說，以待後人的繼續考證。

楊守敬每作一論強調現場「目驗」，從不做任何憑空捏造、捕風捉影的推測。他曾聽說魏《王基殘碑》初出土時，上半截是朱書未刻，拭之即去。他初以為是傳聞之誤，後得到拓本，果然發現拓本上半截無字處長達寸餘，並不見碑斷之痕，且第一行獨出格多三字，依格橫視方格尚存，並無剝落之跡。但他還是不敢對「朱書之說」輕下結論，歎曰：「惜不得目驗之。」〔註12〕還有一次，楊守敬得到了發現不久的《高句麗好太王碑》的「初拓本」，因為沒有去過現場，他對碑的形制出語謹慎，不敢遽下斷語，只是根據拓本判斷：「分四紙拓之，似經幢之制」，並推測：「或為摩崖，未詳也。」〔註13〕表現出嚴謹的治學態度。在《學書邇言》中，楊守敬在介紹北魏墓誌時，對《刁遵墓誌》、《司馬昇墓誌》、《司馬景和妻墓誌》、《高湛墓誌》、《鄭道忠墓誌》、《崔敬邕墓誌》都有評價，獨對於《張黑女墓誌》沒有評論，只是簡單介紹說：「道州何氏（紹基）所藏，此海內孤本。」〔註14〕原因是當時楊守敬尚未見過《張黑女墓誌》，故《評碑記》中付之闕如，在《學書邇言》中也沒有妄加評述。

楊守敬論書不尚空談、注重實證和考察的書法思想特點，與其學術思想是一致的。楊守敬是傳統的考據派，為乾嘉學派的著名學者，他繼承了乾嘉以來形成的重視史實考據的實事求是的學術傳統。故考釋金石文字，遇到「疑不能明」的情況時，就明言「姑釋所見以俟知者」。不論在史地學、版本目錄學，還是金石書法方面，他都講求實事求是，進行深入細緻的探索和研究，通過艱苦的實地考察和大量實踐，從而得出符合客觀實際的結論。

如關於清江源頭的考證，《水經注》記載，夷水（清江）首出魚腹發源地

〔註11〕　《學書邇言》，《楊守敬集》第八冊，湖北人民出版社、湖北教育出版社，1997年，第485頁。

〔註12〕　《評碑記》，《楊守敬集》第八冊，湖北人民出版社、湖北教育出版社，1997年，第553頁。

〔註13〕　《高句麗廣開土好太王談德碑跋》，《楊守敬集》第九冊，湖北人民出版社、湖北教育出版社，1997年，第781頁。

〔註14〕　《學書邇言》，《楊守敬集》第八冊，湖北人民出版社、湖北教育出版社，1997年，第482頁。

四川奉節縣，最後注入楊守敬的家鄉宜都，因此有學者據此認爲清江上游與
長江相連，古人進入楚地爲避開長江三峽的險要，而走清江。楊守敬並不把
經典奉爲神聖，他親自沿清江溯江而上，進行實地考察，根據第一手可靠的
資料得出結論，清江的上游並不與長江相連，它的發源地也不在奉節，而是
在四川省的利川縣齊嶽山，追到了清江眞正的源頭。爲了給酈道元的《水經
注》作疏，他曾查閱古書，實地勘驗，從不拘泥於前人之說。一次，他因懷疑
《水經注》中的「枯」字用法而跋山涉水，尋找大量資料，終於將「枯」改
爲「岵」。其嚴謹的治學態度讓人感佩之至。這種以學問爲根基、以事實爲根
據、不迷信古人的治學精神，在楊守敬的書法思想中也得到了充分體現。

第二節　論書唯求其是，不爲權威所惑

　　楊守敬評碑論帖的可貴之處還在於：站在歷史的高度觀察、評述各個時
代碑帖的用筆、結體、風格、繼承、演變，論書唯求其是，不囿時論，不因
人論書，對名家不掩其惡，對非名家不掩其善，褒貶自主，以理服人。

　　如關於王羲之《蘭亭序》的眞僞，楊守敬有自己的獨立見解。清朝乾隆
以前，學術界和書法界對王羲之《蘭亭序》的眞實性和藝術價值向無疑義。
之後，碑派書家阮元、趙之謙、李文田等以《蘭亭序》應具有「八分氣度」、
「章草筆意」、「二爨筆意」爲由來否定《蘭亭序》。楊守敬對《蘭亭序》也存
有異議，指其爲「無隸書遺意」。

　　其實，不僅是《蘭亭序》，當時的碑派書家們以六朝碑碣爲憑，也懷疑王
羲之的《樂毅論》、《黃庭經》、《東方畫像贊》、《曹娥碑》等小楷書爲宋人僞
作。楊守敬對這一現象也有發現，但卻得出了與碑派書家們不同的結論。在
《評碑記》對《爨寶子碑》的品評中，楊守敬稱：「觀此書，乃知今世所傳鍾
王法帖，非眞嗣種也。」〔註15〕在《楷法溯源》中，他進而指出：「集帖所載
鍾、王楷書，皆唐以後模拓，無分隸遺意，不足爲據」〔註16〕。在與嚴谷一
六筆談時，也談到：「二王墨蹟今多不存，即集帖所刻皆優孟衣冠。」〔註17〕

〔註15〕　《評碑記》，《楊守敬集》第八冊，湖北人民出版社、湖北教育出版社，1997
　　　　　年，第 554 頁。
〔註16〕　《楷法溯源》，《楊守敬集》第十三冊，湖北人民出版社、湖北教育出版社，
　　　　　1997 年，第 15 頁。
〔註17〕　《楊守敬學術年譜》，宜昌政協文史委編，湖北人民出版社，2004 年，第 319 頁。

他以鍾繇之《宣示》、《賀捷》似有分書遺意爲例，並以晉之《爨寶子碑》、劉宋之《爨龍顏碑》、前秦之《鄧太尉碑》、《張產碑》明是「由分變楷之漸」，而與右軍楷書相較有古今之別的奇怪現象，推斷當時所傳的王羲之楷書，原跡必有分書遺意。但與碑派書家不同的是，楊守敬並不認爲這些流傳下來的王羲之作品是僞作，而是「展轉傳摹，遂至失眞，未可盡嗤爲僞也」〔註18〕。並認爲集帖的輾轉傳摹，恰是其走向沒落的原因：「二王以後，北魏風熾，南派寂寥。誠以展轉摹勒，不如當時之原刊。」〔註19〕

可見，楊守敬對王羲之書法提出質疑並非附會碑學家們的觀點，而是經他個人的獨立研究發現實事求是得出的結論。這與碑學家借否定帖學之最高代表——「天下第一行書」《蘭亭序》來否定王羲之，進而否定帖學的目的完全不同。至於後來郭沫若在「蘭亭論辯」中繼續闡揚碑學家否定《蘭亭序》的主張，特別是引用楊守敬的觀點並對其大加褒揚，卻是楊守敬所始料未及的。其實，即以楊守敬關於「鍾、王之眞書，當時只以供簡帖，不以入金石」〔註20〕的觀點，就足以給郭沫若的《由王謝墓誌的出土論到〈蘭亭序〉的眞僞》一文以顚覆性的一擊。

對歷史上著名書家的錯誤觀點，楊守敬也不爲權威所惑，不爲高論所挾，敢於自陳己見，決不苟同，嘗謂：「世無聖人，不在弟子之列」〔註21〕，其高標自許如此。在跋《酸棗令劉熊殘碑》中，他針對歷史上很多名人如唐王建、李陽冰、清翁方綱將此「漢隸之上品」指爲蔡邕書，持反對意見道：「大抵漢人工隸法，刻之金石非能手莫敢當，故今所存漢碑皆文字爾雅無苟簡者。」並力糾時弊，爲歷史上那些無名書家大聲疾呼：「何必中郎之跡始足貴乎？」〔註22〕

王羲之的《黃庭經》，孫過庭在《書譜》中認爲「書《黃庭》則怡懌虛

〔註18〕　《學書邇言》，《楊守敬集》第八冊，湖北人民出版社、湖北教育出版社，1997年，第477頁。

〔註19〕　《集帖目錄序》，《楊守敬集》第五冊，湖北人民出版社、湖北教育出版社，1997年，第1184頁。

〔註20〕　《學書邇言》，《楊守敬集》第八冊，湖北人民出版社、湖北教育出版社，1997年，第481頁。

〔註21〕　《鄰蘇老人年譜》，《楊守敬集》第一冊，湖北人民出版社、湖北教育出版社，1997年，第28頁。

〔註22〕　《酸棗令劉熊殘碑》跋，《楊守敬集》第十一冊，湖北人民出版社、湖北教育出版社，1997年，第517頁。

無」，楊守敬通過臨習比較認為，孫過庭此語不似，絕不以經典為神靈。對褚遂良的《雁塔聖教序》，他提出了與唐代書法理論家張懷瓘不同的觀點：「褚河南《雁塔聖教序》，昔人稱其如『煙裊晴空』，最善形狀。而《書斷》則云：如『美人嬋娟，不勝羅綺』。噫為澆漓後學，為輕佻者痛下一鍼，然自是承學之誤。原書雖離紙一寸，實下筆千斤也。」透過現象看本質，得出了與張懷瓘完全不同的結論，也為學褚字者撥雲見日。同樣，褚遂良的《伊闕佛龕碑》，歐陽修評為「奇偉」，楊守敬卻有取有捨，認為「方整寬博，偉則有之，非用奇也，蓋猶沿陳隋舊格，登善（褚遂良）晚年始力求變化耳」〔註23〕。點明褚遂良是在沿襲陳隋書風，也清楚地指出了褚遂良的書風發展階段。

再如明末清初的顧炎武曾懷疑《張遷碑》是後人重刻，楊守敬卻認為「此碑端整雅鍊，剝落之痕，亦復天然，的是原石」〔註24〕，不客氣地指出這是由於顧炎武「善考索而不精鑒賞」的緣故。隋《龍藏寺碑》，歐陽修的《集古論》認為此碑「字畫遒勁，有歐、虞之體」，而包世臣則認定為智永書。楊守敬通過仔細分析作出判斷：「余按永師名貴謹嚴，此瘦勁寬博，故自不同，不第無確證也。細玩此碑，平正沖和似永興，婉麗遒媚似河南，亦無信本險峭之態。」〔註25〕認為作者既不是智永也非歐陽詢，斷為無名氏所書。《天璽紀功碑》（即《天發神讖碑》），清代郭宗昌的《金石史》噫為「牛鬼蛇神」，楊守敬對《天璽紀功碑》則給以「自創體格，前無古人，後無來者」的至高評價，譏諷郭氏的淺見為「真所謂見駱駝謂馬腫背也」〔註26〕。其考辨精審，堪稱定論。

對於歷史上那些不是很有名氣的書家，只要其書法及書論有可取之處，楊守敬都加以肯定，甚至褒揚，體現出相容並包、不拘一格的胸懷。如楊守敬尤其推崇書史上不太知名的唐朝殷令名的《裴鏡民碑》，在《評碑記》和《學書邇言》中均稱之為「無上鴻寶」，認為「虞之沖和，歐之峻拔，兼而有之」

〔註23〕 《評碑記》，《楊守敬集》第八冊，湖北人民出版社、湖北教育出版社，1997年，第568頁。

〔註24〕 《評碑記》，《楊守敬集》第八冊，湖北人民出版社、湖北教育出版社，1997年，第549頁。

〔註25〕 《評碑記》，《楊守敬集》第八冊，湖北人民出版社、湖北教育出版社，1997年，第563頁。

〔註26〕 《學書邇言》，《楊守敬集》第八冊，湖北人民出版社、湖北教育出版社，1997年，第481頁。

〔註27〕。由於此碑神理完足，故楊守敬給以了無上高評：「自《廟堂》、《醴泉》皆磨泐翻刻之餘，此本當爲初唐第一」。〔註28〕在與松田雷柯筆談時亦言：「學歐書《醴泉》，當以此意求之。」認爲學習此碑「直如與歐、虞接席」，「爲歐、虞影身可也」〔註29〕。可惜楊守敬的這一觀點並未引起足夠重視，一般習書者尚不知《裴鏡民碑》。

再如同樣不太知名的初唐書家王玄宗死時年僅 55 歲，楊守敬對其 37 歲所書的《王宏範碑》非常讚賞，認爲「其書遠師貞白（陶弘景），近擬道護（丁道護），倘天假之年，自當於褚、薛間高置一座」。〔註30〕王玄宗的季弟王紹宗所書《王徵君口授銘》，楊守敬也能看到其可取之處：「易長爲扁，自負不凡。然能自出機杼，自是豪傑之士。」〔註31〕唐代杜光庭〔註32〕的正書《南詔德化碑》，雖書者非名家，碑亦不在中原，楊守敬仍給以很高的評價：「書法勁健雄偉，眞堪與李北海並馳中原。不意偏在外夷，而有如此絕詣。奈此碑傳拓最少，近更難得。」〔註33〕我們前面提到楊守敬對褚遂良《雁塔聖教序》的評價，其實他初見《雁塔聖教序》宋拓本時，「展轉審視，終莫得其妙」，「後見大興劉寬夫（位坦）批此碑結體用筆之法，苦心搜求，字字較量，乃知褚公空前絕後之作，愈看愈佳。」〔註34〕劉寬夫是道光年間的藏書家、書法篆刻家，書史上並不甚有名，但楊守敬卻能尊重並採納他的觀點。

〔註27〕　《學書通言》，《楊守敬集》第八冊，湖北人民出版社、湖北教育出版社，1997年，第 483 頁。

〔註28〕　《評碑記》，《楊守敬集》第八冊，湖北人民出版社、湖北教育出版社，1997年，第 567 頁。

〔註29〕　《鄰蘇老人題跋》，《楊守敬集》第八冊，湖北人民出版社、湖北教育出版社，1997 年，第 1089 頁。

〔註30〕　《鄰蘇老人題跋》，《楊守敬集》第八冊，湖北人民出版社、湖北教育出版社，1997 年，第 1093 頁。

〔註31〕　《學書通言》，《楊守敬集》第八冊，湖北人民出版社、湖北教育出版社，1997年，第 484 頁。

〔註32〕　杜光庭（850～933 年），唐末五代道士，道教學者。字聖賓，號東瀛子，浙江縉雲人。唐懿宗時，考進士未中，後到天台山入道。僖宗時，充麟德殿文章應制。隨僖宗入蜀，後追隨前蜀王建，官至戶部侍郎，賜號傳眞天師。晚年辭官隱居四川青城山。

〔註33〕　《評碑記》，《楊守敬集》第八冊，湖北人民出版社、湖北教育出版社，1997年，第 583 頁。

〔註34〕　《評碑記》，《楊守敬集》第八冊，湖北人民出版社、湖北教育出版社，1997年，第 569 頁。

　　在評碑論帖中，楊守敬不隨人俯仰，不爲時論所囿，對歷代碑帖和書家敢於自抒己見，其觀點富有創見、新人耳目。如王羲之《行穰帖》（見下圖）中捺筆下垂的「人」字，有人疑其爲失筆，楊守敬卻力排眾議地大加讚賞道：「不知『人』於此處多縱而不能收，此乃轉折之向內，蓋下筆用力甚猛，不如此便縮不住，而亦非腕有千鈞，不能掣得此筆住。」〔註35〕

　　北魏《張猛龍碑》，當時即有人「謂其不佳」，楊守敬卻能獨具慧眼地發現其中的美——「書法瀟灑古淡，奇正相生，六代所以高出唐人者以此」〔註36〕，批評那些人「眞俗眼也！」如今《張猛龍碑》已公認爲北朝碑刻中最具代表性的典範，楊守敬獨排眾議，眞乃卓見！對於歐陽詢之子歐陽通的

王羲之《行穰帖》

<hr>

〔註35〕　《評帖記》，《楊守敬集》第八冊，湖北人民出版社、湖北教育出版社，1997年，第592頁。

〔註36〕　《評碑記》，《楊守敬集》第八冊，湖北人民出版社、湖北教育出版社，1997年，第559頁。

《道因法師碑》，楊守敬的觀點也與時人大異其趣：「較信本（歐陽詢）尤險勁，而論者爲其瘦怯於父，殊非定評。」並建議：「後學者從此碑入手，雖不合時眼，而絕少流弊。」〔註37〕後來他又在跋語中進一步論及歐陽通的書法：「前人尙以瘦怯於父爲嫌，何曾有稱其淡古者？」〔註38〕

唐太宗著名的《晉祠銘》，楊守敬並沒有佳評：「太宗書法直入山陰堂奧，而此碑殊不佳，蓋因石質惡劣，鋒芒全殺，已失眞面目也。」他本不想把《晉祠銘》收錄到《評碑記》裏，但「因此碑盛行於世，故辨之」。〔註39〕可見其良苦用心。

唐代鍾紹京的書法僅存《昇仙太子碑》的碑陰題銜，楊守敬卻認爲「當推爲楷書正宗」，並爲鍾紹京的遭際鳴不平道：「獨怪紹京書法精到如此，唐人多稱其精鑒，不甚重其書，何耶？」並斷言：「若似此者有豐碑一片，余便以配歐、虞，斷不令在褚、薛後也。」〔註40〕唐代的分書四大家蔡有鄰、韓擇木、盧藏用、史惟則，楊守敬認爲「韓、盧二公，恐未堪伯仲，史惟則庸熟，不及梁昇卿，不知何以比肩蔡公？」〔註41〕頗爲梁昇卿鳴不平，認爲史惟則是鳩占雀巢。對於清初出土的唐顏師古所撰的《等慈寺碑》，楊守敬給以絕高的評價：「結構全法魏人，而姿態橫生，勁利異常，無一弱筆，直堪與歐、虞抗行。」並對該碑的藉藉無名憤憤不平：「世人狃於習見，故不見寶重。而尊仰六朝者，又限以時代，不復留意唐人，故仍寂寂也。」〔註42〕由於當時「尊魏卑唐」，故此碑見棄。如今《等慈寺碑》已成爲學書者廣泛臨習的範本，楊公確實有先見之明。

楊守敬論書客觀公正，不激不厲，善於從兩面看問題。褚遂良《三藏聖教序並記》，楊守敬認爲「雁塔本」勝「同州本」，故其《楷法溯源》集字取

〔註37〕　《學書邇言》，《楊守敬集》第八冊，湖北人民出版社、湖北教育出版社，1997年，第484頁。

〔註38〕　《鄰蘇老人題跋》，《楊守敬集》第八冊，湖北人民出版社、湖北教育出版社，1997年，第1087頁。

〔註39〕　《評碑記》，《楊守敬集》第八冊，湖北人民出版社、湖北教育出版社，1997年，第568頁。

〔註40〕　《評碑記》，《楊守敬集》第八冊，湖北人民出版社、湖北教育出版社，1997年，第574頁。

〔註41〕　《評碑記》，《楊守敬集》第八冊，湖北人民出版社、湖北教育出版社，1997年，第578頁。

〔註42〕　《評碑記》，《楊守敬集》第八冊，湖北人民出版社、湖北教育出版社，1997年，第565頁。

《雁塔》而不錄《同州》。但同時他又認爲,「雁塔本」爲原石,但椎拓過多,致其失眞;「同州本」雖爲翻本,但爲唐時善書者所爲,「亦自有勁拔之致」〔註43〕,故楊守敬仍大力推薦。再如他稱讚包世臣的《藝舟雙楫》「風靡天下」,但認爲包氏自比爲「右軍後一人」,「未免自信太過」,同時對何紹基對包氏的譏評也不以爲然:「何子貞又譏其不能平直自由,亦爲過毀。」〔註44〕《華嶽頌》(即《漢西嶽華廟碑》),前人嗤之爲惡箚,稱爲「分書罪人」,楊守敬卻看到了它有價值的另一面:「以分書論之,誠不佳,若以其意作眞書,殊峭拔。」〔註45〕

對於歷史上有爭議甚至有定論的人物,楊守敬也能做到客觀分析,褒貶自主。如對歷史上身受惡名的張瑞圖,楊守敬通過考證提出《明史》上所謂張瑞圖三疏頌魏忠賢事不實,至於張瑞圖爲魏忠賢書《生祠碑》,那是奉皇帝詔旨。並客觀地分析道:「特不能矯然自異,依阿苟容,世惡其爲人,遂以下流之惡皆歸之。」「今余爲平情論之,似當與陸放翁《南園記》〔註46〕從末減。」對其書法仍給以很高的評價:「風骨高騫,與倪鴻寶、黃石齋相伯仲」。〔註47〕

第三節　在比較中論書法,縱橫千古

在評碑論帖中,楊守敬不是就碑論碑,就帖論帖,而是交代上下源流,進行綜合比較,使學書者對碑帖有全面的認識和宏觀的把握。通常有如下方法:

同代之間進行橫向比較。如《評碑記》中,楊守敬用同時代的諸家漢隸與《禮器碑》比較:「余按漢隸如《開通褒斜道》、《楊君石門頌》之類,以性情勝者也;《景君》、《魯峻》、《封龍山》之類,以形質勝者也;兼之者惟推此

〔註43〕 《學書邇言》,《楊守敬集》第八冊,湖北人民出版社、湖北教育出版社,1997年,第483頁。

〔註44〕 《學書邇言》,《楊守敬集》第八冊,湖北人民出版社、湖北教育出版社,1997年,第510頁。

〔註45〕 《評碑記》,《楊守敬集》第八冊,湖北人民出版社、湖北教育出版社,1997年,第563頁。

〔註46〕 指陸游爲南宋奸臣韓侂冑的兩座園林撰《南園記》、《閱古泉記》見譏清議一事。

〔註47〕 《張二水書〈前赤壁賦〉跋》,《鄰蘇老人題跋》,《楊守敬集》第八冊,湖北人民出版社、湖北教育出版社,1997年,第1134頁。

碑。要而論之，寓奇險於平正，寓疏秀於嚴密，所以難也。」〔註48〕通過漢隸之間比較，定《禮器碑》爲「分隸第一」就讓人信服。即使立碑時間僅相差一年的漢隸《孔謙碣》、《孔君墓碑》，楊守敬也能加以區分：「二石隸法皆佳。前碣以淳厚勝，此以蒼勁勝，雖爲字無多，要可寶也。」〔註49〕再如北齊《唐邕寫經碑》，楊守敬評爲「書法豐腴」，認爲與同時代的水牛山《文殊般若經》相似。兩相比較，學書者便對兩者的風格大體了然。

異代之間進行縱向比較。如評晉《太公呂望表》，楊守敬對其源流進行上下追溯：「是碑雖變漢人體格，而一種古茂峭健之致，撲人眉宇，以之肩隨漢魏，良無愧也。自此以後，北魏失之儉，北齊失之豐，隋以下蕩然矣。」〔註50〕上下跨越數百年，通過比較，《太公呂望表》的重要性便凸現出來。

異代與異代之間、同代與同代之間進行縱橫比較。如評《後周華嶽廟碑》，楊守敬首先從縱向交代該碑的上下承傳關係，從三國時魏鍾繇所書的《宣示表》到初唐的歐陽詢——「（趙）文淵此碑，遠師《宣示》，近規《李仲璇》、《王春孺》，下開歐陽」，接著又用同時代的其他碑刻進行橫向比較，稱《華嶽廟碑》「與《曹恪》、《叔樂》自爲風格，領袖一代」〔註51〕。隋代的《龍藏寺碑》，楊守敬將其與唐代的褚、虞、歐進行風格比較：「平正沖和似永興，婉麗遒媚似河南，亦無信本險峭之態。」〔註52〕找出了《龍藏寺碑》與初唐三大家的異同點，同時對褚、虞、歐三家的書風又是一種橫向比較。

在比較中，楊守敬能夠抓住對象的不同特點，將不同時代的書風非常傳神地揭示出來。如漢末的《上尊號奏》（即《上尊號碑》）和魏初的《受禪表》均在河南臨潁縣南繁城鎮的漢獻帝廟中，兩碑所刻時間較近，相似之處甚多，如何加以區分？楊守敬通過豐富的想像和美感聯想，比較了漢和魏晉兩種不

〔註48〕　《評碑記》，《楊守敬集》第八冊，湖北人民出版社、湖北教育出版社，1997年，第543頁。

〔註49〕　《評碑記》，《楊守敬集》第八冊，湖北人民出版社、湖北教育出版社，1997年，第543頁。

〔註50〕　《評碑記》，《楊守敬集》第八冊，湖北人民出版社、湖北教育出版社，1997年，第554頁。

〔註51〕　《後周華嶽廟碑》跋，《鄰蘇老人題跋》，《楊守敬集》第八冊，湖北人民出版社、湖北教育出版社，1997年，第1077頁。

〔註52〕　《評碑記》，《楊守敬集》第八冊，湖北人民出版社、湖北教育出版社，1997年，第563頁。

同時代的書風：「大抵漢碑渾古遒厚，氣象雍容，如入夫子廟堂，令人起敬；魏晉則峭厲嚴肅，戈戟森列，如入細營，令人生畏。」〔註53〕用步入孔廟產生的神聖莊嚴感比喻漢碑風格，而用進入周亞夫細柳營產生的緊張驚悚感比喻魏晉碑刻風格，兩者便劃然分出界限。

即使是同一位書家的作品，楊守敬也能進行區分比較。如傳爲唐代李邕撰文並書丹的《端州石室記》，楊守敬認爲不似北海書。有人認爲北海撰文，還有何人敢於執筆？楊守敬便以李邕撰文、張廷珪分書書碑的《修孔子廟碑》爲證。又有人以分書非李邕所長進行駁難，楊守敬又舉出李邕撰文、段清雲行書書碑的《竇居士碑》，認爲該碑「書法亦自佳，然以視北海，則不知相去幾許」〔註54〕，並反問道：「行書非北海所長乎？」〔註55〕使人不能不歎服楊守敬的書學之博，故能如數家珍，援引自如。

最能體現楊守敬功力之深和閱帖之廣的是他對「天下第一行書」《蘭亭序》版本的考評。在《評帖記》中，他對21種不同版本的《蘭亭序》逐帖進行縱橫比較鑑別，使諸本《蘭亭》源流自清，優劣畢現。

1. 《開皇本》：開皇十三年十月高熲監刻，「朱竹垞疑即桑世昌《蘭亭考》所載智永臨本。余以永師他書證之，恐非其筆。」又有十八年三月二十日本，有石翻本行世。歸安吳平齋又將二本雙鈎鑴木刻於《二百蘭亭金石》中，「二本大致相同，而與定武諸本懸殊」，「實有雙鵠並飛之妙」。

2. 《定武本》：「自石刻既亡，士大夫各刻一本，南宋時已有百餘本之目。」楊守敬自言其所見《定武本》不下百本，並「擇其尤雅而石見存者」加以推薦——

   《東陽本》：明宣德揚州石塔寺僧浚井得之，兩淮鹽運使何士英作跋，故又名「何氏本」。「據《揮麈錄》謂即薛紹彭所易、宋高宗所失者。」「紹彭易時斲損『湍』、『流』、『帶』、『右』、『天』五字以惑人」，「此本僅缺『東』、『流』、『帶』、『右』四字，而『湍』字不損。

〔註53〕《評碑記》，《楊守敬集》第八冊，湖北人民出版社、湖北教育出版社，1997年，第552頁。

〔註54〕《評碑記》，《楊守敬集》第八冊，湖北人民出版社、湖北教育出版社，1997年，第581頁。

〔註55〕《評碑記》，《楊守敬集》第八冊，湖北人民出版社、湖北教育出版社，1997年，第577頁。

又較落水諸本，橫短寸許，縱亦短二分，則謂即紹彭所易者，恐不必然。」

《國子監本》：明萬曆年出土。「案薛紹彭斲損眞本五字，今此本五字未損，且較《定武本》短半寸許，與《東陽本》同。」「余案前人臨《蘭亭》，其於行款塗抹之處，固應必肖，至於石刻剝蝕，則不必悉同……假如臨五字已損本，將並其五字亦作斧鑿痕可乎？」「則又知的爲翻刻，非臨本也」。

《趙子固落水本》：「氈蠟之精，爲諸本之冠，自來賞鑒家皆嘖嘖叫絕，不第五字不損也。」「惜鉤刻過於板重，恐不免有補塡處。」

《榮芑本》：「此亦五字不損本也。今海內《定武》眞本，自落水本外，即以此爲最……而古樸渾融，故應爲《定武》摹本之冠」。

《宋王曉本》：「亦五字已損本也。有王曉印，石今在上海，已斷裂，頗傷板實。」

《明程孟陽本》：「五字已損。……移置焦山寺中，蒼勁簡質，頗有篆籀遺意。」

《陳伯恭五字已損本》：「原本有墨瀋處，以宋王曉、王沇二橅本補足，鉤勒閱八月始成，故應推近刻佳本也。」

《停雲館五字不損本》：「首行永字缺其半」，「模刻不甚詳審，尚無大誤處」。

《梅花本》：「亦不甚精妙，石已斷裂」。

《元同野本》：「黃公望定爲墨皇，……頗與《王曉本》相似」。

《明重刻肥本・瘦本》：「皆不精，前有蘭亭圖」。

《來禽館五字已損本》：「當是從瘦本出。」

《谷園摹古五字損本》：「當是從肥本出。」

3. 《張金界奴本》：「蓋合《開皇》、《定武》，兼有其勝」。

4. 《神龍本》：「首尾有神龍半印」，「有單行本，首題唐摹蘭亭四小字，全刻三十七印，摹勒最精。」「近董文明又摹一本於關中，則不佳矣。又有一本，前有左半印而右半印在中間，亦絕妙。」

5. 《褚河南摹本》：「米元章有跋及贊」，「明景泰間爲吳中陳祭酒所得，摹勒上石。陳好鉤勒，遂揚數本亂眞而分綴宋元諸跋，以便售利。於是人間褚本遂有數本。」如：

《三希堂刻本》：「輕俊之間，猶存深厚之意，當爲褚摹之冠。」

《詒晉齋刻本》：「裊娜之甚，頗傷纖細，然不失之弱，故足貴也。」

《滋蕙堂本》：「頗與袖珍本相似，而行款仍還舊觀。」

《來禽館本》：「無米跋，疑亦褚本也。」

6. 《洛陽宮本》：「『領』字作『嶺』，故又謂『嶺字從山本』。」「較河南他本，筆法不殊，風神又別，字體亦差小。」

7. 《賜潘貴妃本》：「《定武》止有肥瘦，此本字形迥異，若以此爲眞《定武》，則自來所傳《定武》本，皆不足憑矣。」

8. 《穎上本》：「得此玉石本於穎上井中」，「今僅存數十字」。「余案此本行筆，大似褚摹，誠爲佳刻，惜近日原拓舊本難得，其行世全本，皆是重摹，毫無意味。」

9. 《上黨本》：「明時出於上黨」，「已多磨滅，纖細不足觀矣。」

10. 《馮承素模本》：「或以爲元章所臨，……余謂米老作書，飛動有餘，瘦勁不足。此卷純是一片清剛之氣，冰結所成，非米老所能到也。」

11. 《薛稷摹本》：「大致與《穎上本》同，不及馮、褚諸本之風格遒上」，「又有《趙摹本》、《諸葛楨本》，恐皆是附會爲之。」

12. 《元陸玄素摹本》：「柯敬仲稱此卷自褚河南本出，飄撇蘊藉，大有古意。」

13. 《玉枕本》：「以《定武本》縮爲蠅頭細書，謂之玉枕本，盛稱於世」，「石已無寸。」

14. 《唐臨無名氏本》：「其『日』、『文』等字，不復作塗抹之痕，結體亦不沾沾原本，然其用筆自古。成親王定爲唐臨，有以也。」

15. 《唐臨無名氏殘本》：「闕十二行，雖多蛀損之字，而用筆沉著透快，非唐人名家不能。」

16. 《米元章臨本》：「與褚摹絕相似。」「觀此則謂世傳唐模多元章之筆，亦非無因。」

17. 《薛道祖（紹彭）臨本》：「可云絕肖。唯初拓原本難得耳。」

18. 《宋徽宗臨本》：「不甚佳，與徽宗平日用筆，亦多不同。」

19. 《宋高宗臨本》：「氣象甚小，筆力亦弱。」

20. 《趙松雪臨本》：「生平所臨，當不下數十本。」「爾來學《蘭亭》者，棄《定武》唐模如土梗，專趨松雪此本，其書無不俗者。或曰此本係

偽作，趙書圓潤之中，時具遒逸清瘦之致。此本純乎圓潤，幾於無筆，知非松雪所爲也。存其說以俟眞鑒者。」

21.《俞紫芝臨本》：元至正十八年（1359 年）臨。「紫芝爲松雪高弟，此本亦全似松雪筆意。良常（王澍）稱其於沉著中見清瘦，於痛快中露風神，可謂得之。」

除以上這 21 種版本的《蘭亭序》外，還有祝京兆、邢子願、董香光諸臨本刻石，楊守敬認爲：「風格愈下，不具論。」他最後附記道：「右諸本《蘭亭》，皆據余所藏者載之。其存於京師者，唯《三希堂》及《八柱蘭亭》二部。惜考證碑帖之書，多未攜回，半就記憶者錄之，疏漏錯誤，知所不免，姑記大略，俟他日再校焉。」〔註 56〕

楊守敬洋洋灑灑開列上述諸本《蘭亭》，詳加考訂，比較優劣，學書者自然可從中擇善而從。這 21 種不同版本的《蘭亭序》，上下千載，牽涉大量書家、藏家和刻工，楊守敬條分縷析，娓娓道來，揮灑自如，不覺其煩，足見其書學修養的深厚基礎。

〔註 56〕以上引文見《評帖記》，《楊守敬集》第八冊，湖北人民出版社、湖北教育出版社，1997 年，第 600～605 頁。

第八章　楊守敬書法思想的意義和價值

　　楊守敬是清末民初書壇上的一座高峰，他的書法思想體系完備，博大精深，頗富創見和前瞻，對後世的影響是深刻而深遠的。楊守敬書法思想，不僅對清末民初的書壇產生重大影響，而且波及日本，甚至時至今日，他的書法思想的光芒仍未泯滅，繼續啓示著我們，讓我們思考，催我們奮進。這是一筆寶貴財富，我們整理楊守敬的書法思想是爲了更好地服務當下並引導未來。

第一節　對清末民初書法的影響

　　楊守敬對清末民初書法的影響主要體現在其「碑帖並重」思想上。他在碑學大行其道、如日中天之時，敢於逆潮流而動，開風氣之先，率先提出了振聾發聵、新人耳目的「碑帖並重」觀，主張「合之兩美，離之兩傷」。他這一觀點的提出（1868 年著《評帖記》）比劉熙載（1873 年著《藝概·書概》）還要早五年，成爲清代書壇的嚆矢。在碑學和帖學的興衰更迭中，楊守敬能站在歷史的高度上客觀、全面地看待碑帖之爭，力破傳統的門戶之見，提出「碑帖並重」的觀點，最終導致了南北兩派的匯流，使清末民初的書法迸發出革故鼎新的曙光，其貢獻無疑是非常巨大的。

　　清代在中國書法發展史上是一個極其重要的時期。中國書法在經歷了漢魏、兩晉、隋唐、宋明等幾個鼎盛時期後，發展日趨完美。然而事實上，整個中國書法發展史，大體上都是以單一書法風格爲主流縱貫某一特定歷史時期的，而在同一時代眞正能以碑、帖兩種書風交替發展、互爭雄長的只有清

代。至晚清帖學衰落、碑學一統天下，可能再次出現單一格局時，有幸出現了理性、冷靜的楊守敬，他以自己深厚的學養和對書法史的深刻理解，勇於提出似不合時宜卻又是十分辯證的見解，努力糾偏，才使得晚清書壇呈現出異彩紛呈的態勢。現在看來，雖說清代書法由於受當時社會歷史發展緩慢等多種因素的制約和影響而顯得步履蹣跚，但是，在清代中晚期那場激烈的「碑帖大戰」中所積澱的綜合書學理論與書法創作模式，對以後中國書法的發展所產生的巨大影響，卻是其他任何歷史時期都無法比擬的。

其實，碑學於清代書法貢獻甚巨。碑學之功績，在於對帖學衰靡之風的力挽狂瀾，它使書法的審美取向上溯至南北朝以前的質樸、古拙、雄渾、奇崛。然而舉碑學之失，恰在於抑帖。碑學著作中有許多真知灼見，發前人所未發，但同時也存在偏激觀點。強其一處，必失其一端。

值得注意的是，康有為的碑學理論是以他的政治改良思想為指導的，他在極力褒揚北碑的同時，貶低唐碑與刻帖，其偏激的觀點顯然是特定歷史條件下的特定心態在書法理論上的反映。因此，他的矯枉過正被後來民國時期的一些書法家和理論家所詬病。可是，早於康有為《廣藝舟雙楫》20 年的楊守敬的《評碑記》和《評帖記》，其評價碑帖就非常客觀、平實。楊守敬受當時書法潮流的影響，大量評碑，較之清朝中葉以前的不重碑學的書法家，當然是進步的；但是，他還能夠「今不同弊」，客觀、全面地對待碑帖，持論公正，碑帖俱不偏廢，力「救北碑之偏」，「證集帖之誤」。在評碑中，他固然很重視漢魏南北朝碑刻，但對唐碑也予以充分的肯定。楊守敬論書兼有康氏維新之意，而無康氏偏頗之失，顯得尤為難能可貴，他有力地證明了以傳統的「中和」原則指導書法的探索和實踐，是確保書法正確發展的根本和保證。

楊守敬的「碑帖並重」思想對清末書壇影響甚大，越來越多的人開始走上碑帖融合之路。在楊守敬提出「碑帖並重」觀後不久，比他年長 26 歲的清末著名文藝理論家劉熙載（1813～1881 年），便承其思想，沿波而起，與之桴鼓相應，對「南北書派論」、「北碑南帖論」進行了猛烈的批判，他指出：「《集古錄》謂『南朝士人，氣尚卑弱，字書工者，率以纖勁清媚為佳』，斯言可以矯枉，而非所以持平。南書固自有高古嚴重者，如陶貞白之流便是，而右軍雄強無論矣。」〔註1〕「《瘞鶴銘》用筆隱通篆意，與後魏鄭道昭書若合一

〔註1〕劉熙載《藝概》，《歷代書法論文選》，上海書畫出版社，1979 年，第 695 頁。

契，此可與究心南北書者共參之。」〔註2〕「『篆尚婉而通』，南帖似之；『隸欲精而密』，北碑似之。北書以骨勝，南書以韻勝。然北自有北之韻，南自有南之骨也。」〔註3〕

此後，「碑帖並重」的思想逐漸深入人心，碑帖融合成為大勢所趨，即使是那些碑派書家們也看到了碑帖融合的重要性和必要性，認識到這才是書法創新的必由之路。由於碑派書法往往只是以隋唐以前的碑刻為參照，而唐以前行草書不入碑，故碑體一般只有篆、隸、楷三體，間有古隸、隸楷等過渡字體。故因歷史的限定，碑沒有行草書，而帖多為行草書，流轉跌宕恰為帖之長。儘管一些碑學家對帖學多有微詞，但帖自有碑所未及處。從某種意義上講，碑之長正是帖之短，而帖之長又是碑之短。故凡一味崇碑，或一味崇帖，都極可能走向偏狹，從而限制藝術創新的天地。這就促使碑派書家們若想在書法創新上有所成就，就必須向帖學習。晚年的康有為對此也似有所悟，他在一幅對聯的長款中這樣寫道：「自宋以來，千年皆帖學，至近百年始講碑。然張廉卿（張裕釗）集北碑之大成，鄧完白（鄧石如）寫南碑漢隸而無帖，包慎伯（包世臣）全南帖而無碑。千年以來，未有集北碑南帖之成者，況兼漢分、秦篆、周籀而陶冶之哉！鄙人不敏，謬欲兼之。」〔註4〕透露了他欲走碑帖融合之路的意圖。

其實，法帖作為歷史上相沿已久的取法對象，依然在晚清發揮著重要作用，即使那些被我們習慣上劃歸為碑派的書家們，雖然將視線停留在碑上，但他們早年大多浸淫閣帖甚深，帖派的根基在他們的理論和實踐中時時有所體現，他們之能將碑體寫活，也在很大程度上得力於對帖的使轉把握，故我們所稱的碑派書家，其實多數應是碑帖兼融的書家，只不過各自皆有所側重而已。故而碑派大興的過程，在一定程度上也是碑帖融合的過程。另外，原來一些恪守帖派的書家們也開始在不同程度上接受了碑派的主張。

從19世紀晚期開始，碑帖融合已成為大勢所趨，或以碑改帖，或以帖入碑，其表現形式有下面三種情況：

其一，一批不願意完全接受碑學，又不能完全脫離碑學的書家，嘗試用章草代替二王，進而改造帖學，呼應碑學。這種風氣正是碑帖融合者所倡導

〔註2〕 劉熙載《藝概》，《歷代書法論文選》，上海書畫出版社，1979年，第695頁。
〔註3〕 劉熙載《藝概》，《歷代書法論文選》，上海書畫出版社，1979年，第697頁。
〔註4〕 見《香港中文大學文物館藏廣東書畫錄》，香港中文大學出版社，1981年。

的，也正與康有爲在《廣藝舟雙楫》中所主張的師法章草相呼應，且與李文田等人所提出的王羲之書法應有隸書筆意相合。推崇章草的主張，避開了與碑派的直接對抗，又與北碑、篆隸書風拉開了距離，因而用章草替代王羲之、顏眞卿等行草經典，推進迎合碑派審美的帖學，一時間成爲時尚，其代表人物爲沈曾植。

其二，用碑派習用的長鋒羊毫，以篆隸筆法改造帖學的主要書體——楷、行、草書，將帖學書法豐富的使、轉、翻、折等筆法，簡單化爲中鋒用筆爲主的提、按與纏繞。其代表人物有蒲華、康有爲、鄭孝胥等。這種風氣對 20 世紀的中國及日本書法都有著相當大的影響，至今仍影響書壇不絕。

其三，將碑派筆法與帖派字形生硬嫁接。這種筆法可以追溯到包世臣臨寫的《書譜》與《蘭亭序》。在技法上，強調積點成線的澀行、筆筆中鋒、鋪毫，突出中實、金石味、生澀感、篆籀氣。這一派的典型特點就是用筆速度緩慢，其代表人物有李瑞清等。

近現代的碑帖融合實踐盡管多種多樣，或碑性帖體，或帖性碑體，各以自身之審美取向而有所選擇取捨，但由於碑帖融合牽涉的書體太多，以至不少從事這類探索的書家走入誤區，造成不和諧的結果來，這故然有眼力、技巧尙不到火候的緣故，也有識見上的差距。楊守敬由於長期對碑帖進行深入研究，充分認識到碑帖各自的優缺點，擇其善者而從之，其不善者而改之，所以才能自由出入於碑帖之間，遊刃有餘、得心應手。其成功的秘訣，就在於以「中和」的美學原則爲根本。

到了民國時期，學書多碑帖融合、兼習各體已成非常普遍現象。故而，放觀清末民初的書法史，我們完全可以毫不誇張地這樣說：楊守敬是篳路藍縷的功臣，是創新有爲的先鋒！

研究楊守敬的「碑帖並重」思想，也有助於我們深化對晚清書學的認識。晚清書壇，崇尙南北朝碑刻書法的思想盛行，碑派在書壇上產生了極大影響，並取得了突出成就，所以人們在研究晚清書法時往往過多地偏重於碑派，以致忽略了帖派的存在，至於後來怎樣出現碑帖融合以及何時出現轉捩點則更是模糊不清。相信通過對於楊守敬書法思想的研究，對這一問題應該有了比較清晰的認識。正是在楊守敬等人的大力倡導下，晚清碑帖兩大流派才出現了相互交融和滲透的現象。故碑帖之融合，是在帖學衰微、碑學中興以後，以楊守敬爲代表的近現代書家學者們對碑帖反思的結果，也是繼碑學之後書

法發展的必然趨勢。

在清代中晚期這場「碑帖大戰」中，由於楊守敬處於碑派統治書壇的大勢之下，其「碑帖並重」的書法思想以及實踐就顯得尤其重要。書法史、文學史乃至藝術史，其前進的道路通常是在兩方甚至多方思想、觀點的合力下取得進展的。清末書壇既需要康有爲尊碑抑帖的號角，也需要楊守敬以客觀的「碑帖並重」思想進行及時糾偏，兩方缺一不可，只有在兩方面的綜合推動下，中國的書法藝術才能更健康、更順利地向前發展，帖學與碑學才能前後互相輝映，呈競相齊放的盛況。通觀晚清書壇，碑帖並重的書學思想和碑帖融合的書法實踐在整體上是交織在一起的，也是一個逐漸走向自覺的過程。

由此看來，「碑帖並重」，不僅是楊守敬書法思想的基石，從某種意義上講，也是清代書法理論的一種總結。

楊守敬關於「碑帖並重」的書法思想傳播深遠，影響至今。今天，隨著製版印刷技術的突飛猛進，碑帖的珍稀古本都可以得到高保眞的複製，現代人通過先進的印刷技術可以直接從碑、帖和墨蹟的佳刻佳拓本中取法，此時，再過分地作碑學、帖學的劃分顯然已不合時宜了，由此，消彌碑帖對立、相互借鑒結合已然成爲書壇大勢。楊守敬「碑帖並重」的書法理想反映的是一種辯證的書法觀和對待傳統的態度，它的意義遠遠超出了碑與帖的範疇，它爲書學研究、書法學習指明了一條科學的道路。它啓示我們：當今書壇，舉凡碑、帖、磚瓦文、簡帛書、殘紙文書，只要是有益於書法創作發展的，人們都應該自覺學習、研究和汲取，而不再囿於前人狹隘片面的學書碑帖之辯，融合碑帖、取法多途理應成爲時代的審美共識。當然，作爲學習個體可以「師筆不師刀」，但對於書法的全面繼承和發展而言，就不足取了。楊守敬的「碑帖並重」書法思想，不僅對於我們客觀認識當時的書法狀況具有重要價值，而且對於今天的書學研究和書法創作仍具啓發指導意義。我們在受益這一辯證的書法思想的同時，不要忘記楊守敬篳路藍縷的開創之功。

第二節　對日本書法的影響

楊守敬在清末民初的書壇是一座卓然屹立的豐碑，然而他在中國書法史和文化史上的地位，還是要遠遜於其在彼岸日本的影響。在日本，他被譽爲「日本現代書道之父」，並被日本文化界尊爲「傳燈之師」。

　　1880 年 4 月，楊守敬以駐日使館二等秘書的身份赴日，隨他來的，還有那一萬三千餘件漢魏六朝碑版拓本以及漢印、古錢幣等。此時的日本正處於變革時期，重歐說而厭漢學，宋元舊槧賤若敝屣，愛書如命的楊守敬便趁機傾囊而購，並以所帶的金石拓片爲交易，換取從中國流傳到日本的宋元珍籍刊本二十萬卷。在楊守敬而言，宋元逸籍一旦重歸中土，自然是狂喜莫名；而對日本書壇來說，大量北魏碑刻的湧入，不啻於一次山崩地裂的地震。因爲當時的日本書壇正處於衰退階段，書法家們爲漢字書法與假名書法的日益平庸萎弱而深感煩惱，楊守敬給日本帶去了既古老又新鮮的碑學，使日本書道界在較封閉的帖學領域之外，看到了書法的另一片新天地，從而使日本書壇迅速從帖學轉向碑學，書風大變，風靡一時。楊守敬也因爲這一無心插柳之舉，被譽爲「日本書壇廣大教化主」。

　　不過，客觀地來看，楊守敬在當時的中國書壇並非引領風尙的第一流大師。雖然他功底深湛，眞、草、隸、行、篆諸體皆擅，論北碑水準也不在趙之謙之下，張裕釗爲人寫墓誌，還常請楊守敬篆額。但有開宗立派的諸公在上，他自然不會太引人注目。然而在國內沒有得到應有重視的楊守敬，卻用碑學這個支點撬動了整個日本書壇。中國近代書法影響於日本者首推三人：楊守敬、趙之謙、吳昌碩。楊守敬以碑學思想動搖了遣唐使所傳播的二王晉唐書法觀念；趙之謙則是碑學大師，他的書法直接影響了西川寧、青山杉雨等日本現代書法巨匠；吳昌碩則以篆刻成爲日本現代篆刻的他山之石，爲河井荃廬、小林斗盦、梅舒適視爲圭臬。楊守敬在日僅逗留四年，來去匆匆，絲毫不存有做日本書壇領袖的念頭，但日本書法家卻奉他爲「日本現代書道之父」，這一切似乎純屬偶然。

　　其實，偶然是必然的誘因，必然是偶然的結果。爲了弄清楚這一問題，我們有必要回顧一下日本書法的發展狀況。

一、楊守敬風靡日本書壇的緣由

　　書法藝術本是中國國粹，隨著文化的擴散，才遍及日本。中國書法於唐時傳入日本，日本佛教史上的「入唐八家」回國後創立了佛教天台宗、眞言宗，同時帶去了大量的唐人書跡，在日本本土掀起了晉唐書風的第一次浪潮。日本書道界所謂的「三筆」、「三跡」，成爲平安時代的驕傲。「入唐八家」中的僧人空海回到日本以後書風大變，成爲著名的「三筆」之一。他的《風信帖》，龍跳天門，虎臥鳳闕，讓人幾疑王羲之再世。應日本天皇之請而赴日弘

法的鑒眞和尙也攜帶了大量的唐人經卷，其中《法華義疏》爲日本現存最早的唐人書跡。就書法發展史而言，早期的日本書法沒有中國的甲骨文、金文和篆隸書，而是直接從中國引進了以東晉王羲之爲代表的帖學，形成唐風漢字書法，其發展脈絡一直沿著「帖學」單線發展，並沒有中國「帖學」、「碑學」交替發展的現象。

早期的日本書法家醉心於唐風，典雅而精緻，從奈良朝到平安時代皆是如此。隨著假名文字的推廣，假名書風逐漸流行，一直到明治維新前，日本書法界堅持寫漢字的「唐派」和只寫假名的「和派」，是對峙而不相容的兩股勢力。但是，無論「唐派」還是「和派」書法，其實都植根於浸透著東方儒和禪思想的土壤。

在江戶時期，董其昌、張瑞圖等人的書法已被介紹到日本。到明治（1868～1912年）期間，王鐸等書家在日本《書道及畫道》雜誌以及吉田苞竹的《碑帖大觀》等出版物上屢被介紹和宣傳，日本書法家對這些明清之際書家逐漸有所瞭解。但是，由於當時不師唐以後書的崇古思想依然十分強大，所以把明清之際這些名家的書風引入書法創作的日本書家其實並不多。直到明治十三年隨著楊守敬的到來，才眞正開始了近現代中日書法交流的開端。

楊守敬的到來可謂適逢其時。十九世紀下半葉，日本通過明治維新，也像一千多年前的唐朝一樣對外開放，沐浴著歐風美雨，迅速變更封建制，並率先成爲亞洲第一個資本主義強國。明治維新給古老的大和民族注入了新的活力，而在文化方面，歐風所及，一切舊的文化形態都受到衝擊。日本學者木神莫山所著的《日本書法史》記錄了當時日本書壇的狀況：「以專心模仿攝取歐洲文化作爲開端，明治政府提出了文化開化的政策……在繪畫和雕刻上，舊秩序接近於全面崩潰的狀態……但是唯獨書法卻完全保存了原封不動的江戶末期姿態。」〔註5〕殊不知，書法的本源在中國，向西方是學不到書法藝術的眞諦的，更談不上全面振興日本書法、創造日本書法的「明治維新」了。

就這樣，日本書法的這種惰性平穩一直延續了十年，但在整個文化面臨著巨大變革的背景下，書壇也在醞釀著聚變的因素。此時的整個日本書壇都在思考，試圖尋找一種眞正體現這種變革的內在精神，書壇步入了一種激發

〔註5〕（日）木神莫山《日本書法史》，陳振濂譯，上海書畫出版社，1985年，第77頁。

狀態，一旦某種東西與之相宜，便會以一種排山倒海之勢顯示出巨大的衝擊力。歷史已經走到了這樣的十字路口。

恰在此時，楊守敬出現了，這一偶然因素加速和推進了其必然性的實現。楊守敬帶去的大量北魏碑刻，使正處於徬徨之中的日本書法家看到了創作的曙光。充滿新鮮氣息的篆、隸、北碑書風，對長期奉王羲之爲正統的日本行草書法而言，的確具有強烈的衝擊力，日本書家對碑刻中的雄強書風和滲透其中的無以倫比的魅力感到莫名的震撼和激動。北碑書風一下子席卷了整個日本書壇，從而完成了日本書道從傳統帖學向碑學轉變的歷史進程。

從歷史上看，中國書法對日本書法的影響有數十次之多，但都不具有革命性的意義。如宋代的張即之、明代的張瑞圖等，雖然日本書家對他們也大加讚賞，然而由於沒有文化背景的作用，終也未成氣候。唯獨楊守敬帶去的北碑書風在日本生根發芽、發揚光大，這說明了不是書法形式本身而是深層的文化基礎在起作用。浸淫於帖學體系中的日本書家，一看到雄強、剛硬而又野性十足、自然天成的六朝碑版書法，猶如醍醐灌頂般地頓悟，原來書法也可以這樣來表現——規整爲書，隨意也爲書；精緻是美，粗獷也是美；既要杏花春雨，也需鐵馬秋風。從而悟出了書風不是一元的，而是多元的道理。這一發現，這種驚喜，既是文化的覺醒，也是創造精神的被啓動。六朝碑版的示範效應，爲「山窮水複疑無路」的日本書道界照亮了「柳暗花明又一村」的前景，一時間碑學風行日本，大行其道，眾人靡不相從。日本書道界認爲，這一轉變，成了日本書法史上的重大變革。這既是楊守敬所帶來的新風，也是日本明治時期社會變革的必然結果。

陳振濂在《日本書法通鑒》一書中，在論及中國北碑書法對日本現代書法的影響時說：「在日本書法體系中，北碑的介入不同於中國書壇，對於中國來說只是對古代書法的回歸。日本書法史卻不存在這樣古已有之的事物，故對日本書法來說完全是一種新的東西。」〔註6〕其實，粗獷古拙、充滿山野氣息的碑刻書法藝術，與日本傳統的行草書風是不相適應的。北碑書法影響日本，作爲日本書法現代化、民族化的酵母，還有其更爲深刻的動因。在日本書法民族化進程中，向來只受中國文化的影響。日本平安以前的書法完全是中國書法的復現，這個時期被認爲是日本書法的青春期，出現了平安「三筆」和「三跡」。從「三筆」的空海、嵯峨天皇和桔逸勢的書跡來看，是

〔註6〕 陳振濂《日本書法通鑒》，河南美術出版社，1989 年出版。

純正的歐、顏等晉唐風味；平安「三跡」的小野道風、藤原佐理、藤原竹成則具有了日本式的抒情風格。而在受西方文化的衝擊後，日本文化出現了大移位，只有在這種移位中，日本人才有可能更清楚地看清自己：溫文爾雅的儒學及中庸理念其實並不完全適合日本人，而中國先民的北碑書風卻恰恰更符合日本人的某些民族心理和性格特徵：外露的、開張的、粗野的以及極端化的傾向。

北碑書法進入日本以後，從兩個民族的書法發展可以清晰地看到日本書法所體現出的民族性格：日本變本加厲地強調了北碑書法的生硬，極端擴張了北碑的方折以及粗野的山野氣息，這些都讓他們的中國老師們感到驚訝！中國北碑書家以生硬著稱的張裕釗（作品見下左圖）與日本的某些書家，如西川寧〔註 7〕（作品見下右圖）相比，其生硬程度、開張氣勢可謂小巫見大

張裕釗書作　　　　　　　　　　**〔日〕西川寧書作**

〔註 7〕　西川寧（1902～1989 年），字安叔，號靖闇，生於東京，日本著名書法家、漢學家、書法理論家，爲明治時代大書家西川春洞第三子。自幼濡染書法，尤欽慕清代書法家趙之謙，精於六朝書。1938 年至 1940 年，作爲外務省特別研究員留學北京，研究中國古代文學、書法。1955 年獲日本藝術院獎，1969 年成爲藝術院會員，1985 年被授予文化勳章，在日本以昭和書風的代表書家活躍於書壇，有書壇「天皇」之稱。

巫，以致北碑大家趙之謙的書風都顯得有些圓熟和軟化了。而這種氣質正是日本民族血液中所獨有的。從書風上看，日本現代書法有些暗合於具有武士風的禪書，這實際上正是日本民族性格一致性的體現。

客觀條件已經具備，我們再看楊守敬自身的主觀條件。來日之前，楊守敬已在金石書法方面具備了非常高的學術素養，他已出版有《望堂金石》、《楷法溯源》、《元押》等著作，已完稿的有《評碑記》、《評帖記》、《集帖目錄》等。就這樣，楊守敬一旦被置於日本這個特定的時空聚點上，其所產生的能量之大簡直令人驚詫。楊守敬以外交之餘的雅興，在日本短短四年的時間裏，憑他所擁有的藏品和對北碑的精深研究，竟在日本掀起了一場真正意義上的書法革命，促使日本摒棄了傳統的漢字楷行書、假名、帖學三位一體的傳統發展模式，以強有力的篆隸書與碑學構成一股強烈的旋風，並成為日本書家注重個性發展的有力因素，從而使日本書法具備了真正意義上的成熟。

二、楊守敬與日本書家的交往

楊守敬隨使東瀛短短四年，卻在日本書道界括起了一股「崇楊風」。他應邀講學，交流書藝，收錄弟子，當時日本許多著名書家都投其門下受業，特別是有日本書壇「三駕馬車」之譽的日下部鳴鶴、巖谷一六、松田雪柯等均師事之。

楊守敬與日下部鳴鶴、巖谷一六、松田雪柯的交往，在日下部鳴鶴所著的《三人的益友》〔註8〕一文中有詳細介紹。當時楊守敬 42 歲，日下部鳴鶴 43 歲，巖谷一六 46 歲，松田雪柯 48 歲。鳴鶴寫道：「最初我們三人都不認為他是個如何的大學者，內心還看不起他。但隨著交往的增多，他在學問上的遠見卓識，的確使人歎服。尤其有幸的是，楊帶來了一萬好幾千件拓本，使我們得到了飽覽的機會。這對當時的吾輩而言，實可稱為金科玉律的研究資料，是我們平日根本無法見到的。」楊守敬赴日攜帶的一萬三千餘件漢魏六朝碑版，使日本書家們對中國書法有了全面的瞭解。日下部鳴鶴在寫給神田香巖的信中，表現了對楊守敬所攜碑帖的驚詫和艷羨：「他自藏的碑帖中多有精拓品，而在我國的多是粗拓粗紙，……所藏之中，攜帶的漢印達六十方，古錢刀等稀珍之品達六七百枚之多，碑帖如山，皆是私人所集，實是可驚。

〔註8〕 「三人」指日下部鳴鶴、巖谷一六、松田雪柯，「益友」指楊守敬。

其中宋以上的拓本是從前未曾看到過的絕跡，數量很多。」〔註9〕楊守敬是唐代鑒眞和尚以後給日本帶去碑帖最多的人，他的豐富收藏使日本學者認識到，早在空海和聖德太子引進中國書法之前，中國書法從西周到秦漢、六朝曾有一個非常輝煌的時期。在《熒陽鄭氏碑》序中，楊守敬記錄了當時日本書壇的狀況：「日本古昔所資，大抵李唐以下，元魏楷法，夢寐不親，宜其入主出奴，情同枘鑿。」〔註10〕楊守敬毫無保留地把自己的收藏品向日本學者開放，在與森立之的筆談中，他說：「僕所有珍物，日下部、嚴谷一六等皆常借之，至今存放彼處者不下數十種。」〔註11〕

　　在日本書家中，日下部鳴鶴與楊守敬年齡相近，關係也最密切，他在《學書經歷談》中記載：「明治十二、三年間，中國金石學家楊守敬作爲清朝公使隨員來到日本，此人長於歷代碑帖研究，通曉書法，富於收藏，他帶來從周至元的歷代碑帖一萬二三千件，而以往流入日本的中國碑帖不足其數的百分之一。我想這是千載難逢的學習機會，就逐一借之研讀。在借閱過程中，我記錄了每通碑的年代、字體、撰文和書寫者以及碑石所在地等內容，然後按照年代順序進行排列，編纂了一萬餘條的碑帖目錄，歷時五年。至此，我對中國歷代書法字體、風格的沿革洞然於心，過去的疑問大體都解決了。」〔註12〕楊守敬非常高興日下部鳴鶴與自己有相同的癖好，便將《鄭道昭雲峰山》全套拓本的雙鈎本慨然相贈。日下部鳴鶴對楊守敬提供的雙鈎本作了修訂，增加了目錄，並刻了諸家的考證，於明治十四年（1882 年）四月出版了一套 10 冊本的《熒陽鄭氏碑》。這是楊守敬來日本後第二年的事情。從該書的序和日本書家的跋文中，可以看到日下部鳴鶴、嚴谷一六、川田剛等日本書家對北碑的傾倒。在楊守敬的影響下，日本書法家嚴谷一六、日下部鳴鶴、松田雪柯等人將研究視角伸向六朝，起而效法北碑，書風大變，從而帶來了日本書法的發展，以至後世將楊守敬稱作日本書法界的大恩人。日人渡邊寒鷗在《論書百絕》中贊曰：「資來拓本萬餘通，復古思潮撼日東。鳴

〔註9〕　以上引文見《三人的益友》，日下部鳴鶴《鳴鶴先生叢話》。
〔註10〕　《熒陽鄭氏碑》序，《楊守敬集》第十冊，湖北人民出版社，1997 年，第 11頁。
〔註11〕　《清客筆談》，《楊守敬集》第十三冊，湖北人民出版社、湖北教育出版社，1997 年，第 528 頁。
〔註12〕　見（日）伊藤滋《近代日本的中國碑帖收藏》，《收藏》，2006 年第 4 期，第94、95 頁。

鶴嗚霞開耳目，一新明治舊書風。」〔註13〕

　　日本修史館編修嚴谷一六是著名書法家，他是森立之之外，對楊守敬「訪書」幫助最大的人，也是楊守敬在《鄰蘇老人年譜》中提到的第一位日本友人。楊守敬曾給嚴谷一六講授筆法，告誡之：「大抵執筆猶其次，而用筆為要。」〔註14〕嚴谷一六表示：「得聞妙諦，使三十年之疑團冰釋，拜賜實大。」〔註15〕楊守敬向嚴谷一六建議說：「先生留心碑版如此，而未見六朝之碑，此亦恨事。此非一二日所能盡。若必欲觀者，弟檢數十通附上，閱畢再易，以次看下，方能全覽。」〔註16〕他向其推薦上佳碑帖：「我有魯公《忠義堂》宋拓之鈎本，皆奇妙無比」，「我所藏之鈎本中，刻工最好者有：褚河南《孟法師碑》、魯公小字《麻姑壇記》、李北海《雲麾將軍碑》等。」〔註17〕嚴谷一六在《滎陽鄭氏碑》的跋語中談到了楊守敬帶去的六朝碑刻對日本書法的影響：「今隸之有六朝，猶古文之有周秦，文宜祖周秦，書宜宗六朝也。……日下部鳴鶴刻此帖（《滎陽鄭氏碑》）以行世，學者奉為圭臬，則書風一變。」〔註18〕可見，日本書法家已變更觀念，奉六朝書法為正宗了。嚴谷一六把碑學揉入自己的行草書創作中（見下頁圖），其水準不在中國書家之下，他非常感激地對楊守敬說：「金石之學，將以先生為傳燈之師。」〔註19〕

　　楊守敬在日期間與日本書家的許多交流、交往活動，還記載在松田雪柯的《雪柯日記》〔註20〕中。楊守敬在與日本書家的筆談之中，既有關於書法具體問題的問答，也有共賞碑帖的情形，還有相知相恤的情誼。據《雪柯日記》記載，在日本友人的一次拜訪中，松田雪柯、嚴谷一六、日下部鳴鶴等

〔註13〕　王家葵《近代書林品藻錄》，山東畫報出版社，2009年，第500頁。

〔註14〕　《楊守敬與嚴谷一六翁筆談》，刊於日本《書藝》第4卷第11號《楊守敬特刊》。

〔註15〕　《楊守敬學術年譜》，宜昌政協文史委編，湖北人民出版社，2004年出版，第319頁。

〔註16〕　見陳捷《關於楊守敬與嚴谷一六筆談資料的初步考察》，載《北京大學學報日本研究中心成立十週年特輯》，北京大學出版社，1998年版。

〔註17〕　《楊守敬研究學術論文選集》，北京：崇文出版社，2003年，第284頁。

〔註18〕　《滎陽鄭氏碑》題跋，《楊守敬集》第十冊，湖北人民出版社、湖北教育出版社，1997年，第241頁。

〔註19〕　《楊惺吾與嚴谷一六之筆談》，湖北書學研究所，《書學通訊》第1期，1987年。

〔註20〕　松田雪柯根據日下部鳴鶴等日本友人與楊守敬的交流情況所作的日記，此《日記》成為研究楊氏赴日期間的交往及學術思想的重要資料。

〔日〕巖谷一六書作

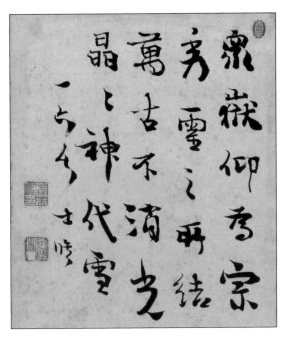

人提出欣賞楊守敬的刻帖，楊守敬於是「書一簡，走日下部君僕取來。其目
錄於左：《餘清齋帖》八冊、賈似道本《閣帖》五冊、《詒晉齋帖》六冊、《銅
鼓堂古印譜》八冊」〔註21〕。隨著與楊氏相交日久，日本友人也開始從楊守
敬處借閱碑帖進行學習研究。日本京都教育大學杉邦村彥教授在《從〈雪柯
日記〉中出現的有關記述看楊守敬與松田雪柯、巖谷一六、日下部鳴鶴之間
的交流》一文中記載：「8 月 15 日早上，雪柯訪鳴鶴，出示從楊那裡借來的
《快雪堂帖》古本、《經訓堂帖》、《秋碧堂帖》及《三希堂帖》等與鳴鶴共
賞。」〔註22〕可見楊守敬對日本友人是非常熱心和慷慨的。楊守敬青年時代
寫就的《評碑記》、《評帖記》，他非常寶愛，時常攜帶於身，赴日期間也帶至
日本，並時常出示給日本友人觀看。據《雪柯日記》記載：「日下部君來訪，
示楊守敬《評帖記》一卷。其議論考證，大有益學書者。」〔註23〕《評碑
記》、《評帖記》是楊守敬碑帖研究的心血結晶，此書後由日本談書會排印出

〔註21〕　《楊守敬學術年譜》，宜昌政協文史委編，湖北人民出版社，2004 年，第 319
　　　　頁。
〔註22〕　《楊守敬研究學術論文選集》，北京：崇文出版社，2003 年，第 262 頁。
〔註23〕　《楊守敬研究學術論文選集》，北京：崇文出版社，2003 年，第 266 頁。

版，對日本書壇有著長遠的影響。

楊守敬還與日本篆刻界廣有交往。博物館局長町田久成是篆刻家，善書法，精音律，與楊守敬交善，兩人志趣相投，過從甚密，楊守敬稱其爲「東友」。在村山德淳的《印人小篆》中，還記載了楊守敬與日本篆刻家濱村微山的交往：「濱村微山，以篆刻爲業，深研六書義於段玉裁，多所釐正。會同人講究討論，每月數次。近遇清人楊守敬，質音韻並及古篆，考徵歷，守敬也服其精敏。」〔註24〕由此可見，楊守敬經常參加日本篆刻界同仁的聚會，濱村微山便借機向楊守敬「質音韻及古篆」。

楊守敬於 1884 年 5 月歸國後，仍常有日本友人遠涉重洋來訪或受業門下。據《鄰蘇老人年譜》記載：「有山本由定等，先後不遠數千里而來，受業於門。」〔註25〕直到他 73 歲避居上海虹口時，還有日本福岡縣水野疏梅來滬，堅欲拜其門下學習書法。楊守敬始以老病辭，但「念其向學之忱，乃受之」〔註26〕。

水野疏梅是楊守敬的親炙弟子，直接促成了楊守敬《學書邇言》的問世，在《鄰蘇老人年譜》中，詳細記錄了他們師生之間的交往過程。因水野疏梅的住處距楊守敬寓所約十多里，每日須步行數里，並搭電車二次才到，加之他是一介寒士，每日飲食仍由其友人負擔，楊守敬便留水野疏梅在家午餐，水野疏梅也以教授楊守敬的先梅、先橘兩孫學日語爲報。此時的楊守敬已年邁體弱，疾病纏身，但對這位異國弟子仍堅持手教口傳，有時還在病榻上講授，《學書邇言》這部傑出的書論著作就是這時期成書的。4 個月後，水野疏梅學期屆滿回國，臨行前賦詩一首爲謝：「欽仰風容玉樣溫，胸無城府共談論。夏彝周鼎精稽古，秦碣漢碑遠溯源。介紹一生翰墨妙，奇書萬卷草堂尊。殷勤向我傳心畫，正是深高海嶽恩。」詩前小序云：「爾來日日親炙，猥蒙殷勤垂訓，感荷荷極！」〔註27〕可見他們師生間在短短的時間裏，已建立起十分深厚的情誼。水野的勤奮好學與楊守敬的帶病傳授，成爲中日書法交流史上

〔註24〕 傅雲龍《遊歷日本圖經・二十九・日本文徵二》，上海古籍出版社，2001 年版。

〔註25〕 《鄰蘇老人年譜》，《楊守敬集》第一冊，湖北人民出版社、湖北教育出版社，1997 年，第 28 頁。

〔註26〕 《鄰蘇老人年譜》，《楊守敬集》第一冊，湖北人民出版社、湖北教育出版社，1997 年，第 7 頁。

〔註27〕 《鄰蘇老人年譜》，《楊守敬集》第一冊，湖北人民出版社、湖北教育出版社，1997 年，第 26 頁。

的一段佳話。回國後，水野疏梅便將楊守敬的《學書邇言》付梓出版，再次澤被扶桑。

至於受業於楊守敬門下學習書法的日本友人究竟有多少，目前尚沒有一個確數。就在《學書邇言》的稿本裏，還發現夾有一張楊守敬與日本友人筆談的紙條，從內容看，爲某日本友人介紹土屋先生「每日至此學字」，楊守敬答曰：「我有論書語一冊，不日可成；評碑、評帖、評篆隸、評行草及小楷皆載之。」顯然是首肯這位日本學生了。他所提及的「論書語」，當爲《學書邇言》一書。

楊守敬還使日本書法家再一次將目光投向了中國，紛紛越洋西渡，到書法藝術的「母國」來求取眞經。在楊守敬離開日本後，日下部鳴鶴按捺不住對正宗中國書法的仰慕之情，於明治二十四年（1891 年）三月來華，先後與吳大澂、楊峴、俞樾等交遊，而過從最多的則爲吳昌碩，日下部鳴鶴也被這位中國藝壇的一代宗師譽爲「東海彼岸的書聖」。據京都教育大學教授、日本書法交流史研究會會長杉村邦彥統計：「明治十三年（1880 年），書法家中林梧竹，以一介布衣抱著專門學習書法的目的渡海去中國，向楊守敬的老師潘孺初學習漢魏六朝筆法。自此以後，秋山白巖、西川春洞、日下部鳴鶴、空島詠士、山本竟山等等，以書法學習爲主要目的，相繼赴中國留學，揭開了中日書法交流史上一次『革命性』的轉換，其意義不可估量。」〔註 28〕書法的授受活動成了國際間的文化交往，這些日本學生由於得到了中國名師的指點，回國後儘其所學，不斷地爲日本書法注入新鮮血液，從而使日本書壇呈現出生機勃勃的氣象。

三、楊守敬對日本書壇的影響

楊守敬於 1880 年東渡日本，1884 年歸國，在日時間僅短短四年，恰如一陣旋風，來也匆匆，去也匆匆，卻在不經意間「點化」了日本書法家的覺悟，震撼了整個東瀛書壇。日本碑派書法的發展，楊守敬發揮了極大的啓蒙作用，可謂功勳卓著，甚至可以說是楊守敬使日本近代書法發出了新的曙光，故日本書道界尊他爲「日本書道近代化之父」〔註 29〕、「近代日本書道之祖」

〔註 28〕 見陳振濂《中日書法藝術比較》，杉村邦彥序，1991 年第 1 版，第 2 頁。
〔註 29〕 日本書家小木太法《略談日本現代書道》一文中稱楊守敬爲「日本書道近代化之父」，其文刊於《書譜》總第 37 期（香港），1981 年。日文中的「近代」即中文「現代」之意。

〔註30〕，他還被譽爲「日本書道的大恩人」〔註31〕、「近代日本書法的掘井人」
〔註32〕，日本書法史也以他的到來作爲判定日本書法跨入新時期的標誌。

日本書法史家木神莫山在其《日本書法史》一書中，將楊守敬給日本書
壇帶來的巨大影響稱之爲「楊守敬旋風」〔註33〕。在「楊守敬旋風」的席卷
下，整個日本書壇翕然相從，奉爲正宗。而眞正對日本近現代書壇產生持久
影響的是日下部鳴鶴和他的弟子們，以他們爲主，在日本迅速掀起了一股崇
尚北碑書法的浪潮。

日本當代書法理論家谷川雅夫在《日本現代書法流派的淵源》一文中寫
道：「由於19世紀末楊守敬到日本做公使隨員時，帶去了大量的六朝碑刻（包
括秦漢碑刻）作品，傳給了日下部鳴鶴等人，日下部鳴鶴又傳給了比田井天
來等書家。同時，日本書家也直接到中國，學習當時的碑派風格，在書法界
形成了『六朝風』。當時，被視爲『新派』書法。以這種書風爲淵源的當今流
派有關東西川春洞的弟子，已故的豐海春海、西川寧和他們領導的『謙愼書
道會』。西川寧逝世後，現在的實力人物是青山杉雨、上條信山、殿村藍田和
小林斗庵等。『六朝風』因楊守敬去而興起。」〔註34〕

楊守敬不僅給日本書壇帶來了「六朝風」，還對日本書家進行悉心的指
導。在辛巳（1881年）一月十三日楊守敬於吸霞樓與日下部鳴鶴的筆談中，他
詳細指導鳴鶴對隸書的學習：「初學隸，《西狹頌》或《景君》、《范式》、《封龍
山》爲佳（魏《受禪表》亦佳），若《石門頌》、《楊懷表頌》，皆初學所宜。《魯
峻》、《孔宙》、《乙瑛》、《曹全》之類，漢碑之平正者，然學之恐流入唐隸一
派。非謂此不佳，漢碑各有面目，無不佳者，然學之有門徑，不可以此等入。
此等所謂中庸，然不善學之，則所謂庸者俗也。力追險絕，始趨平淡。眞草且
然，篆亦如此。」〔註35〕他勸鳴鶴去《孔宙》而學《景君》，認爲「《孔宙》非

〔註30〕 1990年9月18日至23日，日本書道教育學會爲紀念該會創立四十週年，在
日本東京日中友好會館舉辦「楊守敬及其友人書法展」，稱楊守敬爲「近代日
本書道之祖」。

〔註31〕 見日本《書藝》第4卷第11號《楊守敬特輯號》，東京平凡社，1937年。

〔註32〕 古松蒼韻語。

〔註33〕 木神莫山還在《日本書法史》「明治大正期的變遷」一章下，列有「楊守敬的
旋風」一節。

〔註34〕 谷川雅夫《日本現代書法流派的淵源》，載《楊學研究》第34期。

〔註35〕 《楊守敬學術年譜》，宜昌政協文史委編，湖北人民出版社，2004年，第330
頁。

不佳，然其用筆圓，學隸欲從方入手。《曹全碑》亦不可學，《曹全》、《孔宙》如正書之趙、董，非不悅人目，然學之者亦趨熟滑，故必求生硬者人手，學楷法從六朝入，亦是此意」〔註36〕。他還以中國人學隸的成敗經驗爲例加以說明：「明人及國初多學《曹全》，故隸法不能突過前人。自伊墨卿以生硬之筆書隸，始有正門庭。《天發神讖》可學，其下筆奇古。」〔註37〕鳴鶴表示「胸中已透過一關」，並悟出書法的熟中之生，楊守敬鼓勵他「再求生意」。

關於篆書的學習，楊守敬向日下部鳴鶴建議道：「學篆，漢碑之《少室闕》爲今所存篆書第一，學之亦宜極力。其次則以《石鼓》、《琅琊》（二碑非不第一，一則籀文非篆正派；一則模糊剝蝕過甚）。再以秦漢瓦當觀其章法。若李陽冰、瞿令問，唐之玉筋篆也。李陽冰之佳者，《聽松》、《怡亭》、《般若臺》，其他多重刻。」〔註38〕下頁圖是日下部鳴鶴自題的關於學習石鼓文的一首五言絕句，詩爲：「鬱律史籀鼓，六書淵源開。篆隸楷行草，盡從此中來。」可以看出，他對中國文字的發展源流已有了一個比較全面宏觀的認識。

在與松田雪柯的筆談中，楊守敬向他詳細介紹了六朝碑刻：「六朝絕佳者甚多，他日觀其全，始知唐人不及也。小小造像有絕精者。六朝碑如《瘞鶴銘》、《鄭文公》、《根法師》、《張猛龍》、《李仲璇》、《高貞》、《敬使君》等碑，皆當與虞、褚相撫，其風格遒上，宋以下未窺其秘。」〔註39〕他還向松田雪柯建議用功於六朝漢魏等碑，便可前無古人，因爲「前人未見六朝漢魏，後人見之，自然佳也」〔註40〕。整理雪柯筆談的井原雲涯附注云：「雪柯翁後大好六朝書，蓋因此談所啓發也。」〔註41〕松田雪柯還就自己的研究課題《段氏述筆法》中的執筆用筆問題向楊守敬請教，在 8 月 17 日的日記中記錄了他渙然冰釋後的喜悅心情，「話次及執筆用筆，得聞所未聞，大有所悟，多年疑團，一朝冰釋，何喜如之。」

〔註36〕　《楊守敬學術年譜》，宜昌政協文史委編，湖北人民出版社，2004 年出版，第
　　　　331 頁。

〔註37〕　《楊守敬學術年譜》，宜昌政協文史委編，湖北人民出版社，2004 年出版，第
　　　　330、331 頁。

〔註38〕　《楊守敬學術年譜》，宜昌政協文史委編，湖北人民出版社，2004 年出版，第
　　　　330 頁。

〔註39〕　《楊守敬研究學術論文選集》，北京：崇文出版社，2003 年，第 258 頁。

〔註40〕　《楊守敬研究學術論文選集》，北京：崇文出版社，2003 年，第 266 頁。

〔註41〕　見日本杉村邦彥教授《從〈雪柯日記〉中出現的有關記述看楊守敬與松田雪
　　　　柯、巖谷一六、日下部鳴鶴之間的交流》一文。

〔日〕日下部鳴鶴書作

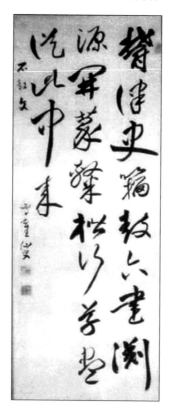

　　楊守敬還向日本書家傳授了當時中土流行的「回腕執筆法」〔註42〕。楊守敬用此種筆法書寫，如流水行雲，運用自如，寫的字豪放流利、連貫遒勁、一氣呵成，非常適合於表現書法的雄渾之美，令日本書家大開眼界。在與巖谷一六筆談時，楊守敬向其親相傳授：「若如此執筆（論枕腕），則撇捺不能平，且指、腕皆不能貫氣，因而要回腕，非此執筆不緊，運腕不靈。」〔註43〕在楊守敬的教授下，很多日本書家都學會了這種筆法，日下部鳴鶴正是用「回腕執筆法」創作了許多作品（見下頁圖），風靡一時。

〔註42〕　「回腕執筆法」即執筆時腕肘高懸，腕掌彎回，手指相對胸前。清代以前，回腕本爲運腕方法，與執筆關係不大。碑學興起後，爲了適應生宣紙及長鋒羊毫的特性，回腕由回轉運腕開始演變爲一種重在運肘的方法，成爲繼運指、運腕之後一種流行的運筆方式。清代何紹基即採用此法。然其能提能按，不能左右起倒，有違常人的生理機能，故現在一般多不採用。
〔註43〕　《楊守敬學術年譜》，宜昌政協文史委編，湖北人民出版社，2004年出版，第319頁。

〔日〕日下部鳴鶴「回腕執筆」法及書作

　　楊守敬還向日本書家推廣使用羊毫筆，從而促進了日本書寫工具的變革。當時日本普遍使用的是鹿毫筆，鹿毫細而軟，不如羊毫富有彈性、吸墨量大。在與巖谷一六筆談時，他向日本書家傳授羊毫筆的使用：「自明以來，作隸用勁筆，作篆用剪刀去其尖，甚是惡道，自鄧完白始以柔毫書之。其人天分高絕，遂爲篆法大宗。」〔註44〕很快，日本書家便向楊守敬學會了使用羊毫筆，並開始製做羊毫筆。日本書學理論家谷川雅夫在談到日本書家與筆的關係時說：「明治十三年（1880年）楊守敬來日本，帶來了一萬餘碑拓本的同時，也帶來了中國毛筆，日下部鳴鶴等日本書法家也開始使用。當時直接到中國本土跟隨潘孺初學習書法的中林梧竹，使用超長鋒羊毫筆寫出了很出色的作品。這樣日本書法家中使用羊毫筆的人越來越多了。東京有家筆店叫溫恭堂，店主就是日下部鳴鶴的弟子，製造的『一掃千軍』、『長鋒快劍』筆，當時很有名氣。」〔註45〕

　　楊守敬在日本刮起的這股書壇旋風，不僅以中國北朝時期粗獷有力的石刻拓本震懾了當時日本幾乎所有書家，而且用大量清中晚期中國書法家的創作實例，讓日本書法家意識到「書法並不是文章的從屬品，而是一門獨立存在的藝術」。日本書道開始從尊重個性、保持流派傳承向注重自由表現的方向發展，並由此開創了日本「前衛派」書法學派。

　　王學仲先生在《楊守敬是日本前衛派之祖》和《日本現代書法的祖師楊守敬》兩篇文章中認爲，楊守敬因碑興前（衛），他在日本設帳講學，本想傳碑學於日本，但「客觀上啓發了前衛派」，是日本前衛派書法的始祖。他認爲日本前衛派書法的成因，「一是由於楊守敬的親身傳布；二是明治後日本向西方引進。而在日本看來，這些都是外來的新學，正是維新思潮席卷書畫各界，促成了日本前衛派的誕生。在日本書法史上共有三次學習中國書法的熱潮，楊守敬促成了日本書法發展的第三次熱潮，被公認爲日本近代書法之父」〔註46〕。王學仲認爲，在日本藝術史上，眞正建起日本前衛書法形象的，「應推繼承楊守敬學派的上田桑鳩」，他的代表作品《夢》和《空》逐漸擺脫了漢字書法的規範結構，解散了正體，有的是甲骨、金文的原始美、單純美。而在今日的日本前衛派書法中，以甲骨、金文、奇文異字作書的，都是由楊守

〔註44〕　《楊守敬學術年譜》，宜昌政協文史委編，湖北人民出版社，2004年出版，第320頁。

〔註45〕　谷川雅夫《日本書家與筆的關係》，載《楊學研究》第33期。

〔註46〕　見《王學仲書法論集》，百花文藝出版社，1994年。

敬最初介紹的碑學中得到啓示，而後左右逢源，各張一幟，匯成流派紛呈的日本現代書法。同時，楊守敬還以其雄厚剛健、峻拔凝煉、「溶涵禪、情、意趣於筆墨」的書法在日本影響甚大。其後，日本的漢字書法大多從楊守敬書風而出，並於二十世紀七十年代形成對中國書法的衝擊之勢，從中也可見楊守敬書法的非凡之處。

正如上文所說，目前日本有一支人數甚眾的楊守敬書法流派。楊守敬流派在日本的主要師承關係，在勝井史卿編製的《現代書壇系統圖》中可以一目了然。在圖中，楊守敬作爲一代宗師高居首位，其下爲四代衣鉢傳人，依次爲：

第一代：以日下部鳴鶴、巖谷一六、松田雪柯 3 人爲代表。

第二代：以近藤雪竹、比田井天來、山本竟山等 17 人爲代表。

第三代：以田中眞洲、上田桑鴻、石橋犀水等 56 人爲代表。

第四代：以山下雲谷、石田泉城等數百人爲代表。僅「日本書道教育學會」會員就已達十萬餘眾，他們至今仍尊楊守敬爲「近代日本書道之祖」。

楊守敬在日本書法界的地位是崇高的。1915 年 1 月 9 日楊守敬去世後，噩耗傳至日本，2 月，由楊守敬的弟子山本竟山倡首，在京都岡崎府立圖書館舉辦了「追悼楊守敬遺墨資料展」和書法專題演講會。如今，雖然距楊守敬的東瀛之旅已過去了一百多年，但當今日本書壇依然是「楊風」猶存。日本書道界仍尊奉楊守敬爲書道之宗，以「夫子」、「聖人」、「恩人」稱頌之，並在不停地研究他、紀念他、稱頌他，目前僅研究楊守敬書法藝術的日本學者就達 6000 餘人。楊守敬的書論著作仍被日本奉爲經典。1956 年東京三省堂出版了楊守敬著、滕原楚水譯的《中國碑碣書談》，並附有《激素飛清閣評碑記》。上世紀八十年代，日本書家西林昭一要求學生們組織「《學書邇言》輪讀會」，將《學書邇言》日本版與楊守敬原稿互相校讀，以參精義。〔註 47〕據日本現代書法史家宇野雪村在《中國書法史》中稱：「楊守敬的《學書邇言》，以及他的另外兩部著作《激素飛清閣評碑記》和《激素飛清閣評帖記》，作爲近年來日本書法愛好者最易覓得的指導性經典書籍，其發揮出的作用遠勝在中國的影響。」〔註 48〕楊守敬的書法思想也極大地影響了日本近代書論的發展，《學

〔註 47〕　見橫田恭三《楊守敬與水野疏梅》，《書論》雜誌第 26 號《楊守敬專號》，日本書論研究會，1990 年。

〔註 48〕　《中國書法史》，（日）眞田但馬、宇野雪村著，陳振濂譯，人民美術出版社，

書邇言》和《評碑記》、《評帖記》之重資料、重品彙、重微言大義而不重系統化的特徵，以及重史料甄別考訂而不重藝術分析的方法，在日本書法理論中至今仍佔有絕對的統轄地位。

　　鑒於楊守敬對中日文化交流的卓越貢獻，日本文化界尊之爲「傳燈之師」。他是繼平安時期的空海、鎌倉時期的西行、江戶時期的黃柏宗之後的第四次中日文化交流。其影響之廣，勢頭之猛，非「旋風」無以言之。日本書論研究會會長、京都教育大學教授、書學書道史學會副理事長、《書論》雜誌主編杉村邦彥說：「楊守敬，誠如大家所周知，他於明治十三年（1880年）應清國駐日公使何如璋的招聘來到日本，直到明治十七年（1884年）歸國爲止，在這四年的駐日本期間，與日本朝野名士親密過從，在學問、書法等諸領域給予極大的感化。當時日本的近代書道界由楊守敬帶來的北碑書法，作爲新興潮流不可遏止。基於這種意義，楊守敬是日本近代書道的恩人。」並說：「日本的書家，也無不仰其高名，並且從內心尊敬他。」〔註49〕

　　事實也正如此。至今，每逢楊守敬的誕辰和忌日，日本文化界、書道界都要舉行紀念活動。1985年7月26日至8月4日，日本書論研究會在京都舉辦了「楊守敬逝世七十年紀念展覽會」，共展出楊守敬的著作和書法作品180件，來自全日本的書法家、書法理論家共200餘人與會。從1986年以來，日本書法家前後八批專程飄洋過海，在楊守敬墓前虔誠作揖跪拜。1986年3月，中日雙方在湖北省博物館聯合舉辦了「楊守敬及其流派書法作品展」，展出作品百餘件，日方以中田勇次郎和杉村邦彥爲正副團長，率36人組成「日本書法學術交流訪中團」參加了展覽活動，並在武漢進行了學術交流。1987年8月，楊守敬紀念館開館，以日本書論研究會會長、《書論》雜誌主編杉村邦彥爲團長的「日本書法交流訪華團」12人參觀訪問了楊守敬紀念館，並在宜都與楊守敬研究會進行了學術交流。1990年9月，以石橋桂一爲團長、小久保清吉爲副團長的「日本書道教育研修團」41人訪問了楊守敬紀念館。同年9月，湖北省文化廳及湖北省博物館5人赴日訪問，與日本書法界共同舉辦了「近代日本書道之祖楊守敬及其友人書法作品展」。1992年8月，以杉村邦彥、石田肇爲正副團長、冢本宏爲秘書長的「日本國楊守敬書學交流訪華團」一行10人參觀訪問了楊守敬紀念館，並與宜都楊守敬學術研究會在楊守

　　　　1998年，第214頁。
〔註49〕轉引自《楊學研究》第六期。

敬紀念館共同舉辦了以楊守敬爲主要內容的中日書法聯展，並進行了學術交流。1999 年 9 月，杉村邦彥先生再次率領日本「楊守敬故里參觀及書法學術交流團」訪問楊守敬紀念館，中日雙方進行楊守敬學術交流，並舉辦了中日聯合書法展覽。從 2004 年起，日本國書學研究會會長、《楊守敬》傳記作者青山碧雲先生，將收集的楊守敬相關資料幾百幅製作成展板，每年在日本各大城市巡展並親自講解。現在日本書法家仍頻繁訪問楊守敬紀念館，進行學術交流並舉辦以楊守敬爲主要內容的書畫聯展，表明楊守敬對日本書法的影響將延續下去。

　　一百多年前，楊守敬以中國的北碑書風和自己的精湛書藝風靡日本書壇。如今，讓中國書法走出亞洲、走向世界，進行文化輸出和跨文化交流成了當代書法的重要使命。楊守敬風靡日本書壇的成功經驗啓示我們，必須重新發現和探索中國書法的文化精神，自覺地把中國書法文化的輸出作爲一項歷史責任和使命。在與嚴谷一六的筆談中，楊守敬表白了自己在日本推廣北碑的意圖：「此次來貴國，見好古錢幣者甚多，收藏碑版者甚少，故盡出我所藏，欲爲此邦人別開生面。如千載後，使能知此邦得以全睹中土之金石，係自某而始，則某願足矣。」〔註 50〕從這段談話我們可以知道，楊守敬在日本推廣北碑，看似無心，實則有意，他是把推廣中國書法文化作爲自己的神聖歷史使命。今天，要讓中國書法走向世界，我們就需要更多的像楊守敬這樣的書法家，需要他那樣的廣博知識、寬廣胸懷和宏闊視野。中國書法走向世界，絕不能僅靠幾件書法作品走向西方藝術市場，而要讓全世界眞正瞭解、認識、理解中國書法藝術的審美價值和深厚文化傳統。

　　楊守敬風靡日本書壇還啓示我們，讓中國書法走向世界並不意味著一定要消解傳統文化。楊守敬正是用中國一千多年前的原汁原味的北碑書法震撼了日本書壇。這說明，在全球一體化的時代裏，每個國家的文化只有保持並凸顯自身強烈的民族特色才能自立於世界，永保不敗。藝術上越具有民族特點就越具有世界性。中國書法藝術是中國特有的傳統文化，有著自身的審美特徵和發展規律，只有在保持自己文化根性的前提下汲取域外文化的有益營養，走民族文化發展的道路，才能不斷地創造出書法藝術的新局面。

〔註 50〕　《楊守敬學術年譜》，宜昌政協文史委編，湖北人民出版社，2004 年出版，第317 頁。

　　楊守敬風靡日本書壇的經驗還啟示我們，讓中國書法走向世界需要進行
文化的雙向交流。楊守敬在將中國書法向外推廣的同時，還不帶偏見地把日
本、朝鮮的金石書法介紹到國內，讓國人睜開眼睛看到了異域書法的風采。
當今社會是一個信息化時代，全球文化交融與碰撞空前劇烈，世界文化在相
互滲透中各自發生著變化，這對中國書法的變革無疑有著積極的參照意義。
改革開放 30 多年來，隨著對外交流的頻繁，日本現代派書法和西方現代藝術
與思潮湧入國門，對中國本土的傳統書法產生一定影響。對此，我們無需恐
懼和排斥，應以一種世界的胸懷來包容，從容而自信地走向開放。讓「中國
書法」作為一個全球性概念，在走向世界的同時又能保持自身文化的原創力
和民族性，在傳統與現代、東方與西方之間找到一條適合書法藝術發展的道
路，這才是理智正確的態度。

結　論

　　通過以上各章對楊守敬生平著述及其書法思想的分析闡述，我們可以得出以下結論：楊守敬是中國書法史上一位品高學富、碑帖兼融，既有完備理論體系又有豐富實踐經驗的傑出書法家和書法理論家，他的書法思想和書法藝術對清末民初的書法和日本書法都產生了深遠影響，他在中國書法文化史、中國學術史以及近代中日文化交流史上，都留下了光彩的一頁。

　　楊守敬是一位集輿地、金石、書法、藏書、目錄諸學於一身的著名學者，在他眾多的學術成就中，書法雖不居顯位，但這絲毫不影響他在中國書法史上的地位。應該承認，由於歷史和現實的原因，楊守敬的書名某種程度上爲其學術上的光芒所掩。隨著對楊守敬學術研究的深入，相信我們會進一步認識到他在清末民初書法發展史上的地位和作用；對於其書法藝術，我們也會進一步認識其藝術上的價值和水準。

　　楊守敬的書法思想建立起了比較完備的體系，他在書法理論、書法史和書法實踐方面，均有獨到的見解和創見。雖然從理論形態上看，他還是古典書論的繼承者，其所使用的研究方法和模式也還不能擺脫前人窠臼，但與前代和同時代書家不同的是，他的書法思想已經孕育了某些現代思想的光芒。尤其是在清代碑學和帖學的興衰中，他能夠站在歷史的高峰上觀察時變，客觀、全面地對待碑帖，提出「碑帖並重」的思想，主張「合之兩美，離之兩傷」，並最終促使晚清碑、帖兩大流派的合流，爲清末民初的書法發展起到重要的糾偏導正作用。同時，他在前人的基礎上提出「學書五要」，將「品高學富」作爲書家的「字內功」來要求，對書家在品格、文化修養方面提出了更高更完備的要求，這無疑對中國書法的發展具有重大的啓示意義和

引導作用。

　　楊守敬還爲中國書法史的創建做出了突出貢獻，他的《評碑記》、《評帖記》和《學書邇言》，全面系統地評述了從先秦到明清的古代碑帖和書家，捋清了中國古代書法的發展脈絡，從而爲中國書法史的研究提供了豐富史料和觀點。

　　在書法實踐中，楊守敬也積累了豐富的經驗，提出了很多眞知灼見。這爲我們後世的學書者提供了許多有益的借鑒。

　　楊守敬書法思想的影響是深刻而深遠的。直到今天，他的書法思想的一些閃光點仍給我們帶來寶貴的啓示和思考，他的《評碑記》、《評帖記》、《學書邇言》等書論著作，依然是我們書法研究的指導性論著，他對古代碑帖的精闢論述依然作爲權威觀點被廣泛徵引。

　　楊守敬的書法思想還遠播日本，他以中國的北碑書風和自己的精湛書藝使日本書家競折腰。雖然時間已過去百餘年，但日本書道界一直奉其爲書道之宗。楊守敬對日本書壇的影響力之大、持久力之長，堪稱世界文化交流史上的一個奇跡。他所依靠的是中國傳統文化的力量及其自身的淹博學知和人格魅力，這對於我們今天讓中國書法走向世界，進行文化輸出和文化交流都具有重大的啓示和借鑒意義。

　　爲進一步推動祖國書法事業的發展，我們就要研究、整理中國古代書法文化的優秀遺產。處於中國書法由古代向現代轉型期的楊守敬，其對中國書法的諸多思考就顯得彌足珍貴。這是一筆寶貴財富，我們要發掘它、珍視它、借鑒它！

後　記

　　幾年前，我在北京圖書批發市場看到一套皇皇 13 冊的《楊守敬集》，便不吝「巨資」將其購得。當時，在我印象中，楊守敬是一位學者兼書法家和書法理論家，只是耳食或間接閱讀過他的《評碑記》、《評帖記》和《學書邇言》中的一些觀點，對其生平知之並不多。

　　粗略地將《楊守敬集》翻閱一過後，我不禁爲楊守敬宏富的學術成就和篤實嚴謹的治學風格所折服。但由於工作、學業太忙，無法精研細讀，過了一段時間，也就將其束之高閣。

　　博士論文開題時，我很想對歷史上一位書家作個案研究，但是自己記憶中的那些歷代書法大家大都已被「一網打盡」了，躊躇中，便掀開一本書法辭典，在人物欄中按圖索驥地進行搜尋。在排除了很多人名之後，視線最終落在了楊守敬的名錄上，於是我便想起了那套久違了的《楊守敬集》。這不僅可以省卻自己對一些原始材料的搜集，而且我就讀的首都師範大學還是國內楊守敬學術研究的重鎮〔註 1〕，有近水樓臺之利，請益和獲取資料都比較方便。於是，我便向導師提出以「楊守敬書法思想研究」作爲自己的論文選題，很快便得到了首肯。

　　當我仔細研讀了《楊守敬集》後，發現自己掉進了「楊學」這個浩瀚的知識海洋中。我儼然如遊其門，躡而從之，大有相見恨晚之感。我爲自己當初的疏懶和懈怠而自責，並爲楊守敬的人品學識而深深折服，爲他宏大的書

〔註 1〕　《楊守敬集》由首都師範大學歷史系教授謝承仁領銜主編，我的導師歐陽中
　　　　石先生參與了書法部分的整理校勘工作，首都師範大學歷史系副教授鄔志群
　　　　爲我國第一位楊守敬學術研究博士。

法思想和精湛的書法藝術而陶醉，感到自己無論在理論層面還是在實踐層面上都有了很大的提高。

說來也巧，一次在閱讀《鄰蘇老人題跋》時，我無意中在楊守敬的《殷商貞卜文字考》跋中，發現了他的一句生平介紹：「余子雲後人也。」〔註 2〕「子雲」即西漢著名哲學家、文學家、語言學家揚雄（揚子雲）。記得兒時父親曾經告訴我，我們家譜上最有名的一位先祖就是揚雄。而據《和州楊氏三修家譜》記載，楊守敬的祖上是明初從安徽和縣遷到湖北宜都定居的，和縣離我的家鄉安徽省宿州市並不很遠。我不敢妄攀名人，只是當時不禁心生感慨：或許是冥冥中的安排吧，讓我與楊守敬結下了不解之緣。

然而，國人對楊守敬這位集歷史地理學家、金石文字學家、版本目錄學家、書法家和藏書家五大家於一身的著名學者卻知之甚少，甚或頗多誤解。記得 2002 年曾有一部熱播一時的當代題材的電影，片名就叫《楊守敬與呂蓓卡》。電影中的楊守敬是某大學中國古典文學的教授，當他遇到留學歸來、主講浪漫主義詩歌的呂蓓卡時，兩人由於性格、經歷、文化背景的不同，發生了尖銳的戲劇性衝突。也許編劇把男主人公命名為楊守敬是大有深意的吧，楊守敬似乎已成了僵化、保守、木訥的中國傳統文人的象徵，於此也就可見國人對楊守敬瞭解之一斑了。

如今，楊守敬過世已近百年，他的名字似乎已不再為人們所周知。但是，楊守敬的書法並沒有淡出人們的視野。或許很多人都不知道，「中國新八大名酒」之一的楊守敬家鄉的稻花香酒，其商標便是用楊守敬的書法集字而成。楊守敬的書法不僅成為該企業的標識，也成為其無形資產的重要組成部分。

〔註 2〕《鄰蘇老人題跋》，《楊守敬集》第八冊，湖北人民出版社、湖北教育出版社，1997 年，第 1113 頁。

　　令人欣喜的是，上述這種情況隨著近年來國內「楊學」的興起有所改變。就在我忙於論文寫作的 2008 年，國內楊守敬學術研究又掀高潮，楊守敬的「人氣」急劇飆升——在由國學網、中國人民大學國學院、百度網聯合主辦的「我心目中的國學大師」評選活動中，楊守敬名列「我心目中的國學大師」50 位候選人之列；同時，紀念楊守敬誕辰 169 週年的「楊守敬杯」國際書法大賽，也開始向國際國內公開徵稿。這也使得我的論文寫作占盡了天時、地利與人和。

　　不過，本書的寫作，仍有一個很大的缺憾，就是引進、借鑒日本學術界對楊守敬書法思想研究的最新成果不夠。因國內對日本學界在這一領域的研究成果譯介不多，加之本人又不懂日文，資料獲取比較困難，因此缺少了全方位對楊守敬書法思想進行研究的彼岸視角。

　　另外有一點需要說明的是，本書在介紹楊守敬的主要金石學著作時，基本沒有涉及《湖北金石志》。《湖北金石志》雖然也收入《楊守敬集》中，但由於學界對《湖北金石志》的作者問題一直存在爭議，或稱爲楊守敬所著，或稱爲繆荃孫所著，未成定讞。但本人據楊守敬的《湖北金石志》「校記」記載：「繆君小山（注：繆荃孫字小山）撰此《志》頗爲翔實……小山未見枝江曹氏所藏金石拓本，於此書均留空白以待補入。……今就目睹出土之品補錄數事，庶幾寧缺毋濫之意。」〔註 3〕可見，《湖北金石志》爲繆荃孫所撰當無疑問，楊守敬只是參與了該書的加工整理工作。因此，該書中除有楊守敬明確注明的文字外，其餘沒有注明的文字，本書一律不作徵引。

　　論文的寫作得到了我的導師歐陽中石先生、劉守安先生以及首都師範大學書法研究院其他老師的悉心指導，在此謹向他們表示誠摯的謝意！

楊立新

2008 年 5 月成稿於北京通州運河源寓中

〔註 3〕　《楊守敬集》第五冊，湖北人民出版社、湖北教育出版社，1997 年，第 471　　　頁。

楊守敬書法活動年表

1839 年　6 月 2 日，楊守敬出生。

1843 年　是年 5 歲，「嘗於數錢時摘古錢而弄之。」

1844 年　其母教以識字讀書。

1846 年　入私塾就讀。

1847 年　學作文。

1849 年　輟學習商，仍不廢學業。

1852 年　補縣學生。

1856 年　院試三場不中，始發憤學書，工小楷。

1862 年　是年中舉。

1863 年　結識潘孺初和鄧鐵香，金石書法得潘孺初指導。赴京師法源寺拓《李秀碑》。

1865 年　第二次會試失敗，開始擯除時文，專心金石，到琉璃廠物色碑版文字。

1867 年　著《激素飛清閣評碑記》。由京城赴山西高平，途中拓碑。

1868 年　著《激素飛清閣評帖記》。與潘孺初相往還，學問及作文、寫字得其指授；潘孺初教其摹《鄭文公碑》。

1869 年　在荊州府估衣店購得金石文字數千種。

1871 年　於汲縣月下拓《齊太公呂望表碑》。

1872 年　謀刻《望堂金石》，將漢魏六朝金石文字鈎摹成集。

1875 年　在天津賣字，到上海售碑版。

1877 年　輯《印林》十四冊。編纂《楷法溯源》和《元押》。

1878 年　　攜《楷法溯源》書版赴武昌賣書。

1879 年　　在武昌校勘、監刊倪模的《古今錢略》。

1880 年　　《集帖目錄》十六卷完成。任駐日欽使隨員，將中國北碑書風傳到日本。

1881 年　　應邀與日本書家一起爲松田雪柯餞別，並爲「南浦贈言」書首。

1882 年　　在日本撰文並書寫《秦蒙將軍之像碑》。《寰宇貞石圖》由日本印書局石印出版。

1884 年　　自日本歸國就任黃岡教諭。

1885 年　　得商爵一尊，上有銘文三字，將其編入《湖北金石志》。

1886 年　　第七次會試失敗，從此絕意科名，專心著述。

1888 年　　在黃州築「鄰蘇園」，自號「鄰蘇老人」。

1889 年　　受湖廣總督張之洞邀聘出任兩湖書院地理教席。

1890 年　　主持漢陽古琴臺的修葺並親自書丹。

1892 年　　初刻《鄰蘇園帖》。

1893 年　　續刻《鄰蘇園帖》。摹刻《景蘇園帖》。

1895 年　　爲家鄉書寫對聯、條幅、條屏等。

1896 年　　爲奮戰臺灣的福建提督張月樓父母撰墓誌銘。赴上海賣字。

1899 年　　受湖廣總督張之洞邀聘出任兩湖書院教席，主講地理一門。

1902 年　　任勤成學堂總教長。

1903 年　　撰《壬癸金石跋》。其碑學獲「屹海內南北兩大家」之譽。

1904 年　　《古泉藪》十六冊集成。《飛清閣錢譜》稿成。書行書《西陵峽》八條屏。

1905 年　　爲陳君撰墓誌銘。

1906 年　　選授安徽霍山縣知縣，辭不就。赴南京爲端方所藏金石碑版鑒定題跋。

1907 年　　在上海等地題《石鼓文》跋等三十餘篇。

1909 年　　石印《續輯寰宇貞石圖》成。在南京撰《戲魚堂帖》跋等數十通。爲甘翰臣父母作墓誌。撰《高句麗好太王碑跋》。

1910 年　　《望堂金石二集》刻成。《三續寰宇訪碑錄》十六卷成。《評碑記》、《評帖記》失而復得。

1911 年　　避居上海，水野疏梅從其學習書法。《學書邇言》原稿成，由東京

法書會鉛印出版。撰《顏魯公爭座位稿》跋等九通。撰《潘先生臨鄭文公碑》跋。

1913 年　寄日下部鳴鶴信。

1914 年　遷居北京，任參政院參政。

1915 年　1 月 9 日，楊守敬在北京逝世。

1926 年　《學書邇言疏釋》及楊氏撰文並書丹的《秦蒙將軍之像碑》由東京西東書房出版。

1956 年　東京三省堂出版楊守敬著、滕原楚水譯的《中國碑碣書談》（並附《激素飛清閣評碑記》）。

1982 年　陳上岷注的《學書邇言》手稿本由北京文物出版社影印出版。

1985 年　日本書論研究會在京都舉辦「楊守敬逝世七十年紀念展覽會」，共展出楊守敬的著作和書法作品 180 件。

1986 年　中日雙方在湖北省博物館聯合舉辦「楊守敬及其流派書法作品展」。楊守敬紀念館在湖北宜都開館，「日本書法交流訪華團」參觀訪問。「湖北省楊守敬研究會」成立。

1990 年　陳上岷編輯整理的《楊守敬評碑評帖記》由文物出版社出版。「日本書道教育研修團」訪問楊守敬紀念館。中日在日本共同舉辦「楊守敬及其交友書法作品展」。

1992 年　楊守敬紀念館舉辦中日書法聯展。

2006 年　楊守敬故居和墓，被列入第六批全國重點文物保護單位名單。

2008 年　紀念楊守敬誕辰 169 週年「楊守敬杯」國際書法大賽舉辦。

2009 年　楊守敬入選國學網「我心目中的國學大師」。

主要參考文獻

1. 《楊守敬集》（全 13 冊），謝承仁主編，湖北人民出版社、湖北教育出版社，1997 年出版。

2. 《楊惺吾先生（1839～1915）小傳》，袁同禮，《圖書館學季刊》第 1 卷第 4 期，1926 年出版。

3. 《史地學家楊守敬》，容肇祖，《禹貢》半月刊第 3 卷第 1 期，1935 年出版。

4. 《楊惺吾先生年譜》，吳天任，臺北藝文印書館，1974 年出版。

5. 《楊守敬傳》，陳衍，《虞初近志》卷七，上海書店出版社，1986 年出版。

6. 《楊守敬熊會貞傳》，汪辟疆，《汪辟疆文集》，上海古籍出版社，1988 年出版。

7. 《宜都楊先生墓誌銘》，陳三立，《散原精舍文集》卷十一，遼寧教育出版社，1998 年出版。

8. 《中國歷代地理學家評傳》第三卷，譚其驤主編，山東教育出版社，1993 年出版。

9. 《中國近三百年學術史》，梁啓超，上海東方出版，2004 年出版。

10. 《楊守敬學術年譜》，宜昌政協文史委編，湖北人民出版社，2004 年出版。

11. 《楊守敬研究學術論文選集》，陳上岷主編，湖北辭書出版社，2003 年出版。

12. 《楊守敬題跋書信遺稿》，楊先梅輯、劉信芳注，巴蜀書社，1996 年出版。

13. 《清代碑傳全集》，上海古籍出版社，1987 年出版。

14. 《中國歷代書法論著彙編》，于玉安編，天津古籍出版社，1999 年出版。

15. 《歷代書法論文選》，黃簡，上海書畫出版社，1979 年出版。

16. 《中國書法大詞典·書家》，馬永強主編，河南美術出版社，1991 年出版。

17. 《中國歷代書法名句簡明辭典》，漆劍影、潘曉晨編，中國旅遊出版社，1996 年出版。

18. 《民國書法》，河南美術出版社，1989 年出版。

19. 《晚清書論》，湖南美術出版社，2004 年出版。

20. 《廣藝舟雙楫注》，崔爾平校注，上海書畫出版社，1981 年出版。

21. 劉熙載《藝概·書概》，上海古籍出版社，1978 年出版。

22. 《楊守敬手稿〈學書邇言〉與中日書法藝術交流》，陳上岷，《文物》第 11 期，1979 年。

23. 《楊守敬選刻〈景蘇園帖〉採用的原帖目錄及述評》，陳上岷，《文物》第 1 期，1983 年。

24. 《楊守敬評碑評帖記》，陳上岷整理，文物出版社，1990 年出版。

25. 《王學仲書法論集》，百花文藝出版社，1994 年出版。

26. 《典型的創造與完成——楊守敬在書史上的地位之重估》，姜一涵，《美育》雜誌第 87 期，1997 年。

27. 《楊守敬〈評碑記〉、〈評帖記〉中之書學審美理念初探》，劉瑩，《臺中師院學報》第 14 期，2000 年。

28. 《近代書林品藻錄》，王家葵，山東畫報出版社，2009 年出版。

29. 《八十年來楊守敬研究述評》，郗志群，《中國史研究動態》，1997 年第 2 期。

30. 《楊守敬學術研究》〔博士論文〕，郗志群，首都師範大學，2001 年。

31. 《楊守敬學術研究》〔博士論文〕，鄒華清，華中師範大學，2001 年。

32. 《楊守敬碑帖並舉之書學思想研究》，張繁文，廣西藝術學院學報《藝術探索》，2005 年第 3 期。

33. 《學界通人書壇巨擘文化使者——楊守敬》，周德聰、羅海東，《中國書法》，2008 年第 10 期。

34. 《楊守敬研究學術論文選集》，湖北辭書出版社，2003 年出版。

35. 《楊守敬的書法及其在日本的重大影響》，陳傳席，《書法》，2012 年第 1 期。

36. 《楊守敬研究稿編》，鄭務本主編，湖北宜都楊守敬學術研究會、湖北枝城楊守敬紀念館（內部發行）。

37. 《三峽文化研究》（楊守敬專輯），三峽學院三峽文化研究所，2003 年出版。

38. 《字字珍藏——名人信箚的收藏與鑒賞》，程道德、方繼孝編著，北京圖書館出版社，2004 年出版。

39. 《潘孺初集》，《海南先賢詩文叢刊》，洪壽祥、周偉民主編，海南出版社，2004 年出版。

40. 《書法美學思想史》，陳方既、雷志雄著，河南美術出版社，1994 年出版。

41. 《現代中國書法史》，陳振濂，河南美術出版社，1996 年出版。

42. 《中國書法思想史》，姜澄清，河南美術出版社，1994 年出版。

43. 《皇清書史》，李放纂輯，臺北明文書局，民國 74 年（1985 年）。

44. 《碑帖並尊說》，石叔明，臺灣《故宮文物月刊》第 22 期，1985 年。

45. 《楊守敬收藏的元押》，《書法》，1986 年第 6 期。

46. 《楊惺吾與巖谷一六之筆談》，湖北書學研究所，《書學通訊》第 1 期，1987 年。

47. 《中國書法史·清代卷》，劉恒著，江蘇教育出版社，1999 年出版。

48. 《國朝書人輯略》，震鈞輯，上海古籍出版社，1995 年影印本。

49. 《霋嶽樓筆談》，馬宗霍，文物出版社，1984 年出版。

50. 《近三百年的書學》，《沙孟海論書文集》，上海書畫出版社，1997 年出版。

51. 《元押》，周曉陸著，江蘇美術出版社，2001 年出版。

52. 《楊守敬書〈何君墓誌銘〉》，湖北人民出版社，2001 年出版。

53. 《楊守敬與森立之的〈清客筆談〉》，王鐵策，《文獻》，1996 年第 2 期。

54. 《書論》雜誌《楊守敬專號》第 26 號，（日）書論研究會，1990 年。

55. 《書道全集》，第二十一、二十四、二十五卷，（日）平凡社，1957～1962 年。

56. 《學書邇言疏釋》，（日）樋口銅牛疏釋，東京西東書房，1926 年出版。

57. 《維新：近代日本藝術觀念的變遷》，陳振濂，浙江古籍出版社，2006 年出版。

58. 《日本書法通鑒》，陳振濂著，河南美術出版社，1989 年出版。

59. 《三人的益友》，（日）日下部鳴鶴《鳴鶴先生叢話》，昭文堂出版。

60. 《日本書法史》，（日）木神莫山著，陳振濂譯，上海書畫出版，1985 年出版。

61. 《楊惺吾與松田雪柯筆話》，（日）井原雲崖，《書勢》雜誌第 3 卷第 4 號。

62. 《中國書法史》，（日）眞田但馬、宇野雪村著，陳振濂譯，人民美術出

版社，1998 年出版。

63. 《評傳日本書畫名家詞典》，（日）小林雲山編，柏書房版，1991 年出版。

64. 《金石書學》，（日）谷川雅夫等編，藝文書院發行，2000 年出版。

65. 《近代日本書道之祖——楊守敬之交友圖錄展》，（日）杉川邦彥、難波清丘，東京中教出版社，成平二年出版。

66. 《楊守敬的書論及其在日本書壇的地位和影響》，李卓文，《三峽大學學報（人文社會科學版)》，2002 年第 1 期。

67. 《楊守敬》，（日）青山碧雲，燈影舍株式會社，1999 年出版。

68. 《楊守敬的來日及與日本書家的交流》，（日）杉川邦彥，《書論》第 26 號，日本書論研究會，1990 年。